더 워크

THE
WORK

THE **WORK** 더 워크

펴낸날　**초판 1쇄** 2024년 10월 31일

지은이　최대영 · 김지혜 · 배봉기 · 성봉선 · 최지훈 · 권익주

펴낸이　강진수
편 집　김은숙, 설윤경
디자인　Stellalala_d

인 쇄　(주)사피엔스컬쳐

펴낸곳　(주)북스고　**출판등록**　제2024-000055호 2024년 7월 17일
주 소　서울시 서대문구 서소문로 27, 2층 214호
전 화　(02) 6403-0042　**팩 스**　(02) 6499-1053

ISBN　979-11-6760-086-8 03320

책 출간을 원하시는 분은 이메일 booksgo@naver.com로 간단한 개요와 취지, 연락처 등을 보내주세요.
Booksgo는 건강하고 행복한 삶을 위한 가치 있는 콘텐츠를 만듭니다.

더 워크

THE
WORK

120% 효율을 만드는 업무력

최대영 · 김지혜 · 배봉기 · 성봉선 · 최지훈 · 권익주 지음

Booksgo

업무 효율화가 필요한 이유

오늘날 우리는 그 어느 때보다 빠르게 변화하는 환경 속에서 일하고 있다. 디지털 혁신, 글로벌 경쟁 그리고 팬데믹의 여파는 모든 기업에 적응을 요구하고 있다. 이러한 변화의 속도는 단순히 살아남는 것을 넘어서 더 나은 성과를 내기 위해 '효율화'가 꼭 필요하게 되었다. 특히 불황 속에서 자원을 최적화하고 성과를 극대화하는 것은 조직의 존립과 직결되는 중요한 과제다.

얼마 전까지 회사의 합병으로 새로운 전환점을 맞이할 때 운영효율화팀장이라는 보직을 맡아 회사의 부서별 성과를 측정하고 업무 프로세스를 통합(Process Innovation)하는 역할을 수행했다. 이 경험을 통해 각 부서와 팀의 업무가 얼마나 비효율적으로 운영될 수 있는지 그리고 그것을 개선하는 일이 얼마나 큰 성과로 이어질 수 있는지를 실감하게 되었다. 그래서 이 책을 통해 업무 효율화의 중요성과 노하우를 나누고자 했다.

그러나 혼자서 모든 내용을 담아내기보다는 제가 운영하는 HR 담당자 커뮤니티인 '고독HR'의 각 분야 전문가들에게 전문 분야의 집필을 부탁드리는 형태로 진행하였다. 업무 효율화는 조직마다 그리고 상황마다 다르게 적용되어야 하므로 각기 다른 시각과 경험을 가진 전문가들의 통찰이 독자들에게 더 큰 도움이 될 것이라 믿고 있다.

1장에서는 '업무 효율화를 위한 올바른 조직 문화'라는 주제로 시작한다. 회사의 업무 효율화를 실현하기 위해 아무리 좋은 시스템을 개발하고 프로세스를 형성해도 올바른 조직 문화 없이는 이뤄질 수 없는 것이 업무 효율화다. 그래서 1장에서 회사의 조직 문화가 어떻게 업무 효율화의 성패를 좌우하는지를 설명하며 바람직한 조직 문화를 만드는 방법을 제시하고자 한다. 이 장은 국내 조직 문화의 실무 전문가인 최대영 팀장님이 인사이트를 담아 주었다.

2장에서는 '업무 효율화를 위한 개인 역량 강화'라는 주제로, 개인의 업무 체계성과 그 중요성에 대해 논의한다. 효율적인 업무 처리를 위해 필요한 실질적인 방법론을 제시하며, 개인이 일하는 방식 자체를 개선하는 데 중점을 두고 있다. 이 장은 업무 체계성을 잘 이해하고 현업에서 일잘러로 알려진 권익주 매니저님께서 맡아 주었다.

3장에서는 '업무 효율화를 위한 팀과 조직의 변화'를 다룬다. 팀과 조직 차원에서의 효율화 전략을 설명하고, 협업과 소통으로 팀 전체의 생산성을 극대화하는 방법에 대해 논의한다. 이 부분은 늘 협업과 소통에 대해 끊임없이 고민하고 연구하고 있는 성봉선 팀장님이 맡아 주었다.

4장에서는 '업무 효율화를 위한 성과관리'라는 주제로, 성과관리가 어떻게 효율적인 업무 운영을 뒷받침하는지를 다룬다. 올바른 성과관리 시스템을 구축하는 것이 효율적인 업무 운영의 필수 요소임을 강조한다. 많은 후배 인사담당자가 일이 막힐 때 어김없이 찾아 뵙는 존재인 HRM 실무 전문가 배봉기 매니저님이 이 주제를 맡아 주었다.

5장에서는 '업무 효율화를 위한 IT 도구 활용'을 다룬다. 팬데믹 이후로 급속도로 변화한 일하는 방식과 이를 가능하게 하는 IT 도구를 도입할 때 고려해야 할 기준에 관해 설명하며, 많은 IT 도구 중 특히 소개할 만한 도구를 간추려 안내하고자 한다. 이 장은 IT 도구 활용에 정통한 Tech 인사담당자 출신 최지훈 매니저님이 맡아 주었다.

마지막 6장에서는 '업무 효율화를 위한 심리적 안전감'에 대해 다루며, 업무 효율화는 사람 중심의 접근이 필수이므로 직원이 느끼는 심리적 안전감이 업무 성과에 미치는 영향을 설명하고, 이를 보장하는 방법을 살펴본다. 이 주제는 심리적 안전감을 연구하며, 국내 여러 기업과 공공기관에서 이를 확보한 조직 문화를 구축하는 데 기여하고 있는 위즈덤인사이트코칭의 전문 코치 김지혜 대표님이 맡아 주었다.

이 책은 다양한 시각에서 업무 효율화의 핵심 요소들을 다루고 있다. 이를 통해 독자들께서 자기 조직에 맞는 최적의 방식을 찾아갈 수 있기를 기대한다. 이 책이 여러분의 업무와 조직에 실질적인 도움이 되기를 바란다.

《더 워크》 기획자 이인규

※ CONTENTS

PART
01 업무 효율화를 위한 **올바른 조직 문화**

PART
06 업무 효율화를 위한 **심리적 안전감**

업무 효율화를 위한
올바른 조직 문화

by 최대영

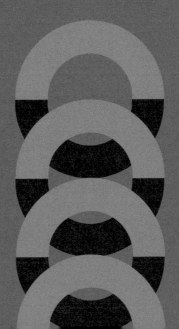

조직 문화가 업무 효율화에 미치는 영향

효율과 효과를 모두 이뤄 내는 일잘러의 조건

우리는 매일 효율과 비효율 그 사이 어딘가에서 살아가고 있다고 해도 과언이 아니다. 특히 현재를 살아가는 모든 비즈니스인은 효율성이란 단어가 주는 강력함을 모르지 않을 것이다. '얼마나 효율적으로 일을 하였는가'가 스마트하게 일하는 기준이 된 지 오래다.

오늘도 직장인들은 그 효율성 때문에 출근 준비를 하는 시간에도 출퇴근길 동선을 최소로 하기 위해 실시간으로 각종 지도 앱을 새로 고침 하곤 한다. 그 선택이 효율적이었다는 판단이 들면 자연스레 효능감이 올라가고, 그렇지 않으면 별것도 아닌 일에 스트레스를 받는 것이 현실이다.

일반적으로 효율성(Efficiency)은 투입량(Input) 대비 산출물(Output)의 비율을 의미한다. 자신이 사용할 수 있는 하루 에너지가 100이라 가정하자. 평상시 50의 에너지로 50의 결과물을 낼 수 있더라도 더 적은 에너지로 같은 결과물을 내기 위해 고민하는 모든 활동이 효율성 제고이다.

그렇다면 효과성(Effectiveness)은 무엇일까? 효율성이 상대적인 개념이라면 효과성은 결과물에 대한 가치 판단이라고 할 수 있다. 투입 대비 산출물의 비율이 아닌 절대적인 양이 효과성 판단의 기준이 된다. 회사에서 일을 잘한다는 것은 이 두 가지 효율과 효과 모두를 달성했다는 말이다.

일찍이 피터 드러커는 '효율을 "일을 옳게 하였는가?", 효과를 "옳은 일을 하였는가?"에 대한 대답이다'라고 그의 책에서 기술한 바가 있다. 일에 대한 가치 판단을 효율과 효과로 충분히 설명할 수 있는 것이다.

주변에 '일잘러'라고 불리는 사람들의 특징을 들여다보자. 아마도 그들은 일단 문제를 파악하는 능력이 탁월하고 최선의 방법과 최적의 재원으로 문제를 빠르게 해결해 나간다. 효율적으로 효과성 있게, 다른 말로 '알잘딱깔센(알아서 잘 딱 깔끔하고 센스 있게)'으로 한동안 불렸던 일잘러의 일하는 방식을 통해서도 확인할 수 있다.

어린 시절 다들 아이큐(IQ, Intelligence Quotient) 검사를 해 보았을 것이다. 그 당시에는 어디에 어떻게 이런 검사 결과가 사용되는지는 잘 알지도 못했을 뿐만 아니라, 그냥 단순 결과값을 통해 학급 또래 중 누가 더 똑똑한가 혹은 그렇지 않은가를 비교하는 정도 수준의 과거 경험으로 남아 있을 것이다. 가끔 반에서 장난기 많은 친구는 누구는 돌고래 수준이라는 둥 혹은 침팬지보다 아이큐가 낮다는 둥의 놀림도 있었을 것이다.

예전에 비해 아이큐에 대한 인식이 많이 달라졌고, 실제로 아이큐가 높다고 해서 공부를 남들보다 더 잘한다거나 사회에서 일을 더 스마트하게 하지 않다는 것을 이미 경험으로 알고 있다. 그래서 성인이 되고 나면 아이큐에 크게 관심을 두지 않는다.

사실 아이큐와 학업의 상관관계를 분석한 여러 논문에서는 대략 16~25% 정도 수준의 상관관계가 나타나는데, 학업 성과에 영향을 미치는 여러 요인 중의 하나일 수는 있다. 하지만 살아가면서 직장이나 개인적으로 업무적 효율과 효과, 두 가지 모두의 결과를 만들기 위해서 더 중요하게 생각해야 할 요소는 따로 있다.

예전 EBS 다큐멘터리 〈학교란 무엇인가-0.1%의 비밀〉이라는 프로그램이 있었다. 거기에 등장하는 공부 잘하는 학생들의 특징 몇 가지가 있었다. 그중 대표적인 요인으로 두 가지를 꼽았는데, 하나가 '메타인지'였고, 다른 하나가 '성품'이었다.

자신이 알고 있는 것과 모르는 것에 대한 본인만의 학습 방법과 평소 생활 방식에서 지속해서 파악하고, 선한 영향력을 주변 친구들에게도 전하면서 자신이 가진 지식을 알려 주고 베푸는 것을 두려워하지 않음으로 자신도 모르게 스스로 더 성장하는 선순환의 학습 체계를 만들어 놓은 것이었다.

메타인지는 자기 생각을 판단하는 능력이다. 다시 말해 내가 지금 어떤 수준이고, 어떤 것을 잘 알고 있는지 정확하게 볼 수 있는 능력을 말한다.

메타인지를 회사로 가져와서 대입해 보면, 문제를 파악하는 역량이다. 지금 현시점의 문제를 빠르게 파악하고, 해결할 수 있는 현재의 여러 가지 리소스(Resource)의 수준을 정확하게 인지한 다음 문제를 해결해 나가는 것이다.

성품은 그 조직 구성원이 보편적으로 보이는 신념과 태도로 치환해 볼 수 있다. 최근 좀 더 쉽게 이야기하는 방식으로는 그 회사의 핵심 가치와 조직 문화가 바로 그 기능을 하고 있다.

메타인지가 있는 회사, 올바른 성품을 가진 회사에는 일잘러가 모일 수밖에 없고, 그런 구성원이 일을 더 잘할 수 있는 환경과 프로세스를 자연스럽게 만들어 준다.

Competency = K × S × A

일반적으로 HRD 영역에서 역량은 지식(Knowledge), 기술(Skill), 태도(Attitude)로 나타낼 수 있다. 회사의 일잘러는 이 지식, 기술, 태도가 적절하게 발휘된다. 이 역량의 공식이 더하기(+)가 아닌 곱하기(×)인 이유는 지식, 기술, 태도가 서로 상호 관계성이 매우 높으며, 어느 하나라도 0이나 마이너스(-)가 되면 역량으로써 역할을 할 수가 없기 때문이다.

최근 HR 리더 모임에서 나눴던 기업의 핵심 인재 이야기다.

"회사의 핵심 인재들은 확실히 똑똑하거나 특정 기술이나 지식이 있다고 해서 선발되는 시대는 지난 것 같아요."

A사 피플팀 리더

"실제 회사에서 존경받는 임원들을 보면, 성과는 당연하고 그에 맞는 품격과 언행을 해요. 그래야 조직에서 더욱 인정받고 오랜 기간 그 자리를 지키더라고요."

B사 인사팀장

맞는 말이다. 개인뿐만 아니라 조직에서도 이와 같은 현상들이 발생하는데, 해당 비즈니스에 대한 해박한 지식과 기술을 갖고 시작한 회사가 임직원의 일탈적인 행동이나 비윤리적 업무 방식으로 그동안의 성과가 일순간에 마이너스가 되는 경우를 종종 목격하게 된다.

회사에서의 성과라는 것은 그 회사의 핵심 가치, 조직 문화가 경영진과 구성원 전체에 플러스(+) 상수로서 어떻게 잘 작동하느냐가 매우 중요한 사안으로 자리 잡았다.

이제 더 많은 일잘러가 조직에서 성장하고 머무를 수 있도록 하는 여러 조직 문화적 관점의 내용들을 더 알아보자.

일잘러가 많아야
조직의 효율성이 증가한다

최근 3년간 각종 기업 정보를 제공하는 구직 플랫폼이나 직장인 설문 조사 중, '일잘러' 혹은 '고성과자'와 관련한 설문을 AI 분석 툴로 단순하게 정리해 보았다. 일반 사무직 직장인을 대상으로 진행된 설문 내용에는 공통으로 다음과 같은 특징들이 나타났다.

▶ 일잘러의 특징 ◀

- 문제 상황을 빠르고 정확하게 판단한다.
- 업무를 처리하는 솔루션이 탁월하다.
- 긍정적이고 주도적으로 업무를 진행한다.
- 책임감이 강하고 평소 모범적이다.
- 주변에 있는 자원을 효과적으로 활용하고 협업을 잘 이끈다.
- 실수를 빠르게 인정할 줄 알고 수정해 나간다.

이러한 문장들 외에도 사람마다 다양한 생각과 해석이 있겠지만, 앞에 언급한 특징에서 크게 벗어나지 않을 것으로 판단된다.

확실한 것은 회사에서 일을 잘하는 사람들은 단순하게 지식 수준이나 특정 기술이 뛰어난 것뿐만 아니라, 현재 시점의 문제와 목표를 명확하고 빠르게 파악하는 특징들이 공통으로 나타난다. 또한 일의 우선순위를 알고, 주변의 자원을 잘 활용하여 빠르게 일을 진행해 나간다.

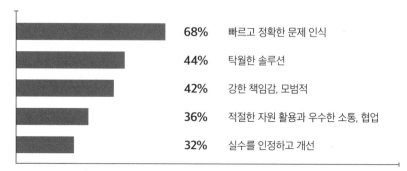

일 잘하는 사람 특징(2021~2023)

68%	빠르고 정확한 문제 인식
44%	탁월한 솔루션
42%	강한 책임감, 모범적
36%	적절한 자원 활용과 우수한 소통, 협업
32%	실수를 인정하고 개선

※ AI 분석 툴로 키워드 검색 및 분류로 정리

그 반대의 경우는 어떠할까? 한 국내 기업의 사내 '저성과자'의 인식 조사 결과 일부를 가져왔다.

▶ 저성과자의 특징 ◀

- 시켜야만 일한다.
- 상황 판단이 느리다.
- 업무의 우선순위를 모른다.
- 직무 이해도가 낮다.
- 주먹구구식으로 일한다.
- 근무 태도가 산만하고, 불성실하다.

앞서 언급했던 지식, 기술, 태도의 모든 영역에서 부정적인 평가가 있을 수밖에 없겠지만, 누군가를 떠올리기보다 먼저 나 자신이 이렇게

일을 하는 건 아닌지 돌아보면 좋겠다.

대부분의 사람은 새로운 환경과 새로운 일을 주면 힘들어하거나 어려워하기 마련이다. 그러면 자연적으로 과거에는 우등생의 길을 걸어왔던 사람이라 할지라도, 종종 일머리가 없는 사람으로 보여지기도 한다.

우리가 하는 일을 더욱 잘하게 만드는 것에 중요한 것은 일을 바라보는 관점이며, 일을 대하는 태도에서 그 첫 단추가 끼워진다고 봐야 한다.

그 첫 단추의 중요한 개념 중 하나가 '메타인지'다. 메타인지는 앞에서도 이야기했지만, 일잘러라면 반드시 갖고 있어야 하는 역량이다. 현재 상황에서 내가 할 수 있는 것과 그렇지 않은 것을 빠르게 파악하여 제대로 된 방향 설정을 처음부터 할 수 있도록 해 준다.

그리고 그다음으로 중요한 개념이 바로 Reactive(조건반사적 반응)와 Proactive(주도적 반응)이다.

Reactive는 어떠한 자극이 왔을 때 그것에 반응한다는 뜻이며, Proactive는 선제적으로 대응하는 것을 뜻한다. 단순히 수동적이냐, 능동적이냐의 개념보다는 평상시 일을 대하는 태도가 Reactive 하다면, 보수적으로 목표를 정하고 문제 해결을 해 나갈 가능성이 커진다. 반면 Proactive 하게 일을 대한다면, 미래지향적으로 아이디어를 내고 일정을 관리하게 될 것이다.

모든 일을 Proactive 하게 할 수는 없다. 일의 특성이나 상황에 맞게 적절하게 태도를 가져가야 한다. 일잘러가 잘하는 것이 바로 일을 특성과 목적에 맞게 자신의 관점과 행동을 유연하게 변화시켜 나가는 데 있다.

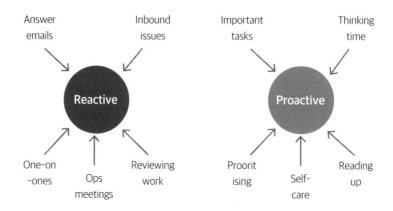

Reactive vs. Proactive Time

출처 : Dave Bailey

마지막으로 일잘러는 결코 혼자서 일하지 않는다. 주변에 스마트하게 일하는 동료가 있다면, 기본적으로 커뮤니케이션과 협업에 강점이 있을 것이다. 간혹 그들이 혼자서 일을 하더라도 그 주위 동료들에게 긍정적 영향력을 미치게 된다.

실제로 앞서 살펴본 설문 중에 '일잘러가 주변에 있으면 어떤 효과(어떤 영향)가 있는가?'라는 질문에 응답자의 약 3분의 2가 '업무의 능률과 성과가 같이 올라가는 경험을 했다'고 답변했다. 그로 인해 본인들도 자극받고 성장하는 계기가 된다거나, 팀 사기와 분위기가 고취되는 등의 긍정적 효과가 있다고 답변했다.

특히 이러한 일잘러의 특징은 인간관계, 즉 사회성과도 밀접한 관계를 갖는데, 한국은행에서 최근 발표한 〈노동시장에서 사회적 능력의 중요성 증가〉 보고서에는 지난 10년간 사회적 기술(협동, 설득, 공감, 이해, 팀워크 등)이 필요한 일자리의 고용 비중과 임금이 평균보다 각각 4.7%, 5.9%나 높은 것으로 나타났다.

이러한 연구들은 생성형 AI 시대를 살아가는 우리에게 수학이나 과학적 지식 외에 인간으로서 할 수 있는 공감과 협업 등 사회적 능력이 더욱더 중요해질 것임을 보여 주고 있다. 이는 조직에서 일잘러의 기준을 만들 때 절대 간과해서는 안 될 요소라고 할 수 있다.

한편 잘 알고 있는 80:20의 법칙, 대략 80%의 결과가 20%의 원인에서 비롯된다고 한 '파레토의 법칙'이 늘 정답은 아니지만, 종종 주변에서 상당 부분 입증이 되기도 한다.

실제 회사에서 HR 업무를 하다 보면 약 10~20% 정도의 비율로 핵심 인재를 관리하고, 고성과자의 비율도 그러하다. 사내 적극적 참여자(Proactive User)로서 자기 영향력을 행사하는 사람들의 비율도 유사하게 나타난다.

회사에서 일잘러의 비중이 중요한 이유가 바로 여기에 있다. 조직에서 무언가 새로운 변화와 혁신을 시도하기 위해 일잘러가 전체에 20%에 가깝거나 그 이상이 되는 조직과, 10%에 가까운 조직은 사내 분위기와 시스템 등에서 분명한 차이를 가져온다.

그럼 일잘러가 모이고, 일하기 좋은 조직을 만들기 위해서 어떤 일을 해야 할까?

일 잘하는 회사의 특징, 조직 문화

회사를 운영하는 대표나 경영진이 아니더라도 본인의 업무를 알아서 척척하며 아주 스마트하게 마무리하고 좋은 성과를 내는 동료가 많이 있다면 어떤 기분일까?

어떤 사람들은 본인이 돋보이지 못해서 스트레스를 받기도 하겠지만, 대부분은 그런 환경 속에서 일한다는 것 자체가 얼마나 행운인지 회사 생활을 해 본 사람들이라면 충분히 공감할 것으로 생각한다.

그러나 실제는 일잘러보다 '오피스빌런'이 더 많은 것이 현실이다. 게다가 최근 사회적으로도 일을 열심히 한다는 것 자체를 혐오하거나 어리석다고 생각하는 사람들이 점점 늘고 있다. 코로나 팬데믹 기간에 전 세계를 휩쓸었던 조용한 사직(Quiet Quitting)의 여파도 여전히 남아 있으며, 미국 갤럽에서 매년 조사 및 발표하는 직장인 몰입도에 대한 보고서에도 회사 내의 비 몰입을 넘어, 적극적 비 몰입자가 매년 늘어나고 있다('23년, 18%)고 우려를 나타내고 있다.

자기 일을 묵묵히 수행하는 것이라면 전혀 문제가 되지 않는다. 다만 주변 사람들의 업무 생산성과 효율을 떨어뜨리는 적극적 비 몰입 직원이 계속 늘어나고 있다면, 그 조직은 서서히 사막화가 되어 가고 있는 오아시스 같은 곳이 아닐까 한다.

'링겔만 효과'란 말이 있다. 집단 속에 참여하는 사람의 수가 늘어갈수록 1인당 성과에 대한 공헌도가 오히려 떨어지는 집단적 심리 현상

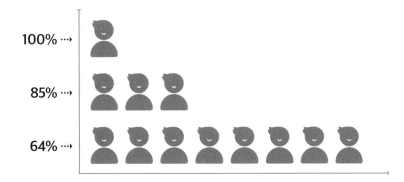

링겔만 효과

을 말한다. 독일 심리학자 링겔만이 집단 내 개인 공헌도를 측정하기 위한 실험을 했는데, 1명이 내는 힘을 100으로 가정할 때, 2명이 참가하면 93, 3명일 때는 85, 8명일 때는 64까지 떨어지는 결과가 나왔다.

사람은 집단에 속할수록 자신도 모르게 최선을 다하지 않는 심리가 있다. 이러한 현상을 알고도 그대로 내버려 두는 것은 분명 조직에도, 개인에게도 긍정적인 부분은 아닐 것이다.

과거 '열정페이'라는 이름으로 지나치게 과도한 업무를 요구하는 것은 분명 시대착오적인 발상이다. 문제는 그 열정을 자기 자신의 발전과 성장을 위해서도 사용하지 않으려고 하는 것이다.

대니얼 코일이 쓴《최고의 팀은 무엇이 다른가(박지훈, 박선령 옮김, 웅진지식하우스, 2022)》에는 다양한 기업의 '혼자가 아닌 우리'의 성공 사례를 보여 준다. 그중 '심리적 안전감'이란 개념은 큰 파장을 불러일으켰고, 구글의 '아리스토텔레스 프로젝트' 등을 통해 많은 조직 문화 측면의 시사점을 주었다.

구글에서 2012년부터 4년간 진행된 아리스토텔레스 프로젝트의 핵심 키워드는 다음과 같다.

▶ 지속적으로 성공적인 결과를 도출하는 팀의 필수 요소 5가지 ◀

- **심리적 안전감** : 어떠한 비난이나 처벌에 대한 두려움 없이 자기 생각을 표현할 수 있고, 동료들에게 잘 받아들여지며 자기 스스로가 더 가치가 있다고 느낌
- **의존성** : 상호 신뢰와 존중을 바탕으로 강력한 관계 구축
- **체계 및 명확성** : 자신의 역할을 명확히 인식하고 자율성을 증진함
- **일의 의미** : 개인의 삶과 팀의 목적에 기여한다는 믿음
- **일의 영향** : 개인적인 성장과 발전을 통해 팀 성공에 기여

누군가는 물어볼 수도 있겠다. 이러한 현상이 일을 잘하는 사람들이 모이면 자연스럽게 생겨나는 것인지, 아니면 보통의 사람들이 모이더라도 앞에서 설명한 환경을 만들어 준다면 좋은 성과가 나타나는 것인지 말이다. 우리가 일하는 환경이 프리랜서처럼 혼자서 무언가를 창출해 내는 일이라면 가능하지도 않을까?

실제로 혼자서 수십 년 동안 전통 도자기를 빚거나 그림을 그려 온 인간문화재나 장인들을 보더라도 그들이 혼자서 오롯이 이룬 업적이라고 말하기는 어렵다. 그의 재능과 땀, 노력의 결과물에는 그를 있게 만들었던 스승이 있었고, 물심양면으로 서포트를 했던 문하생들이 있었기에 가능했을 것이다.

인간이 사회적, 관계적 동물이라는 사실은 모두가 아는 사실이다. 인간이 현시대에서 영장류로서 삶을 이어가는 이유도 혼자가 아닌 주위에 수많은 사람과 상호작용하며, 성장하고 새로운 문화와 가치를 만들어 내는 집단의 힘을 터득해 왔기 때문이다.

종종 과거는 물론 현시대에도 역사 속에 등장하는 영웅급의 리더나 빌 게이츠, 스티브 잡스처럼 독보적인 재능을 가진 인물이 놀라운 성과를 보여 주는 경우를 목격하고는 한다. 다만 이러한 리더들이 혼자만의 능력으로 이뤄 낸 것이 아님을 분명히 알아야 한다.

과거 세종대왕도 본인의 부족함을 메우기 위해 집현전 학자들을 양성하고 황희 정승을 비롯한 수많은 인재를 등용하기에 힘썼었으며 그들의 말에 귀를 기울였다. 전 세계 가장 영향력 있는 엔비디아의 CEO 젠슨 황이 강조한 경영 원칙 중 하나도 '자유롭게 정보를 공유하라(Share Information Freely)'이다. 훌륭한 전략적 방향이 있다면 한 사람에게만 보고하지 말고, 구성원 모두에게 알리라는 것이다. 바로 집단지성의 힘을 믿고, 본인이 아닌 구성원의 능력을 신뢰하기 때문에 가능한 행동과 노력이다.

일 잘하는 사람이 모이는 회사, 일이 잘될 수밖에 없는 조직에는 강한 '집단의 힘'이 존재한다. 우리는 그것을 '조직 문화'라고 부른다. 어떤 하나의 조직을 한 방향으로 가게 하는 힘은 바로 조직 문화에서 나오고, 구성원이 일로 성장하고 스스로 새로운 것을 만들어 내고 변화를 주도하는 행복한 일터는, 서로 간의 강력한 신뢰와 믿음이 존재하는 곳이다.

분명 조직 문화가 모든 문제를 해결해 주는 것은 아니다. 다만 훌륭한 조직 문화가 있는 곳에서는 그 문제를 해결할 가능성이, 일잘러 구성원의 숫자만큼 높아질 것이다.

Solution = People × Strategy × Culture

업무 혁신에 따른 저항과
변화 관리 프로세스

▍혁신에는
▍늘 저항이 따른다?

'혁신', '이노베이션'이라는 단어를 들으면 먼저 어떤 생각이 떠오르는 가? 아마도 창의성, 변화, 발전, 개발, 진화, 창조, 새로움 등 지금 보다 더 나은 무언가를 생각하게 될 가능성이 클 것이다. 실제로 혁신의 궁극적인 목표는 더 효율적이거나 효과적인 해결책을 제시하는 것인데, 이는 지금까지 이야기하고 있는 업무 효율과 뗄 수 없는 관계라는 것을 금방 알 수 있을 것이다.

혁신이라는 단어는 수많은 경영 그루나 학자들에 따라 다양하게 정의되지만, 그중 톰 피터스가 말한 '혁신에는 실질적인 차별화를 만들어 내는 것에 있다'고 말한 것에 집중할 필요가 있다. 기업이 결국 혁신하는 이유는 이러한 차별화로 새로운 가치를 창출해 내고, 고객과 시장에 남들과 다른 제품과 서비스를 공급하여 이익을 지속해서 만들기 위함이다.

지구상에 혁신하지 않고, 늘 하던 대로 그대로 하면서 오랫동안 유지가 되는 회사가 과연 있을까? 글로벌 브랜드 가치 순위에 항상 상위권을 유지하고 있는 애플, 마이크로소프트, 아마존, 구글 등을 보더라도 끊임없이 기술 혁신, 조직 문화 혁신, 비즈니스 혁신 등 다양한 관점의 새로운 결과물을 만들어 내려 노력하고 있음을 알 수 있다.

다만 혁신의 과정 중에 발생하는 불확실성 때문에 항상 혁신에는 저항이 있기 마련이다.

혁신은 항상 기존의 틀을 깨고 새로운 접근 방식을 도입하려고 한다. 이는 매번 성공할 수도 없고, 실패를 두려워하는 문화나 조직에서는 작동되기도 어렵다. 누가 보더라도 그 과정이 힘들고 어려우며. 더 큰 노력과 용기, 도전을 동반한다.

피터 드러커는 '혁신은 자원의 생산성을 높이는 활동'이라고 정의한 바 있다. 사실 혁신이란 완전 아무것도 없는 상태에서 새로운 것을 만들어 내는 창조의 작업을 지칭하기보다, 기존에 있는 자원을 효과적으로 활용하여 기업의 생산성을 한 단계 더 업그레이드하는 차별화된 방법을 말하는 것이라고 보는 것이 맞다. 또한 이러한 접근법이 혁신을 더 편하게 접근할 수 있도록 도와준다.

이러한 혁신 활동은 조직의 규모가 커질수록 구조와 프로세스, 협업과 커뮤니케이션 등으로 접근해야 한다. 개인 단위의 혁신은 개인의 역량과 자율성, 빠른 실행력으로 일정 부분 만들어질 수 있지만, 조직 차원의 혁신은 그것이 가능한 환경과 문화를 만들어 놓지 않고서는 작동되기 어렵다.

우리나라의 2023년 세계 혁신 지수(GII)는 세계 10위다. 세계 혁신 지수는 세계 지식 재산권 기구(WIPO), 코넬대학교, 인시아드(INSEAD)가 공동으로 발표하는 수치로써, 혁신 투입 및 산출 관련 총 80개 개별 지표를 통합해 평가되고 있다. 우리나라는 여전히 높은 순위지만, 이 지표는 최근 6위(2022년)에서 4계단 하락한 것이다.

2023년 세계 혁신 지수

구분		순위					
		2019	2020	2021	2022 (a)	2023 (b)	변동 (a)-(b)
투입 지표	제도	26	29	28	31	32	↓1
	인적 자원 및 연구	1	1	1	1	1	-
	인프라	15	14	12	13	11	↑2
	시장 성숙도	11	11	18	21	23	↓2
	사업 성숙도	10	7	7	9	9	-
산출 지표	지식 및 기술 성과	13	13	8	10	11	↓1
	창의적 성과	17	17	8	4	5	↓1

출처 : 한국과학기술평가원

혁신 지수를 구성하는 상위 7개 부문 중에도 인적 자원과 연구 지표에 비해 제도와 투자, 정치 환경, 규제 등의 점수가 낮은 영향이 컸다고 전문가들은 평가하고 있다. 실제로 우리나라 국민의 높은 교육 수준과 그로 인한 인적 자원은 훌륭하지만, 그것을 뒷받침하는 국가적, 제도적 지원이 상대적으로 미흡한 것으로 보인다.

단순히 이러한 등수가 높고 낮음의 문제를 이야기하는 것이 아니다. 결과적으로 우리나라가 지속해서 메타버스, AI 등의 새로운 기술과 혁신을 기반으로 한 산업이 더욱더 발전되기 위해서는 국가적, 사회적 지원과 인프라가 필요하다. 그런데 오히려 IT 인프라가 2000년대 세계적 수준의 무선 인터넷 환경 구축 이후로는 퇴보되는 것을 우려해야 할 상황이다. 좀 더 미시적으로 봐서 기업에도 똑같이 적용된다. 제아무리 개인의 역량이 뛰어난 인재를 기업에서 채용하더라도 기업 내 구조적인 부분과 환경에서 좋은 인재가 제대로 일할 수 없는 여러 저항이 만들어진다면, 그 기업은 어떻게 되겠는가?

바로 회사의 조직 문화는 이러한 저항을 마주했을 때 그것을 뚫고 지나갈 수 있는 길을 만들어 준다.

▶ 혁신 활동을 돕는 조직 문화 ◀

- **개방적 커뮤니케이션** : 창의적 제언과 피드백이 자유로운 커뮤니케이션 환경
- **자율과 책임** : 혁신을 위한 구성원의 자율성을 보장하고, 과업의 결과에 따른 명확한 보상과 책임을 투명하게 공유할 수 있는 문화

- **협업** : 작은 단위의 팀뿐만 아니라 다양한 부서와의 협업과 신뢰를 바탕으로 한 관계 형성
- **지속적인 학습 및 자기 계발** : 끊임없는 도전과 일을 통한 개인의 성장을 돕고 새로운 기술과 지식을 학습할 수 있는 교육 인프라 제공
- **심리적 안전감** : 리스크를 감수하고 실패를 두려워하지 않으며 기회와 성장의 모멘트로 바라보는 문화
- **변혁적 리더십** : 현재 수준보다 더 높은 가치를 위해 구성원의 변화와 성장을 이끄는 리더 양성

일단 조직 문화는 혼자서 작동하지 않는다. '모두' 혹은 '함께'라는 단어와 같이 움직인다. 구성원의 다양한 일하는 방식과 행동 양식이 만들어 내는 조직 문화는 절대 만만하지 않다. 앞에 언급한 혁신하는 조직 문화를 위한 여섯 가지는 쉬워 보이지만, 현장에서 제대로 작동되는 회사는 많지 않다.

《최고의 팀은 무엇이 다른가》라는 대니얼 코일의 책에서 조직의 문화란 '공기'처럼 여겨지지만, 결코 우연히 혹은 운으로 주어지는 것이 아니라고 하였다. 또한 그 '공기'가 하나의 조직을 효율적으로 협업하고, 차별화된 결과를 내는 것이라고 소개하였다.

조직 문화는 자연스럽게 만들어지는 영역의 것이지만, 회사의 핵심 가치와 전략 방향에 맞게 얼라인(Align) 되기 위해서는 조직 문화 또한 체계적으로 작동될 필요가 있다.

국내 C 기업은 보수적인 조직 문화와 회사 이미지를 개선해 보고자

회사의 사명과 CI, 핵심 가치 등 전반적인 리뉴얼 작업을 진행했다. 결과적으로는 과거에 비해 미래지향적인 이미지로 탈바꿈하였는데, 초기에 다양한 회사 내, 외부의 홍보 활동은 성공적으로 진행되고 있는 모양새다. 다만 이러한 노력이 실제 경영 성과로 제품과 서비스까지 이어질지는 좀 더 지켜봐야 할 것이다.

변화에는 항상 저항이 존재한다. 처음 이 회사도 새로운 핵심 가치와 일하는 방식에 대한 회의적인 목소리들이 있었다. '이런 것에 돈 들이지 말고, 연봉이나 더 올려 달라', '또 일 년 지나면 흐지부지되겠지?' 등 블라인드 앱에 올라오는 부정적인 글들은 익숙할 듯하면서도 조직 문화팀에게는 여전히 상처로 다가오기도 한다.

하지만 일 년 남짓 흐른 지금 그 저항의 메시지들도 C 기업만의 문화로 흡수하여 구성원의 공감과 일하는 방식이 바뀌어야 한다는 인식을 끌어내고 있다. 그 과정에는 지속적인 구성원 참여와 공감 그리고 직원의 목소리를 조직 문화 전반에 담아 내려 한 노력이 있었기에 가능했다고 생각된다. 또한 어렵게 형성된 문화를 사내 제도와 프로세스 개선 활동에 적극적으로 반영할 때 궁극적으로 C 기업이 추구하는 '새로운 변화'의 문화가 정착되는 것이다.

늘 회사 홈페이지나 말로만 하는 핵심 가치와 슬로건에 익숙하다. 매년 찾아오는 연례행사와 같은 조직 문화 활성화나 이벤트도 아닌 변화의 주체로서 조직 문화가 작동될 때는 구성원의 공감과 지속적인 활동 그리고 이를 뒷받침 해주는 강력한 제도와 시스템, 실질적인 프로세스가 같이 세팅되어야 한다.

조직 문화 차원의
변화 관리 프로세스

변화는 기존의 낡은 것을 깨뜨리고 새로운 가치를 만들어 내는 모든 과정을 의미한다.

미국의 심리학자 커트 레윈은 조직의 변화 관리를 해동(Unfreezing)–이동 혹은 변화(Moving)–재동결(Refreezing)의 3단계로 설명하였다. 변화를 얼음에 비유한 레윈의 모형은 간단하면서도 명확하게 변화 관리에 대한 이해를 돕는다. 변화를 위해 얼음을 깨야 하는 상황에서 구성원의 참여와 동의를 이끌어 자연스럽게 얼음을 녹이는 작업을 거치면, 새로운 틀에서 새로운 형태의 얼음으로 다시 태어날 수 있음을 간단하게 설명한 것이다.

- **해동(Unfreezing) :** 조직 변화의 준비 단계로 구성원이 변화의 필요성을 느끼고 저항하지 않으며, 협조할 수 있도록 자연스럽게 유도하는 단계로 볼 수 있다.
- **이동(Moving) :** 다양한 솔루션으로 변화를 시도하는 단계를 말하며 조직 변화의 추진력이 향상하고 저항력은 감소하는 단계.
- **재동결(Refreezing) :** 변화가 안정적으로 조직 내에서 잘 자리 잡게 하려고 새로운 정책과 제도 등을 도입하여 견고하게 하는 과정을 말한다.

앞에서도 이야기했지만, 변화는 항상 저항이 따른다. 그 저항을 최소화할 수만 있다면 변화는 저절로 따라 올 수도 있는 것이다.

그렇다면 저항을 줄일 방법에는 어떤 것이 있을까?

국내 D 은행의 AI를 활용한 금융 혁신 사례를 소개하려고 한다. 최근 AI를 활용한 혁신 사례를 많이 접하고 있기에 새로울 것이 없을 수 있지만, 이 기업은 다른 금융권에 비해 먼저 AI를 통한 솔루션 구축에 적극적으로 나섰다.

고객 맞춤형 자금 계획을 수립하고 예금, 대출 상품 등을 추천해 주는 기능인데, 일반 서민이나 자영업 종사자들이 다소 복잡한 금융 업무로 본인에게 불필요한 자금 관리나 상품에 가입하여 피해를 보지 않도록 하는 일종의 개인 금융 컨설턴트의 역할을 해당 은행의 AI가 해 주는 것이다.

이 외에도 환율 예측, 투자 예측 등에도 자체 AI를 도입하였고, 기존 AI(챗봇) 상담 기능을 더욱더 고도화하여 기존 내부 인력의 효율화와 전문성을 이뤄 냈다. 회사는 매몰 비용을 최소화하고, 신규 비즈니스를 위한 투자 비용을 확보하여 선진 디지털 금융 솔루션 회사로 그 자리를 공고히 하고 있다.

기존 금융업 관점에서 보았을 때, 은행 내부에서 직원이 일자리를 잃게 되거나 손익을 저해하는 요소로 보일 수도 있지만, 고객 관점에서 이러한 AI 혁신 사례는 개인의 건전하고 투명한 자산 운용을 가능하게 하고, 부실 채권 위험을 선제적으로 막아 주는 등의 순기능이 더 크다고 할 수 있다.

중요한 것은 바로 이 부분이다. 생각보다 기존 금융권은 보수적인 의사결정을 하는 경우가 많다. 특히 전통적인 자금 관리 분야는 보수적이어야 하며, 리스크 매니지먼트(Risk Management)의 정점에서 수많은 불확실성에 대응하다 보면, 혁신의 영역보다는 안정을 추구하는 경향이 절대적이기 때문이다.

일반인이 보기에는 쉬운 것처럼 보이는 통합 AI 금융 솔루션이지만, 불확실성과 안정성 면에서 누구나 쉽게 접근하기 어렵고, 그것을 선도하기는 더더욱 어려운 것이다.

기존 금융권은 회사가 힘들거나 변화가 필요할 때, 가장 먼저 했던 일 중 하나가 구조조정이나 명예퇴직의 시행이었다. 사실 지금도 하나의 부서가 통으로 없어지는 경우가 매년 발생한다. 그만큼 치열한 사업 구조기도 한 것이다.

반면 D 은행은 기존 구성원의 업무가 AI나 새로운 금융 프로그램으로 대체되는 직무가 발생하면 리스킬링(Reskilling)으로 새로운 직무 기회를 부여하고 있다. 회사와 직원으로서는 새로운 역량 개발과 가치 창출의 기회가 동시에 주어지는 것이다. 회사로서는 기존에 시도해 보지 않았던 HR 솔루션이지만 글로벌 트렌드와 빠른 변화에 적응하기 위해 최적의 솔루션을 찾아가는 과정으로 해석된다.

이러한 변화는 단순 프로세스의 변화나 시스템 도입을 통한 업무 효율과 혁신 등으로만 해석해서는 안 된다. 회사가 직원을 대하는 인식의 변화 그리고 직원의 일하는 방식이 바뀌면 회사의 조직 문화는 자연스럽게 바뀌는 것이다.

회사의 조직 문화를 바꾸고 싶다면 분명히 하드웨어(시스템, 공간)와 소프트웨어(교육, 마인드) 모두를 변화시켜야만 한다. 두 가지 모두 한꺼

번에 할 수가 없다면, 단계적이고 점진적으로 해 나가면 된다.

변화는 어렵지만, 변화하기 위한 몇 가지 원칙들을 다음과 같이 정리해 보았다.

① 변화 관리를 위한 목적이 분명해야 한다

변화는 문제 인식에서 시작된다. 명확한 문제 인식으로 어떤 변화를 만들 것인지 그 목적이 모든 구성원이 알 수 있도록 구체적으로 제시할 수 있어야 한다. 가령 일하는 문화를 바꾸기로 했으면, 어떻게 일하는 문화를 바꿀 것인지에 대한 행동 지침이나 제도, 규칙 등이 동반되어야 하는 것이다. 그런 것도 없이 단순히 '자유로운 소통의 일하는 문화'라고 정의해 버리고 '자유롭게 소통하세요'라고 한다면, 저마다 다른 방식의 소통이 이뤄질 것이 뻔하다.

② 변화 관리는 계획적이어야 한다

당연히 지구상의 모든 기업은 변화 관리를 주먹구구식으로 하지는 않을 것이다. 다만 구성원의 저항을 최소화하기 위해서는 예측할 수 있는 변화여야만 한다. 가뜩이나 불확실성 속에 살아가고 있는 요즘 직장인에게 '변화'라는 요소는 익숙하면서도 여전히 머리 아픈 존재인 것은 분명하다. 가능하다면 미리 일 년 혹은 2~3년의 중기 계획을 세워 두고 구성원에게 변화의 여정을 같이 공유하고 동참을 유도해야 변화의 결과물이 좋아진다. 비록 우리가 처해 있는 경영 환경에 따라 미리 세워 둔 계획대로 이행이 되지 못하고, 유연하게 대처해야 하는 상황이 생긴다고 할지라도 변화의 시계는 늘 투명하게 보여져야 한다.

❸ 변화는 갑자기 이뤄지지 않는다

변화는 온갖 어려움과 기다림의 시간을 요구한다. 조직 내 긍정적인 변화가 갑자기 이루어졌다면, 그 변화의 모습이 다시 원래대로 돌아오는 시간 또한 빠르게 진행될 것이다. 그래서 변화를 위해 지속적인 노력이 필요한 것이다.

조직 문화에서 지속성은 바로 이 변화가 시작되는 시점부터, 단단해져 가는 과정까지의 기다림을 의미한다. 그 지속성을 만드는 것은 당연코 리더의 힘이며, 일관성 있는 리더의 경영 철학과 핵심 가치, 회사의 전략 방향이 한 방향으로 꾸준히 나아갈 때 그제야 변화된 조직 문화가 만들어지는 것이다.

평소에는 눈에 잘 보이지 않는 조직 문화는 변화가 필요한 순간에 나타나 강력한 힘을 발휘하게 될 때가 있다. 앞으로 이 책에서 소개할 다양한 방식의 업무 효율 프로세스와 변화를 알아보면서 강력한 힘을 느끼길 바란다.

변화는 성장하고 있다는 것

> 좋은 습관은 사소한 희생을 쌓아감으로써 이루어진다.
> 미소는 가정에 행복을, 사업에는 신뢰를 가져온다.
> 그리고 슬퍼하는 사람에겐 태양이 되고 괴로워하는 자에게는
> 자연의 해독제가 된다.
>
> **《데일 카네기 인간관계론》 중에서**

1936년에 발간되어 지금까지 6천만 부가 넘게 팔리고 전 세계적으로 가장 유명한 자기 계발서인 《데일 카네기의 인간관계론》에는 성장과 관련된 수많은 내용이 있다. 그중 작은 실천(미소)이 가져다주는 다양한 변화 요소에 대한 글귀다.

변화는 어렵다. 다만 실천하기만 하면, 크든 작든 무조건 어떠한 변화는 만들어진다. 조직에서 변화는 성과와 효율성과 맞닿아 있고, 이러한 지속적인 변화는 바로 해당 조직의 지속 가능 경영, 지속 성장과 연결된다.

사내에서 조직 문화 활동을 하며, 구성원의 생각을 들어볼 기회가 많이 있다. 정기적으로 진행하는 조직 문화 진단뿐만 아니라 펄스서베이나 VOE(Voice Of Employees) 등 다양한 채널로 그들의 생각과 의견을 듣다 보면 구성원이 원하는 것은 재미있게도 두 가지 단어로 정리가 된다.

'성장'과 '안정'

성장은 긍정적인 변화와 같은 개념으로 해석될 수 있다. 회사의 성장, 개인의 성장, 일하는 공간과 문화의 변화, 혁신 등 구성원이 바라는 회사의 변화는 본인과 회사의 성장을 위해 필요한 자원과 환경, 시스템적 지원으로 상당 부분 귀결된다.

반면에 안정을 추구하는 직원들은 더 많다. 회사가 성장하기 위해 변화가 필요하지만, 변화의 과정이 고단하고 어려움이 있다는 것을 아는 사람들은 섣불리 무언가를 새롭게 시도하려고 하지 않고, 그러한 것을 요구하지도 않는다. 다만 안정적인 지금의 상태를 유지하려는 방법이 있다면 그 정도 수준의 도전과 변화까지는 수용하는 패턴을 보여 준다.

모든 조직이 다 비슷하지는 않지만 수년간 조직 문화를 해 오면서 재미있는 수치를 발견하게 되었다. 적극적으로 새로운 변화와 활동에 동참하려는 구성원의 비율은 20~30%이고, 60~70%는 적당한 수준에서 참여 혹은 관망하고, 나머지 약 10%는 어떤 것에도 관심을 두지 않는 것을 볼 수 있었다.

사전 설문에 '조직 문화 혁신을 위해 ○○○ 프로그램을 진행하면 적극적으로 참여할 의향이 있습니까?'라는 질문을 한 적이 있는데, 그에 대한 답변으로 '예'를 선택한 비율은 절반이 넘는다.

대부분은 회사에서의 긍정적인 변화는 바람직하고, 이에 대한 효과와 유익함이 분명 존재하리라는 것을 인지하고 있으며 알고 있다. 다만 이를 실행하는 주체가 본인이 아닌 다른 누군가이길 바라는 것이다. 그만큼 변화와 혁신이 주는 양면성이 존재하고, 조직에서는 늘 고민이 되는 부분일 것이다.

실제로 모든 회사가 조직 문화를 변화와 혁신이라는 키워드로 가져가지는 않는다. 글로벌 자동차 회사 T는 글로벌 시장에서 판매율 1, 2위를 항상 차지하고 있는데, 제조 기술 분야에 있어서는 꾸준히 새로운 기술을 위해서 자체적으로 노력하는 반면 그들의 광고, 브랜딩 그리고 세일즈까지 안정성, 편안함, 지속성을 추구하는 것을 볼 수 있다.

특히 세일즈 분야에서는 타 회사 영업 지점과 사원들이 서로 할인과 각종 프로모션으로 경쟁하는 것에 비해, 어떤 할인도 하지 않고 정상 가격으로 판매하며 마케팅 포인트를 A/S와 안정적인 상품성으로 가져간다. 심지어 본사에서도 경영 계획 이상으로 매출이 일어나지 않도록 관리하고, 계획대로만 판매하는 것을 원칙으로 한다.

반면 그들이 매우 중요하게 생각하는 분야는 따로 있는데 품질과 윤리적 이슈에는 민감하게 반응하고, 그와 관련된 리스크 매니지먼트를 위해 직원 교육과 시스템을 강조한다. 과거 그 유명한 '6 sigma'가 등장한 배경이기도 하다.

국내 커피 회사 D사도 비슷한 문화가 있다. 창사 이래 거의 단일 제품의 시장 점유율 1위를 놓친 적이 없을 뿐만 아니라 안정적인 영업 이익을 구현하고 있어, 실제로 회사에 영업 직군이 필요한 것인가에 대한 회의론도 있을 정도다. 타 식음료 제조, 유통 기업들이 출혈 경쟁을 수십 년간 해 오고 있는 동안에도 과도한 매출이 일어나지 않도록, 평가 보상, 승진, 인센티브 체계조차 단순화하여 운영해 오고 있다. 그런데도 업계 최고 수준의 연봉과 야근 없는 문화를 잘 이어 오고 있으니 타 기업 직원들에게는 신의 직장처럼 보일 수도 있겠다.

그러나 변화하지 않는 조직은 살아남기 힘들다. 앞에 소개한 회사들도 지금은 안정적으로 보일 수 있지만, 초기 사업을 세팅하고 조직이 커지며 성장을 하던 시기에는 어떤 형태로든 변화가 있을 수밖에 없었을 것이다.

최고 경영자의 경영 철학과 리더십도 변화에 대한 당위성에 직면했을 것이고, 임직원의 다양한 생각과 요구 사항을 받아들이기 위해 수많은 개선 활동을 했을 것이다.

실제로 산업혁명 이후 수많은 기업이 변화하지 않아 성장이 멈추거나 사라진 사례가 많지, 변화를 추구하고 성장하면서 문제가 된 회사는

혁신확산이론

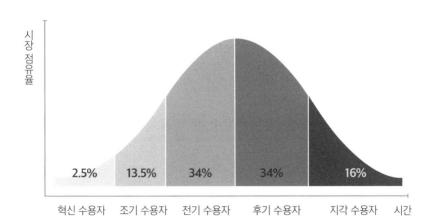

존재하지 않는다.

변화와 성장은 기업의 생존과 항상 함께해 왔다. 또한 앞서서 이야기했듯 이 생존이란 단어는 안정감을 뜻하기도 한다. '회사의 재무 구조가 안정적인 상태다', '마케팅 전략이 안정적으로 운영되고 있다' 등과 같이 안정감을 얻는 상태는 변화의 어느 순간을 넘어선 어딘가를 뜻한다.

분명 성장과 안정은 상반되는 개념처럼 보일 수도 있다. 그러나 결국 모든 것은 변화와 혁신이라는 한 흐름의 과정에 존재하는 단어들이기에 굳이 거부하거나 이상하게 받아들일 필요가 없다.

인간은 사회적 동물이며 사람과의 관계 속에서 자연스럽게 성장하기 마련이다. 조직도 마찬가지다. 공통된 목표와 생각을 하는 사람들이 모여서 지속해서 커뮤니케이션해 나가면, 그 안에서 변화와 성장, 안정을 반복하며 새로운 가치와 즐거움을 만들어 내는 것이다.

변화를 아직도 두려워하고 있는가? 변화는 인간과 자연이 존재하는 한 자연스러운 이치고, 그를 통해 성장하는 것이다. 변화와 혁신으로 지속적인 성과를 내는 조직에는 그러한 성장의 문화, 혁신의 문화, 변화를 두려워하지 않는 문화가 존재하는 것이다.

Change × Culture = Growth

직원의 업무 효율화를 끌어내는
조직 문화

▌ 긍정적 요인 : 자율성, 다양성

지금까지 업무 효율화를 위한 여러 가지 관점을 조직 문화 차원에서 이야기해 보았다. 이제 실제 사례를 바탕으로 어떻게 업무 효율이 만들어지는지 조금 더 자세하게 살펴보자.

조직 문화에서도 단기적 관점, 장기적 관점에 따라 접근법이 다를 수 있다. 단기적으로 눈에 보이는 구체적인 성과를 내기 위해서는 탑다운(Top-Down)만큼 확실한 솔루션이 있을까 싶기도 하다. CEO나 경영진에게서 나오는 강력한 메시지는 사실 조직 문화가 작동하는 방식에 있어서 가장 강력한 원동력이 되기도 한다.

조직심리학이나 인지심리학에서 쉽게 들을 수 있는 '접근 동기', '회피 동기'라는 개념이 있다.

접근 동기는 무엇인가 좋은 것을 얻기 위해, 그것에 가까워지기 위해 열심히 어떤 일을 꾸준히 하는 것을 말한다. 반면 회피 동기는 무언가 좋지 않은 것에서 벗어나거나 회피하기 위해 열심히 하는 것을 뜻한다. 일반적으로 접근 동기로 무언가를 성취했을 때 드는 감정은 기쁨일 가능성이 크고, 회피 동기로 얻는 감정은 안도감이 될 수 있다. 그 반대로 실패했을 때 접근 동기는 슬픔을 유발하고, 회피 동기는 불안감을 느끼게 할 것이다.

일반적으로 회피 동기는 빠른 결과를 내기 위해 많이 사용된다. '너 이거 못하면, 국물도 없는 줄 알아!'라는 식의 말이 다소 격하게 보일 수는 있지만, 빠른 실행으로 지금의 불안 상태나 위기 상태를 벗어나게 하는 것에는 탁월한 행동심리적 효과가 있는 것이다.

그래서 생각보다 일상에서 특히 우리나라의 사회에서, 학교나 회사에서는 이런 회피 동기가 익숙하게 발현이 되어 왔고, 실제 효과도 많이 봤을 것이다. 회피 동기는 따로 이야기하지 않더라도 우리 사회가 익숙한 부분이기에 이번에는 좀 더 장기적인 안목에서 변화를 이끄는 긍정적 요인들을 살펴보려 한다.

1 자율성(Autonomy)

자율 경영이라는 말이 있다. 구성원이 스스로 새로운 방법이나 혁신을 통해 더 나은 경영 환경을 만드는 것을 뜻한다. 여기서 '스스로'는 예전에 익히 들었던 주인의식과도 연결되어 있고, 지금까지 이야기해 왔던 변화와 업무 효율에도 영향을 미친다.

자율에는 당연히 책임이 따르기 마련이며, 그 결과물로는 창의적이고 유연한 사고방식 등이 나타난다. 실제로 조직 문화 차원에서 자율성은 단기간에 쉽게 만들어지기 어려운 영역의 요소다. 구성원이 자율적으로 의사결정을 하고 과업을 수행하며 성과를 내는 이상적인 일하는 방식을 만들기 위해, 지금도 수많은 회사가 고민하고 새로운 시도를 해 나가고 있다.

일찍이 구글은 직원에 대한 존중 문화와 수평적 커뮤니케이션을 바탕으로 자율과 창의를 경영 전반에 녹여 내었다. 앞서 이야기했고, 조직 문화에 관심이 있는 사람들은 한 번쯤 들어봤을 구글의 아리스토텔레스 프로젝트, 심리적 안전감이 구성원에게 스스로 문제를 해결해 가는 경험을 하게 했다. 신뢰의 조직 문화가 성과에 어떠한 영향을 미치는지 보여 주는 대표적인 사례였다.

자율성은 신뢰를 기반하여 생겨난다. 팀원이 리더를 믿고 따를 때, 리더가 팀원의 역량과 실행력을 의심하지 않을 때, 커뮤니케이션과 정보 공유가 원활하고, 권한 위임이 자연스럽게 이뤄지게 된다. 최고의 팀은 단순히 구성원 하나하나의 역량만으로는 이뤄지기 어렵다. 각자가 가진 지식, 역량, 태도가 개별로 활동하는 것이 아니라, 최고 수준의 신뢰를 바탕으로 서로가 서로에게 상호보완적으로 작용할 때 최고의 팀이 만들어지는 것이다. 이를 '집단지성의 힘'이라고 말하기도 한다.

누군가가 오늘부터 '자율적으로 일하자'라고 해서 만들어지는 것이라면 참 쉽겠지만, 그게 참 어렵다. 앞에서 이야기한 것처럼, 조직 내 충분한 신뢰를 쌓아갈 시간이 필요하고, 시스템도 필요하며, 리더의 노력도 필요할 것이다. 구성원은 회사에서 심리적 안전감을 느낄 때 자신의 목소리를 내며 스스로 실행한다는 사실을 잊지 말자.

🄶 다양성(Diversity)

조직 문화에서 다양성은 최근 몇 년간 가장 중요한 키워드 중 하나였다. 우리나라에서 이야기하는 다양성과 미국을 비롯한 다른 나라에서 이야기하는 다양성은 다소 차이가 있다. 미국과 유럽 국가에는 다양한 인종, 이민자, 성별에 대한 다양성 이슈가 좀 더 많은 범위를 차지한다면, 우리나라의 다양성은 개인의 가치관이나 성향의 다양성에 초점을 맞추는 경향이 있다.

그런 다양성을 통해 성공과 위기를 같이 겪은 곳 중 하나가 디즈니다. 정확한 명칭은 '월트디즈니컴퍼니'이며 1923년 창립 이래, 글로벌 종합 엔터테인먼트, 미디어, 콘텐츠 산업의 최강자라고 불리는 곳이기도 하다. 특히 오랫동안 픽사 애니메이션, 20세기 폭스, 내셔널지오그래픽, 마블 스튜디오, 루카스필름 등의 브랜드 등을 인수하여 디즈니의 기존 콘텐츠와 엔터테인먼트 산업에 많은 투자를 해 왔는데, 이 모든 비즈니스 포트폴리오 전략에는 다양성이 있다.

월트디즈니컴퍼니의 핵심 가치 중 가장 첫 번째가 창의성이다.

"꿈꾸고, 믿고, 도전하고, 실행하라."
"상상력이 남아 있는 한 디즈니랜드는 결코 끝나지 않는다."

월트 디즈니(1911~1966)의 메시지에서 디즈니가 추구하는 혁신적이고 창의적인 스토리텔링이 어떻게 오랫동안 전 세계 사람에게 즐거움과 영감을 주었는지 알 수 있다.

그 상상력을 기반으로 한 다양한 캐릭터, 스토리텔링, 세계관이 나올 수 있었고, 전 세계의 다양한 사람을 채용하여 마음껏 꿈꾸고 실행하는 회사로 키워 나갈 수 있었다.

One source, Multi use.

한 자원으로부터 여러 갈래로 파생되는 아이디어, 콘텐츠 사업, 이것이 디즈니의 핵심 사업 전략이며, 지속 성장 이론이기도 하다. 결국 디즈니를 지금에 있게 한 가장 중요한 키워드가 '다양성'이라고 할 수 있다.

기업에서 다양성은 단순히 다양한 사람이 있다고 해서 생겨나는 것이 아니다. 최근 남녀 비율이나 세대 간의 비율 같은 수치에만 몰입한 나머지 다양성에서 정말 중요한 것이 무엇인지 놓치는 경우를 가끔 보게 된다.

실제 다양성은 나와 다른 사람의 생각이나 의견에 대한 존중에서 나타난다. 차별과 편견이 줄어들고, 그로 인해 창의성과 혁신이 생겨난다. 나와 다름을 인정하는 것에서부터, 다양성과 혁신이 시작된다고 말할 수 있다.

실제 디즈니에서 일하는 많은 개발자, 디자이너, 테마파크의 청소부에 이르기까지 다양한 배경의 다양한 사람이 일하고 있다. 이들은 디즈니 웨이를 기반으로 자신이 하는 일의 가치를 존중하고, 동료의 더 좋은 아이디어와 성과에 아낌없는 박수를 보낸다.

지금의 디즈니가 성공해 왔던 요인이며, 앞으로도 그들의 다양성 추구가 기대되는 이유기도 하다.

다만 그 다양성을 실행해 가는 과정에서 지나친 메시지를 주는 것에는 문제가 있었다. 일명 PC(Political Correctness)주의가 그러하다. '정치적 올바름'이라고 직역할 수 있는 이 뜻은, 다민족 국가인 미국과 같은 곳에서 여러 측면의 소수자에 대한 편견, 차별이 섞인 언어나 정책을 삼가야 한다는 좋은 취지의 용어임에도, 과도하게 적용하려다 다른 갈등을 유발하는 경우가 디즈니에도 있었다.

최근 〈인어공주〉, 〈백설공주〉 등을 리메이크 및 실사화하면서 나왔던 여러 부정적 의견들이 그러했다. 이는 디즈니가 가고자 하는 다양성에 대한 진정성을 의심하게 만들기까지 했다.

2021년 200달러에 육박했던 주가는 79달러대까지 떨어졌고, 결국 과거 디즈니의 최전성기를 이끌고 2020년 퇴임했던 밥 아이거가 다시 경영 일선에 복귀하게 이르렀다.

다양성은 조직의 혁신과 창의성을 위해 필요하다. 회사마다 다양성을 바라보는 관점이 다를 수는 있지만, 다양성만을 추구하다 업의 본질인 조직과 구성원의 성장, 창의성과 혁신을 놓치는 잘못은 범하지 말아야 하겠다.

▎부정적 요인 : 불신, 불통

그리스어 'Bios'는 '생명'을 뜻하는 단어다. 영어 'Bio'의 어원이기도 한데, 이 단어가 재미있는 것이 Bios의 강세가 'o'에 있으면, 활(βιός)이란 뜻이 되고, 'i'에 있으면 생명(βíος)이란 뜻이 된다. 하나의 단어지만 어떻게 발음이 되느냐에 따라 하나는 생명을, 하나는 생명을 뺏을 수도 있는 완전히 상반된 뜻이 있기에 시사점을 준다.

사람의 성향에도 비슷한 요소가 있다. 예를 들어 꼼꼼한 성격을 가진 사람이 있다고 하자. 보통 이런 유형의 사람은 세심하고, 신중하며, 계획적일 수 있다. 어느 조직에서나 상당히 일 잘하는 인재로 보일 가능성이 크다. 반면 꼼꼼하고 세심한 모습은 종종 마이크로 매니지먼트의 모습을 보여 팀원을 힘들게 하기도 한다. 신중한 성격은 의사결정이 빠르지 못하거나 우유부단하기도 하며, 평소 계획적인 사람은 갑작스러운 환경 변화나 업무가 생겼을 때 제대로 대처하지 못하기도 한다.

그러기에 많은 사람이 알다시피 사람의 성격이나 성향에는 옳고 그름의 문제가 아니라 다름의 인정이 중요하다. 우리가 살아가는 세상에는 단 한 가지 정답이나 정의가 존재하는 것이 아니기에 다양한 관점으로 시대적 흐름을 읽을 수 있어야 한다.

회사의 조직 문화도 그렇게 작동되기에 다른 회사에서 통하던 방식이 우리 회사에 적용되지 않고, 우리 회사의 성공 사례가 다른 곳에서는 실패 사례가 될 수도 있는 것이다. 조직 문화에는 정답이 없다. 그런데도 조직 문화에서 이것만큼은 하지 말아야 한다고 하나만 꼽으라고 한다면, '서로 신뢰하지 않는 문화'다.

❶ 신뢰가 없는 리더

혹시나 주위에 이런 경우가 없어야 하겠지만, 있다고 한다면 회사를 위해서라도 그런 리더는 더 이상 그 자리에 있어서는 안된다. 스스로 물러나던지, 사내 익명의 게시글을 통해서라도 이런 사례는 정상적으로 개선되어야 한다. 실제로 건강한 조직이라면, 이미 리더십 다면 진단 등을 통해 초기에 대응이 가능할 것이다.

신뢰가 없는 리더는 당연히 조직에 부정적인 영향을 끼칠 수밖에 없다. 지금까지 앞에서 이야기한 일의 생산성, 효율화는 당연히 만들어질 수 없고, 일단 구성원의 협업을 이끌 수도 없으며 동기부여는 꿈도 꾸지 못한다. 리더가 신뢰를 잃게 되는 대표적인 경우는 다음과 같다.

- 역량 부족
- 책임감 부족
- 고집불통
- 불공정
- 의사결정에 일관성 없음

모 회사의 A 임원은 일찍이 회사에서 핵심 인재로 꼽히며, 국내 및 해외 주재원을 거쳐 기술 영업과 마케팅 전문가로 성장하며 성과를 내었다. 체형은 작지만, 본인만의 철학이 확고하여 항상 자신감이 넘쳤고

언변이 뛰어나며 시장 흐름을 잘 읽었다. 문제는 임원이 되고 나서였다.

중간 관리자로서의 과거 그의 모습은 겸손하고 팀원을 위하는 리더였던 반면 임원이 되고 나서는 그의 확고한 철학과 자신감은 자만과 나르시시즘으로 변모해 갔다. 자신이 성공 방정식이니 '나를 보고 배워라'는 식의 소통은 더 이상 공감하기 힘들었고, 뛰어났던 언변은 상위 리더에게만 향하는 아첨과 아부로 변해가기 시작했다. 과거 성공 경험에 매몰된 나머지 급격하게 변화하는 시장 흐름을 따라가지 못하며, 꼼꼼한 일 처리를 가장한 마이크로 매니징이 구성원에게 향하며 하루에도 수십 건의 업무 지시 문자와 메일로 구성원이 스스로 무언가를 할 수 없는 업무 환경을 만들어 버렸다.

그 안에서 직원들은 본인의 업무를 더 잘하기 위해, 그리고 개선과 혁신의 방안을 모색해 일의 생산성이나 효율을 높이는 활동을 하고 싶을까?

지금까지 해 왔던 모든 그의 언행이 거짓으로 느껴질 수밖에 없기에 그 회사의 구성원은 A 임원에 대한 배신감이 더더욱 컸다. 전해 듣기로는 회사 차원에서는 A 임원의 그동안의 공로를 생각하여 보직해임보다는 부서 이동을 정기인사 때 진행했다고 하는데, 현실적으로 큰 변화가 있을까 싶다.

조직 문화에서 리더의 역할은 그 어떤 것보다도 우선시 된다. 특히 리더와의 신뢰는 해당 팀 혹은 부서의 존폐를 결정할 정도로 중요한 요소다. 과거 실적으로 결정되는 리더가 아니라 미래가치 창출을 위해 제대로 리더십을 발휘할 수 있는 '진정성 있는 리더'가 필요한 시대다.

2 소통이 없는 팀

리더뿐만 아니라 팀원 간에도 신뢰가 없다면 그 조직은 더 이상 발전할 수가 없다.

사람이 살아가는 세상에는 갈등이 있을 수밖에 없다. 다른 환경에서 살아오던 사람들이 인위적으로 같은 가치와 목표를 공유하며 일을 한다는 것이 말처럼 쉬운 일은 아니기에 그 속에서는 항상 다툼과 어려움이 있을 수 있다.

반면 갈등이 없는 팀은 항상 긍정적일까? 표면적으로는 그렇다. 앞서 변화와 혁신에는 늘 저항이 따른다는 것을 확인했다. 갈등 상황을 빠르게 해결하며 앞으로 나아갈 줄 아는 팀과 변화를 회피하여 갈등을 만들지 않는 팀은 확연히 차이가 있다.

그래서 갈등을 해결할 줄 아는 지혜와 소통, 리더십이 필요한 것이지, 갈등 자체가 문제가 있는 것은 아니다.

대부분의 어려움을 겪는 조직과 팀은 처음부터 문제가 있기보다는 투명하지 못한 정보 공유, 소통 상황에서 예기치 못한 일이 종종 발생한다. 조직 문화 차원에서 그 어떤 것보다 열린 의사소통을 할 수 있는 환경 조성이 중요한 이유다. 구글에서 심리적 안전감을 조성하는 것이 위대한 팀을 만드는 데 중요하다고 하는 것과 같은 맥락이며, 인간이 살아가면서 항상 문제가 되는 것이 소통이다.

1997년 8월 항공사의 한 여객기가 서울을 떠나 괌으로 향하고 있었다. 갑자기 내린 폭우 등으로 시야가 충분히 확보되지 않은 상황에서 조금은 무리하게 괌의 아가나 공항에 바로 진입을 시도하였다. 기상

악화 때문인지 몇몇 랜딩 유도 장치들의 오류도 있었고, 대지 접근 경보 장치(GPWS)의 경보와 부기장의 접근 실패 경고에도 기장은 계속 하강했다. 결국 공항 인근 산 중턱에서 추락하게 되었고, 254명의 사상자(사망 229명, 부상 25명)를 내게 된다. 충돌 2, 3초 전에 기장은 본인의 잘못을 인지하기는 했지만, 사고를 막기에는 너무 늦었다.

향후 블랙박스를 통해 당시 상황을 복기하면 여러 문제점(기기 고장, 조종사 피로도 등)이 있었지만, 당시 기장과 부기장이 공군사관학교 선후배 관계로 맺어진 수직적 소통의 문제가 대표적으로 대두되었다. 당시 우리 사회에서 만연했을 후배가 선배에게 명확히 의사전달을 못하는 분위기, 선배가 후배의 의견을 제대로 수용하지 않는 등의 소통 문제는 큰 사회적 이슈로 다가왔다. 이는 항공사를 비롯한 많은 기업에 소통의 중요성을 알리게 된 계기였다.

소통은 신뢰를 바탕으로 하여야 정상적으로 작동된다. 앞서 신뢰가 주는 여러 가지 긍정적 요인들을 언급했었는데, 그 모든 긍정적 요인들이 소통으로 형성된다.

소통에는 정서적 소통, 창의적 소통, 업무적 소통이 있다. 그중 정서적 소통이 가장 중요한데, 여러 연구 결과에서 정서적으로 안정된 관계가 형성된 곳에서는 다른 창의적, 업무적 소통 등이 함께 시너지로 나타나는 것을 확인할 수 있었다.

진정성 있는 리더와 함께 진정성 있는 소통이 결국 갈등과 문제를 해결하고 조직에 지속적인 성과를 가져올 것이다.

조직 문화의 성공은
결국 성과로 말한다

지금까지 조직 문화와 업무 효율화에 대해 이야기해 보았다. 그 회사의 조직 문화가 잘 작동된다는 말은 어떤 뜻일까? 먼저 경영진이나 구성원이 조직 문화에 대한 이해와 경험이 낯설지 않고, 자연스럽게 받아들여질 때 잘 작동된다고 할 수 있다. 그 회사에 잘 스며든 조직 문화는 이렇게 저렇게 홍보하거나 언급하지 않더라도 이미 그들의 것이 되어 있기 때문이다.

또한 그 회사가 추구하는 조직 문화가 회사의 전략 방향과 구성원의 일하는 방식 속에서 잘 어우러져 유의미한 성과를 내고 있을 때, 조직 문화가 긍정적으로 작동된다고 한다. 다시 말하면 다양한 조직 문화 활동을 통해 구성원의 창의적인 사고와 혁신 행동에 영향을 주고, 회사의 기존 사업이나 신규 비즈니스에 성과가 만들어져야 조직 문화의 가치를 이야기할 수 있는 것이다.

일본 도쿄에서 서쪽으로 약 250km 정도 가면 하마마쓰라는 도시가 있다. 이 도시는 일반 사람들이 잘 알고 있는 도시는 아니지만, 일본에서 자동차와 바이크 등으로 유명한 회사인 혼다와 스즈키의 공장이 있고, 100년이 넘는 역사를 가진 야마하의 본사가 있는 곳이라고 설명하면 이해가 빠를 것이다.

야마하는 오랜 기간 피아노 등 다양한 악기와 음향기기 및 장비 제조로 유명한 회사이며, 모터와 엔진 기술을 가미하여 오토바이와 로봇

등으로 사업을 확장했다. 최근 골프 장비에도 자신들만의 기술과 가치를 녹여 브랜드 파워를 보여 주고 있는 일본의 대표 기업이다.

일본의 많은 회사가 그러하듯, 야마하에도 야마하만의 장인 정신이 있다. 일명 '하마마쓰 정신'이 야마하를 대표하는 문화이며, 초기 회사의 경영 철학과도 맞닿아 있다.

하마마쓰의 지역 사투리인 '야라마이카'는 '한번 해 보는 거야'라는 뜻이 있다고 한다. 우리나라의 경상도 사투리 중 '고마 한번 해 보입시더'와 유사하게 지역적 특색을 가미한 이 단어는 '고민보다는 우선 행동하고 도전하라'라는 야마하의 창업자, 야마하 도라쿠스의 철학이며, 130여 년이 지난 지금까지도 야마하의 핵심 가치로 남아 있다.

또한 야마하의 회사 로고에는 세 개의 소리굽쇠가 겹쳐 있다. 회사가 만들어진 초기 음악적 유산과 조화를 상징하는 이 로고는, 그들이 보유하고 있는 '소리'라는 핵심 기술을 통해 기존 악기의 정통성과 차세대 음향기기를 개발하는 독보적인 기술을 만들어 내고 있으며, 초정밀 엔진과 반도체 사업, 스포츠 장비 개발에 그들이 왜 장인 정신으로 임하는지 보여 준다.

악기에서 스포츠 장비까지 다른 성격의 사업이 어떻게 이어져 오는지 묻는다면, 야마하가 소리를 통해 그들이 고객에게 주고자 하는 가치는 '일상에서의 즐거움'이기 때문이라고 답하고 싶다. 연주를 통해 얻는 음악적 즐거움과 바이크, 각종 전자 기기를 통해 얻는 생활 속 즐거움, 스포츠 활동이 주는 즐거움 등 이 모든 것이 130년이 넘게 이어져 오는 그들의 도전 정신, 일의 즐거움을 통해 고객 가치로 나타나고 있다.

일본의 오랜 경제 침체와 코로나 팬데믹 상황에서도 야마하가 매년 1조 엔이 넘는 매출을 안정적으로 기록할 수 있는 이유가 여기에 있다고 하겠다.

아직도 조직 문화를 조직 문화 활동, 이벤트와 같은 정기적 행사에서 벗어나지 못하고 있다면, 이제는 일하는 문화와 프로세스 개선을 통해 성과를 낼 수 있도록 노력할 필요가 있다. 조직 문화는 단순히 회사 이미지를 좋게 만들거나 복지 수준을 높여 주는 것이 아니다. 결국 회사의 여러 문제를 문화적인 측면에서 해결해 나가는 과정으로 봐야 한다.

조직 문화를 조직의 문제 해결, 변화 관리 솔루션의 관점으로 바라본다면 지금보다 훨씬 좋은 조직 문화가 형성될 것이다.

반대로 아무리 좋은 조직 문화를 추구한다고 하더라도 성과가 나오지 않는 경우가 있다. 이는 경영자의 시대적 사명감이나 순수한 사업가 정신만으로 사업이 지속성을 갖지 못하는 것과 유사하다. 모든 회사의 최고 경영자는 구성원이 일하기 좋은 문화를 만들고, 구성원이 몰입하여 더 훌륭한 제품과 서비스를 고객에게 제공하기를 소망할 것이다.

그래서 꽤 많은 경영자가 열정에 넘쳐 주변에 베스트 프랙티스가 있다면 그대로 복사하여 붙여넣기식의 조직 문화를 적용하다 낭패를 본다. 우리가 우리 몸에 맞지 않는 옷을 입은 것처럼, 맞지 않는 조직 문화를 추구하는 것은 구성원의 공감을 충분히 이끌지 못하게 되는 것이고, 자연스레 역효과가 나타날 수밖에 없는 것이다.

몇 년 전, 박찬욱 감독이 청룡영화제에서 봉준호 감독을 대신해 수상 소감을 이야기한 적이 있다. 그는 영화 〈설국열차(2013)〉의 한 장면을 들어 이야기하였는데, 꽤 울림이 있는 말이었다.

"워낙 18년째 꽁꽁 얼어붙은 채로 있다 보니까 이제 무슨 벽처럼 생각하게 됐는데, 사실은 저것도 문이란 말이지"라는 극 중 송강호 배우의 대사를 인용한 것인데, 많은 사람이 이 대사에 공감하는 이유는 삶이 종종 범하고 있는 인지적 오류 때문이다.

회사에서도 마찬가지다. 세상은 지금도 변화와 불확실성이 넘쳐나는데도, 새로운 변화에 대한 민감성이나 필요성도 느끼지 못한 채 바로 앞에 주어진 일만 바라보고 살아가는 직장인들이 대부분이다.

업무 효율화, 생산성 향상, 창의적 사고, 혁신 등을 이끄는 일잘러의 특징이 있다. 그들은 최소한 본인의 업무 안에서는 과거 통념에 머무르기보다 새로운 사고와 관점으로 스스로 일의 가치를 만들어 낼 수 있다.

다만 개인이 혼자서 이러한 변화를 이끌기는 쉽지 않다. 그래서 조직 문화가 개개인의 일하는 방식과 환경에 영향을 주어, 더 많은 구성원이 회사의 핵심 가치(Core Value)와 미션(Mission), 비전(Vision) 아래 성과를 낼 수 있도록 돕는 것이다.

조직 문화가 단기적으로 회사의 성과를 높이는 것은 어렵다는 것을 알고 있을 것이다. 경영진은 구성원이 만들어 내는 성과를 신뢰하여야 하고, 구성원 또한 경영진의 비전과 중장기적 전략, 리더십을 신뢰할 때 조직 문화는 지속해서 성장하고 발전을 거듭해 나간다.

향수를 구성하는 핵심 요소가 있다. 바로 노트(Note)라는 개념인데, 음악에서 음표를 뜻하는 노트는 향수에서 향이 가진 복잡 다변성을 나타낸다고 할 수 있다.

향수를 시향할 때 가장 처음 맡게 되는 탑 노트(Top Note)는 5~10분 사이의 향기로 휘발도가 높은 향으로 구성된다. 미들 노트(Middle Note)는 30분~1시간 정도의 향기로 향수의 메인 향이며, 해당 향수의 성격을 가장 잘 나타내는 향이라고 할 수 있으며, 가장 다양하고 복합적인 향을 만들어 준다. 그리고 마지막 베이스 노트(Base Note)는 2~3시간 정도의 오랜 지속성을 갖는데 향수가 사람의 피부와 결합해 그 사람의 독특한 향을 만들어 내는 역할을 한다.

우리의 조직 문화가 강렬하게 처음 접하는 탑 노트의 느낌일 수도 있고, 매력적인 미들 노트 같을 수도 있다. 다만 온전히 그 조직의 구성원에게 내재화된 조직 문화는 오랜 기간 잔향으로 남아 자연스럽게 작동되는 베이스 노트와 같이 누구도 따라 할 수 없는 회사의 핵심 요소가 된다.

세계적인 향수들의 베이스 노트가 수십 년이 지나도 여전히 그 명맥을 유지하며 오랜 시간이 흘러도 고객의 사랑을 받듯이 잘 만들어진 조직 문화는 그 회사가 100년 이상의 위대한 기업으로 지속 성장할 수 있도록 만들어 준다.

혁신은 자원의 생산성을
높이는 활동이다.

· 피터 드러커 ·

업무 효율화를 위한
개인 역량 강화

by 권익주

왜 업무 효율화인가

▎ 일, 업무란 무엇인가

일은 우리 삶에서 빠질 수 없는 중요한 활동이다. 일은 단순히 노동이라는 것을 넘어서서 개인의 가치, 사회적 위치, 자아실현의 목적을 실현할 수 있는 수단이기 때문이다. 현대사회에서는 개인별로 다양한 이유와 목적을 가지고 일한다. 누군가는 경제적 보상을 위해, 성취감을 위해, 목표를 이루기 위해, 사회에 기여하기 위한 목적 등 개인의 가치관에 따라 생각이 다를 수 있다. 하지만 '일'이란 '개개인이 가지고 있는 자신의 자원으로 외부에 가치를 제공하는 행동'으로 정의할 수 있다. 여기에서 자원은 개인의 시간, 신체적 노동, 지식, 경험, 에너지 등을 포함한다.

그렇다면 업무란 무엇인가?

업무는 '業(업 업)'과 '務(힘쓸 무)'로 사회생활상의 지위를 근거로 계속 또는 반복하여 행하는 사무를 말한다. 사전에 따르면 '직장 같은 곳에서 의무나 직분에 따라 맡아서 하는 일'로 정의할 수 있다. 즉 각기 다른 회사에서 다른 포지션과 연차로 근무하는 회사원에게는 의무와 직분에 따라 맡아서 하는 일이 다르게 구분되어 있다.

또 다른 업무에 대한 정의로는 '사회생활을 유지하면서 행하는 사무'로, 객관적으로 상당한 횟수로 반복하여 행하거나 반복적으로 계속할 의사를 가지고 행동하는 모든 것을 의미한다. 그렇기에 일회성으로 회사에서 운전하거나 타 부서를 지원해 준 것은 업무가 아니라 '잡무' 또는 '행정 지원'이라 구분할 수 있다.

그래서 '업무'는 '일'의 특정한 한 가지 형태로, 조직적 구조 안에서 이루어지는 활동으로 구분할 수 있다. 업무는 목표가 명확하고 계획된 활동을 수행한다. 업무를 통해서는 명확한 결과물과 성과가 연동되어야 한다. 그렇다면 지금 회사에서 하는 업무는 무엇인가?

업무 효율화의 필요성

회사에서는 평가로 회사원의 성과와 역량을 판단한다. 회사마다 기준과 측정 방식이 상이하지만, 기본적으로 '정량적 평가'와 '정성적 평가'가 혼재되어 있다.

예를 들면 근무 시간, 생산량, 매출 및 영업실적, 비용 절감, 채용한 구성원 수 등의 항목은 정량적으로 측정하여 평가한다. 반면 리더십, 의사소통 능력, 문제해결 능력, 팀워크 및 협업 등은 정확한 수치를 측정할 수 없기에 사람의 주관적인 판단과 피드백으로 평가한다. 또한 평소 업무를 잘한다는 평이 있거나, 중요한 업무를 수행하거나, 개개인이 풍기는 이미지만으로도 평가 결과가 좌지우지된다고 느끼기에 회사원은 평가 결과에 대해 신뢰하지 않으며 불평불만이 많다. (J 플랫폼 설문조사에서는 대한민국 직장인 중 약 40~50%가 자신이 속한 회사의 평가 시스템이 불공정하다고 답하였고, 대한상공회의소의 조사에서는 60% 이상의 직장인이 평가의 투명성이 부족하고 주관적 평가가 문제가 된다고 응답하였다)

근로계약서를 살펴보면 '소정 근로시간'이란 항목이 존재한다. 소정 근로시간(소정 근로시간은 기본적으로 09:00~18:00, 점심시간 및 휴식 시간 1시간을 제외한 8시간으로 회사와 근로계약을 진행할 때 회사에 근로자 개인이 노동을 제공하는 시간을 말한다)이란 법적으로 규정되어 근로자가 근무해야 하는 시간이다. 소정 근로시간은 모든 근로자에게 동일하게 적용되며 시간은 모든 사람에게 공평하고 평등하게 주어진다.

정량적으로 측정할 수 있는 시간 내에 업무 효율화를 통해 측정할 수 있는 더 많은 생산 또는 업무를 수행한다면, 평가 결과에 대해 이의를 제기할 수 있을 것이다. 그뿐만 아니라 업무에 투여되었던 시간을 협업하거나, 조직 내 그레이존(Gary Zone)에 있던 업무와 문제를 해결하거나, 중요한 업무에 더 많은 시간을 투여하고 고민하여 더 큰 가치를 창출하고 회사에 제안함으로써 본인 스스로 평가에 대한 불만을 해소할 수 있다.

사람이 태어나서 25년 동안 하루 8시간 일한다고 했을 때 약 52,150시간을 일한다. 출퇴근 시간, 조기 출근, 야근과 연장된 정년퇴직까지 고려한다면 평생 7~10만 시간을 일하게 된다. 10만 시간은 80세까지 산다고 가정했을 때 7분의 1을 차지한다. 우리가 일을 효율적으로 처리한다면 더 이상 시간에 쫓기지 않는 삶을 살 수 있는 기회로 여겨 시간을 행복에, 가족에, 취미에 투자할 수 있다.

다른 관점에서 생각해 보자.

근로계약서에 명시된 하루 소정 근로시간 8시간을, 회사를 위해 단순하게 노동력을 제공하는 시간이 아니라 나와 회사 그리고 조직이 함께 성장할 수 있는 시간이다. 그 과정에서 재정적 이익이 발생하고 새로운 기회를 발견하여 시장에서 자기의 가치를 상승시키는 과정이라면 어떠한가? 매일매일 해야 하는 업무가 온종일 머릿속을 지배하고, 스트레스를 받으며 출근길을 나서기 두려웠던 하루에 여유가 생기고 업무에 동기부여가 될 것이다.

회사를 창립한 사장 또는 개인 사업자라고 가정해 보자. 원하는 기준으로 근로자를 고용하여 함께 업무를 하는데 성과가 나지 않는다면 어떻게 할 것인가? 근로자 개개인이 어떻게 업무를 하고 있는지, 부여된 업무를 시간 내에 효율적으로 처리하고 있는지, 근로시간 동안 대충대충 시간만 보내는 것은 아닌지를 자세히 살피고 주의시키거나 효율적으로 업무를 할 수 있는 방향을 설명해 줄 것이다.

단적인 예로 배달 전문 음식점에서 주방에 세 명의 요리사를 고용했다고 생각해 보자. 주문을 받아 주방 요리사들에게 순서대로 조리시키는데, 세 명의 업무 분담이 되어 있지 않아 허둥지둥하고 있다면 어떻게 처리할 것인가?

먼저 요리사 세 명에게 각각 역할을 부여하여 총주방장-메인 요리사-보조 요리사로 나누고, 총주방장의 지휘로 일사불란하게 요리할 수 있는 환경을 조성해 줄 수 있다. 다른 방법으로는 메뉴에 따라 따뜻한 요리는 A 요리사가, 차가운 요리는 B 요리사가, 식사류는 C 요리사가 전담하는 등 다양한 방법을 고민해 가며 해결하기 위해 노력할 것이다.

요리사들이 모두 본인의 역할에 맞춰 업무를 효율적으로 처리하면, 주방 전체 그리고 배달 전문 음식점은 업무에 허덕이지 않고, 어떻게 하면 더 맛있는 조리 방법이 있을지, 신메뉴를 개발할 수 있는 등의 고민을 할 수 있다. 이러한 노력으로 음식점이 잘 되어 높은 매출과 이익을 얻게 되면 요리사 세 명에게 더 많은 보상 또는 체인점 형식으로, 각각의 요리사가 주인의식을 발휘할 수 있는 지점을 내어 줄 수도 있다. 바로 동반성장으로 함께 나아가는 방법이다.

그래서 지금 필요한 한 가지가 바로 '업무 효율화'다.

업무 효율화는 업무에 대한 부분뿐만 아니라 삶을 윤택하게 해 줄 것이다. 왜냐하면 업무 효율화는 이미 일상에서 생각하고 행동했던 것들을 업무와 연관 지어 실천하고 개선만 해도 50%는 달성할 수 있기 때문이다. 대학생때 교수님이 과제를 내주면 어떻게든 최소의 시간과 노력으로 최대의 학점을 얻기 위해 노력하던 그때처럼, 집안일을 빠르고 쉽게 하려고 노력하는 주말처럼, 회사 업무에 바로 적용해 보자. 회사에서 업무하는 시간이 윤택해지고 생활 자체가 변할 것이다.

업무 효율화를 위한 업무 구분

개인의 업무를 효율화하기 위해서는 먼저 내가 어떤 업무를 하고 있는지 알아야 한다. 그리고 어떤 업무가 효율화될 수 있는지 구분하는 과정이 필요하다.

바쁘다는 핑계로, 닥치는 대로 일을 처리하다 보면 하는 업무가 무엇인지, 나의 업무는 무엇인지에 대한 고민 없이 시간만 투여해서 속된 말로 '몸빵'을 하는 경우가 많다. 하지만 장기적으로 커리어와 나의 행복을 생각한다면 일의 성격을 파악하여 기준을 가지고 구분해야 한다.

일과 업무를 수행하고 있는 지금, 효율화를 할 수 있는 일과 없는 일을 구분하여 효율화가 가능한 범위를 측정하고 우선순위를 정해야 한다.

❶ 업무 종류에 따른 구분

가장 쉬운 방법을 소개하자면 다섯 가지 업무로 분류하는 것이다. 회사와 조직에서 담당하고 있는 업무를 전부 나열하고 업무별로 작성한 후 M/M(시간 투여 기준)으로 일 년 동안 시간을 어떻게 배분하고 있었는지 백분율(%)로 따져 보자.

주요 업무	운영 업무	기획 업무	수명 업무	전사 업무
메인 업무	보조, 반복 업무	계획, 개선 업무	협업, 요청 업무	회사 전체 방향성, 지향적 업무
35%	25%	20%	15%	5%
1. ~~경력직 채용 2. ~~ 성과측정	1. 월별 인원 현황 2. 법인카드 정산	1. 신입사원 공채 2. 평가 승진 개선	1. 상반기 채용 보고 2. 퇴직자 분석 요청	1. 최우수 인재를 통한 매출 향상 2. 육성을 통한 차세대 리더 발굴

- **주요 업무** : 본인 포지션에서 가장 중요한 일

      (가장 많은 지분을 차지하는 업무)

- **운영 업무** : 회사와 조직에 프로세스상 필요한 일

      (시스템화된 반복적인/보조 업무)

- **기획 업무** : 업무를 통한 조직의 목적 달성을 위해 전략을 세우는 일

      (계획/개선)

- **수명 업무** : 타 팀원, 상사, 협업 시 요청으로 발생하는 일

      (보고, 검토, 요청 자료)

- **전사 업무** : 회사와 조직의 프로세스 개선, 숙원사업을 달성하는 일

　　　 (혁신)

다음의 표에 자신의 업무를 작성해 보자.

주요 업무	운영 업무	기획 업무	수명 업무	전사 업무
메인 업무	보조, 반복 업무	계획, 개선 업무	협업, 요청 업무	회사 전체 방향성, 지향적 업무
%	%	%	%	%
1. 2.	1. 2.	1. 2.	1. 2.	1. 2.

❷ 중요도와 긴급도에 따른 구분

업무를 종류별로 구분하기 어렵다면 대중적이고, 직관적으로 분류가 가능한 '중요도'와 '긴급도'를 고려한 방법이 있다. 모든 업무가 동일한 가치와 필요성을 지니고 있지 않기에 중요도와 긴급도를 기준으로 분류하면 해당 업무별로 효율화할 수 있는 부분을 솎아 낼 수 있다.

- **중요도** : 장기적인 목표나 조직의 비전에 얼마나 큰 영향을 미치는지 판단
- **긴급도** : 언제까지 완료해야 하는지, 일정에 대한 기준으로 시급성 판단

중요도와 긴급도를 구분하기 어렵다면, 다음의 질문을 통해 추가로 생각하고 구분해 보자.

▶ 중요도 판단 기준 ◀

- 이 업무는 조직의 목표나 전략에 어떤 영향을 미치는가?

- 이 업무가 성공적으로 완료되면 중요한 성과나 이익을 가져오는가?

- 이 업무를 하지 않으면 장기적으로 부정적인 결과가 발생할 가능성이 있는가?

- 이 업무는 중요한 프로젝트나 타 팀의 업무, 다른 업무와 연관성이 있는가?

- 이 업무가 내 인생의 목표와 가치관과 얼마나 연결되어 있는가?

- 이 업무를 함으로써 얻는 장기적인 가치와 성과는 무엇인가?

- 이 업무는 회사의 수익성, 경쟁력 또는 고객의 니즈, 만족도에 중요한 역할을 하는가?

▶ 긴급도 판단 기준 ◀

- 이 업무에 지금 당장 시간을 투입하지 않으면 기회를 놓치는가?

- 이 업무를 미루면 예상되는 최악의 결과는 무엇인가?

- 이 업무의 마감일이 언제인가? 기한이 가까운가?

- 이 업무가 지연되면 즉각적인 문제나 혼란이 발생할 가능성이 있는가?

- 이 업무는 외부 또는 관리자, 직책자의 즉각적인 요청이 있었나?

- 이 업무가 제시간에 완료되지 않으면 조직의 신뢰도에 부정적인 영향이 있는가?

중요도와 긴급도를 기준으로 본인의 업무를 구분하고 난 다음에는 다음 사분면에 업무들을 넣어 보자.

- 이 업무는 단기적 성과에 더 중요한가 아니면 장기적 성과에 중요한가?
- 이 업무가 즉각적으로 해결되지 않으면 중요한 기회를 놓치는가?
- 이 업무가 다른 중요한 업무들보다 더 빨리 진행되어야 하는가?

*중요도와 긴급도를 종합적으로 고려해야 하는 애매한 부분일 경우 참고

작성한 업무표를 기준으로 구분한 업무는 다음과 같이 해석할 수 있다.

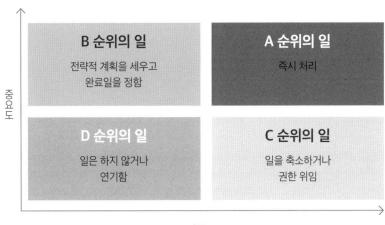

- **A 순위(1사분면)** : 중요도 높음 + 긴급도 높음(중요하고 긴급한 업무)

  최우선으로 처리가 필요한 필수 업무
- **B 순위(2사분면)** : 중요도 높음 + 긴급도 낮음(중요도는 높으나 긴급하지 않은 업무)

  중요하지만 긴급도가 낮은 업무로, 계획을 세워 순차적으로 실행 필요
- **C 순위(3사분면)** : 중요도 낮음 + 긴급도 높음(중요도는 낮으나 긴급한 업무)

  빨리 처리하거나 중요도가 낮기에 위임 필요
- **D 순위(4사분면)** : 중요도 낮음 + 긴급도 낮음(중요하지도 긴급하지도 않은 업무)

  해당 업무는 없애거나 나중에 필요할 때 가장 천천히 진행

❸ 업무 시간에 따른 구분

마지막으로 앞에 소개한 방법으로 업무를 구분하기 어렵거나 이미 업무를 구분하여 효율화를 하고 있다면 가장 많은 시간을 투여하고 있는 세 가지 업무를 적어 보자.

1.

2.

3.

지금까지 나열한 방법이든 본인만의 방법이든 업무를 구분하는 것은 업무 효율화를 위한 시작이다. 왜냐하면 한정된 시간과 본인의 자원을 효율적으로 사용할 수 있는 기준이 되기 때문이다. 기준 없이 무작정 모든 업무를 효율화하겠다고 나서는 것은 결과적으로 아무것도 하지 않겠다는 것과 같다.

업무를 잘한다는 것 vs 업무를 효율적으로 한다는 것

어릴 때 '시간을 효율적으로 사용해라', '공부를 효율적으로 해라'라는 잔소리를 한 번쯤은 들어 봤을 것이다. '효율적'이라는 것은 최소한의 자원(시간, 에너지, 비용 등)을 사용하여 최대의 결과를 얻는 상태를 의미한다. 일반적으로 효율성을 측정할 때 두 가지 기준이 있다.

첫째, 투입한 자원이나 노력 대비 결과 즉 산출물을 얼마나 잘 도출하는지에 대한 측정이다. 둘째, 목표 결과를 달성하는 과정에서 불필요한 자원의 낭비가 없었는지에 대한 측정이다. 따라서 업무를 효율적으로 한다는 것은 '업무의 목적을 달성하는 과정에서 자원을 최적화하거나 가능한 적은 투입으로 최대의 성과를 달성하는 것'을 의미한다.

그렇다면 회사에서 업무를 잘한다는 것과 업무를 효율적으로 한다는 건 무엇을 의미하는가?

▶ 업무를 잘한다는 것 ◀

- 업무의 핵심을 관통하는 것

- 업무에 책임감을 느끼고 주도적으로 업무를 진행하는 것

- 끝까지 수정, 검토하여 완결성을 가진다는 것

- 주어진 업무에 기대 이상의 결과를 보여 주거나 완성하는 것

- 업무 기한 vs 업무 수준 → 업무 수준(마감 기한이 조금 넘더라도 완벽한 수준으로 작성)

    + 근원적으로 일을 못하는 사람을 잘하게 만들기는 어렵다.

회사에서 일을 잘한다는 사람들을 살펴보면 가장 중요한 일을 맡고 있다. 가장 중요한 일은 기본적으로 전문적 내용, 식견, 기술적 역량, 기술(Technical), 섬세함, 세심한 주의, 책임감을 포함하여 회사 전반을 이해하여 기대 이상의 완성도와 결과물의 품질을 좋게 만들어 내는 것이다.

▶ 업무를 효율적으로 한다는 것 ◀

- 한정된 자원 내에서 최대한의 성과를 내는 것

- 집중과 선택으로 중요하고 필요한 업무를 하는 것

- 불필요한 작업을 줄이고 시간과 자원을 아끼는 것

- 주어진 시간 속에서 많은 업무를 능률적으로 처리하는 것

- 업무 기한 vs 업무 수준 → 한 가지가 아닌 두 가지 모두 균형 있게, 과정을 최적화하는 것

    + 업무 수행 방식, 프로세스, 도구 등으로 개선할 수 있다.

업무를 효율적으로 하는 사람들은 가장 긴급한 업무를 맡고 있다. 긴급한 업무는 기본적으로 결과의 속도, 빠른 결정과 실행, 자원 절약과 활용, 유연성을 가지고 회사에서 필요로 하는 것을 달성하는 데에 초점을 맞춰 최적화 과정을 만들어 내는 것이다.

구분	업무를 잘한다는 것	업무를 효율적으로 한다는 것
중점	산출물/결과물의 완성도, 질	과정/프로세스 최적화, 자원 활용도
평가 기준	결과의 품질, 문제 해결 능력, 전문성	자원 절약, 자동화 및 도구 활용
결과	높은 품질과 완성도, 최고성과	적은 자원 대비 최대한의 성과
시간 관리	시간이 걸리더라도 높은 품질 목표	시간 절약을 중시, 품질 유지
우선순위	질과 깊이	시간과 자원 최적화

업무를 잘하는 것과 업무를 효율적으로 하는 것 자체는 배타적인 부분이 아니다. 업무를 효율적으로 하면 자연스럽게 업무를 잘하는 일명 일잘러로 분류된다. 하지만 반대로 '업무를 잘하는 사람 = 업무를 효율적으로 하는 사람'으로 연결되지 않는다는 것을 분명히 알고 구분해야 한다. 그래야 업무 효율화 목표에 맞는 접근 방식을 통해 가려운 부분을 해소할 수 있기 때문이다.

업무 효율화로
얻을 수 있는 것

❶ 시간적인 비용을 절감할 수 있다

하루에 8시간 업무량을 프로세스 개선과 자동화 도구 등으로 4시간 으로 단축한다면, 기존의 반복적이고 따분한 업무가 아니라 직무에서 해야 하는 중요한 업무와 다른 업무에 시간을 투자할 수 있다. 그뿐만 아니라 적은 시간 대비 최대한의 성과를 달성하기 위해 불필요한 작업을 줄이고 주요 업무 및 중요도-긴급도 판단 시 1(A순위)/2(B순위) 사분면에 있는 업무에 집중함으로써 한정된 자원을 최적화할 수 있다. 밥 먹듯이 하던 조기 출근과 야근에서 해방될 수 있다.

❷ 동기부여를 할 수 있다

매번 반복적이고 기계적으로 업무를 수행하다 보면 익숙해지고 무 뎌지기 마련이다. 이러한 상황 속에서 더 이상 업무에 재미를 느끼기 어렵고, 업무를 통한 커리어 성장과 성과를 내기 어려운 벽에 부딪히고 만다. 하루 8시간 동안 성장을 막고 있던 반복적인 업무에서 벗어나 휴 식과 쉼(정신적 환기)을 통해 여유를 찾고 생산적인 새로운 것을 기획할 수 있는 기회가 생긴다.

❸ 동반성장이 가능하다

업무 효율화로 조직과 회사 전체가 인풋 대비 아웃풋의 질이 달라지고 생산성이 향상됨에 따라 지금까지는 할 수 없었던 업무에 착수하고, 신사업에 도전할 수 있다. 업무를 효율적으로 함으로써 개인의 성과를 달성함과 동시에 조직의 목표 달성 속도를 높이는 데 기여한다. 나로 인해 조직의 규모가 성장하고 매출액이 커진다면 어떤 결과가 있을까? 회사에 소속된 구성원은 더 많아지고, 시장과 업계에서 상위권 포지션에 위치하면 나에게 주어지는 보상이 상승할 것이다. 과거 히스토리를 알고 업무 효율화로 지속 개선해 나간다면 더 높은 직급과 직위에서 더 많은 권한과 책임을 매니지먼트 할 기회가 생기고, 직무적으로는 다양성과 전문성을 키워 동반성장할 수 있다.

❹ 업무를 대면하는 태도가 변한다

'업무 = 스트레스'라는 부정적인 인식을 줄이고, 다양하고 복잡한 업무에 대한 혼란과 불안이 줄어들어 심리적으로 안정을 찾을 수 있다.

무의식적으로 업무를 부정적으로 바라보고 피하고 싶어했다. 그러나 이제는 나의 업무가 무엇인지 정확하게 인지하고 '왜 업무를 효율화해야 하는지'에 대한 이유를 다시 한번 찾아보자. 한번 읽고 스쳐 가는 방법론 중의 하나가 아니라 업무를 효율적으로 하기 위해 자신을 먼저 돌아보며, 본인이 어떤 업무를 하고 있으며 어떤 방식으로 업무를 대하고 있는지 정확하게 인지하자.

업무 효율화,
어떻게 진행할 것인가

업무 효율화 방식

지피지기 백전백승(知彼知己 百戰百勝)

'적을 알고 나를 알면 백 번 싸워도 백 번 이긴다'라는 의미로, 상대방의 상황과 자신의 상태를 잘 파악하고 분석하면 어떠한 사항에서도 승리할 수 있다는 고사성어다. 이 개념을 개인에게 접목하면 '본인의 업무와 현재까지의 업무 방식을 분석하고, 주어진 환경에 맞게 전략을 펼치면 업무 효율화의 성과를 낼 수 있다'고 볼 수 있다.

지기(知己) : 자기 이해를 통한 효율화

    자신을 잘 알고 현재 상황을 파악하는 것은 업무 효율성을 높이는데 중요한 첫걸음이다. 그래서 가장 먼저 회사에서 나의 포지션과 주어진 업무가 무엇인지 생각해 보고 '본인의 업무가 정확히 무엇인지', '나의 위치에서 내가 담당해야 하는 업무의 총량(Pie)은 어디까지인지', '회사에서 나에게 요구하는 것이 무엇인지'를 정의한다. 일 단위, 주 단위 반복 일정에 업무를 매칭하고, 협업 부서, 업무에 드는 M/M과 업무 가이드북을 만들어 내가 업무를 어떻게 수행하는지 작성하고 정리한다. 이 때 가장 중요한 것은 주관적으로 자신을 파악하는 것이 아니라 메타인지를 통해 객관적인 관점에서 자신과 현재 상황을 성찰하고 인지하는 것이다.

    현재 상황을 파악했다면, 나의 업무 방식에 문제는 없었는지를 진단한다. '운영성 업무 중에 단순 반복 작업이 많은지', '시간 관리와 스케줄링을 수동적으로 하는지', '다양한 업무를 멀티태스킹으로 처리하는지', '메신저, 메일, 전화, 업무 플랫폼 알람에 즉각 반응하는지' 등 업무 프로세스상 문제가 있다고 생각하는 과정을 찾는다. 그리고 불필요한 단계를 생략하고, 반복해서 하는 작업 또는 비슷한 업무가 중복되는 부분에 어떤 문제가 있는지 밝혀낸다.

    매년 반복적으로 하는 개인별 평가와 조직별 성과측정 때에 작성 자료와 직책자의 리뷰 자료를 참고해도 좋다. 자기 자신을 스스로 모니터링하고 '주관적인 본인의 모습 vs 객관적인 본인의 모습'을 통해 강점과 약점을 파악한다. 자신의 강점은 최대한 업무에 활용하고, 약점은 개선하고 보완한다.

지피(知彼) : 외부 환경과 상황 이해를 통한 효율화

적을 아는 것은 업무 환경, 팀원, 프로젝트 목표, 도구뿐만 아니라 비효율적인 환경과 업무 프로세스를 인지하는 것이다. 현재 프로세스에 익숙해져서 비효율적으로 일하는지도 모르고 있는 조직원들을 통해 효율화를 해야 하는 이유, 업무의 본질, 비효율적일 수밖에 없는 근거를 찾아본다. 그리고 주변 동료들처럼 본인도 같은 방식으로 업무를 대하고 있지는 않는지 생각한다. 내가 생각하는 중요한 것과 긴급한 것이 회사, 조직, 팀원과 같은지 확인한다.

업무란 것은 혼자 하는 것도 있지만 함께 하는 것들이 많아서 각자의 역할과 책임을 명확히 하여 그레이존(Gray Zone), 업무 영역이 비는 것을 막을 수 있고 중복되지 않게 업무를 분담할 수 있다. 또한 불필요한 갈등은 최소화하여 감정 소모도 줄일 수가 있다.

지피지기, 적을 알고 나를 알았으니 다음과 같이 업무에 효율화를 적용해 보자.

❶ 시간 관리 : 계획을 수립하고 시간 관리 전략을 세우는 것이다

오늘 해야 할 일을 내일의 나에게 미루고 이번 주에 해야 할 일은 다음 주의 나에게 미룬 경험, 누구에게나 있다. 잠들기 전 휴대폰을 만지

작거리다 수면 시간이 줄고 그 때문에 출근길에 지각하지 않으려 뜀박질하는 회사원을 심심찮게 볼 수 있다. 그래서 업무 효율성을 높이려면 유혹에 빠져 시간을 통째로 날리지 않도록 계획을 수립하고, 시간을 관리해야 한다.

매일 업무 시작과 동시에 To Do List를 작성하여, 오늘의 중요한 업무와 해야 하는 업무, 주 단위 기획성 업무를 본인이 정한 우선순위에 맞게 정리한다. 여기서 가장 중요한 핵심은 본인이 정한 우선순위다. 우선순위는 업무의 중요도와 긴급도를 7:3 기준으로, 업무에 필요한 시간 M/M를 고려하여 설정한다.

· To Do List 작성

일 단위로 해야 할 업무를 정리하는 것은 필수다. '살다 보니 생각하

일 단위 To Do List

업무 List	중요도	긴급도	완료 필요일	우선순위
구성원, 팀원 평가 면담	1	3	D + 60	4
하반기 KPI 달성 계획 수립	1	2	D + 10	2
계약서, 합의서 파일 정리	X	X	D + 120	6
인사기록 카드, 시스템 정리	3	X	D + ???	5
신규 입사자 온보딩	1	1	D + 1	1
신입 공채 서류 검토	2	1	D + 7	3

는 대로 살지 않고, 사는 대로 생각하게 되었다'라는 말처럼 해야 할 업무를 모르고 업무를 시작하면 단순히 누가 시키는 업무인 '수명 업무' 위주로 하루를 보낸다. 정작 주어진 과업은 무엇인지 고민하지 않고, 주요 업무와 운영성 업무까지 생각날 때 업무를 처리하게 된다. 닥치는 대로 업무를 처리하다 보면 하루는 끝나 있을 것이고, 그마저도 끝내지 못해 야근하게 될 것이다.

매일 아침 출근 후에 업무 리스트를 작성하고, 앞에서 설명한 중요도, 긴급도를 기준으로 우선순위를 작성하여 시간을 배분하고 업무를 진행하자.

우선순위는 개인별 주관에 따라 다소 상이할 수 있으나 대전제인 중요도와 긴급도를 기준으로 구분하면 문제없다. 하루의 업무 시간을 계획하여 업무를 수행한 후 퇴근 시 또는 주 단위로는 완료한 업무를 리스트화하여 관리한다. 그 이유는 일 단위, 주 단위 업무의 완결성을 스스로 확인하고, 아직 진행하지 못한 업무 및 가장 중요한 업무의 방향성, 우선순위를 체크해야 하기 때문이다. 회사에서 업무를 할 때 계획하고 알고 있는 업무만 하면 좋겠지만, 타 조직, 타 회사, 그룹사 등에서 요청하여 갑자기 필요한 수명 업무들로 계획이 무너져서는 안 되기에 상황에 맞는 유연한 관리가 필요하다.

업무 리스트	완료일	
구성원, 팀원 평가 면담	6/20	**하반기 방향성**
하반기 KPI 달성 계획 수립	5/10	
계약서, 합의서 파일 정리	-	주도적 인재 채용
인사기록 카드, 시스템 정리	-	공격적 채용
신규입사자 Onboarding	5/1	(우수 인재, 전문가 확보 중점)
신입 공채 서류 검토	5/7	

일 단위 To Do List를 관리하여 일주일이 지나면 일주일 단위로 차주에 해야 할 업무, 완료한 업무, 보완이 필요한 업무 등으로 구분할 수 있다. 하루가 모여서 일주일, 한 달이 된다는 점을 명심하자.

연 단위 To Do List

No	구분	상세구분	23년				24년				25년				의견
			1Q	2Q	3Q	4Q	1Q	2Q	3Q	4Q	1Q	2Q	3Q	4Q	
1	채용	채용프로세스 내재화							기획/운영						내외부 환경을 고려하여 Shared Service 순차적 내재화
		채용브랜딩작업							기획/운영						
		Direct 채용(인력 서치 등)					인사 신규 인력 채용 후 즉시 Start!								채용 Route 직접 서치 및 공격적인 채용 활동 진행
2	조직문화	조직문화 T.F 조직					Set-up								24년 조직 솔리딩(내재화) → 이후 2주 1회 대표님 미팅 계획 수립
		핵심가치/R체화작업							기획/검토						핵심가치 및 채용브랜딩 전 리뉴얼
		스팟성 조직문화 이벤트					인사 및 Div 별 기획 / 운영								단, 신규입사자 온보딩 연계
3	평가	업적평가 수립			기획/운영										S&OP기반 성과 평가 / 순차적 Develop 진행
		역량평가 수립			기획/운영										
4	보상	급여프로세스 내재화			운영										
		원천세프로세스 내재화			운영										
		급여 체계 수립													
		- 임금 테이블 수립					기획/운영								
		- 급여 항목 구축					기획/운영								
		퇴직연금 도입					도입								
6	노무	취업규칙					수정/검토								직무전결규정 및 HR규정과 연계하여, 수정 필요사항 검토
		회사규정					기획/운영								직무전결규정 및 HR규정 제작 및 배포
		노사위원회운영							기획/운영						
7	직급/승진	직위체계수립/개선													
		승진제도 수립							완료						
		핵심인재산정/관리								완료					
8	교육	법정교육운영			온라인운영										2024년 이후 시행(직위/직급별교육, 리더십교육, 안장관 교육, 직무교육 등)
		교육체계수립 및 운영													
9	기타	복리후생 프로세스 내재화						운영							내외부 환경을 고려하여 Shared Service 순차적 내재화
		복리후생제도 기획					기획/검토								

앞의 예시와 같이 연 단위, 일 단위 그리고 주요한 업무 일정은 지속 확인하면서 시간에 쫓기는 게 아니라 주도적으로 시간을 관리해야 한다. 그래야 앞으로 수행할 업무에 필요한 시간을 확보하여 중요한 업무는 제대로 고민하고, 시급한 업무는 빠르게 처리하여 업무 효율성을 높일 수 있다.

바쁜 와중에 생각지도 못한 업무들과 마주한다면 짜증과 더불어 부담감, 당황스러움, 스트레스를 과중하게 받을 수밖에 없지만, 미리 업무 계획을 세웠다면 갑작스럽게 발생한 일에 대해 크게 걱정되지 않는다.

다음은 시간 관리 기법으로, 나에게 맞는 기법이 무엇인지 찾아보고 적용하길 바란다.

▶ 시간 관리 기법 ◀

1. Getting Things Done(GTD)

이 시간 관리 기법은 해야 하는 모든 일을 적은 다음 필요에 따라 작게 나눈다. 이렇게 하면 해야 할 일을 머릿속에 담아 두고 우선순위를 정하는 대신 한 곳에서 해야 할 일을 모두 살펴보고 실행할 수 있다. GTD 기법을 사용하려면 작업 관리 툴과 같이 예정된 작업을 포착할 수 있는 시스템이 필요하다.

이 책에서 소개하고 있는 To Do List로 관리하는 방법이 데이비드 앨런이 개발한 GTD를 기반으로 꾸려졌다. 사람의 뇌는 기억력이 한정적이고 잊어버리기 때문에 머릿속에 저장하지 않고 업무를 기록하고 관리하는 것이다.

---

① 해야 할 업무를 적는다(시스템, 엑셀, 워드, 메모장, 수기 작성 모두 포함)

② 구분한다(업무 구분, 중요도/긴급도 등 분류)

③ 실행한다(우선순위로 업무를 끝낸다)

아주 간단하지만 작성한 자료가 사라지지 않게 한 가지 시스템이나 툴로 관리하여 업무 계획 자료 트래킹(Tracking)이 필요하다.

2. 포모도로 기법 : 집중과 휴식의 반복

먼저 타이머를 25분으로 설정하고 업무를 시작한다. 25분이 지나면 5분 동안 휴식을 취한다. 휴식 시간에는 자리에서 일어나 화장실을 다녀오거나 사무실을 돌아보는 것과 같이 신체적인 활동을 한다. (정말 원한다면 휴대폰이나 인터넷 서핑을 해도 무방하다) 25분 동안 일하고 5분 동안 휴식하는 과정을 네 번 반복한다. 그런 다음 네 번째 세션을 마치면 20~30분 동안 긴 휴식을 취한다. 이 기법의 이름이 포모도로인 이유는 이탈리아에서 유래되었는데, 이탈리아에서는 요리할 때 토마토 모양의 타이머를 사용하는 것처럼 업무를 할 때 타이머에 맞춰 해당 시간에 최대한 집중하는 시간 관리법이다.

A사에서 근무할 때 한 과장님이 포모도로 기법을 애용했다. 신입으로 입사하여 인사 업무를 이제 막 배우고 있을 때였다. 과장님은 종종 일찍 출근하긴 했지만, 야근을 전혀 하지 않았다. 한 달에 4~5번은 기본으로 야근하는 다른 인사팀 팀원과는 다르게 여유가 있어 보였다. 하지만 이상하게도 근무 시간 내에 정시가 되면 알람이 울리고 과장님은 10분 정도 자리를 비웠다. 하루에 6번, 회의나 중요한 보고로 자리를 비운 시간이 아니면 매일 사라졌다. 과장님은 흡연도 하지 않고, 커피도 끊었다고 했

는데, 어디를 가나 싶어 물었다. 과장님은 포모도로 기법 자체를 알지 못했지만, 어릴 때부터 50분 공부하면 10분 쉬고, 50분 운동하면 10분 쉬고, 50분 게임을 하면 10분 쉬고를 반복하면서 휴식하는 습관을 지니고 있었다.

포모도로 기법을 똑같이 시행해 보거나 A사의 과장님처럼 시도해 보라는 것은 아니다. 다만 집중할 수 있는 시간의 간격과 집중도가 높은 시간을 찾아보고, 시간이 흘러가는 대로 놔두지 말고 계획하여 시간을 스스로 주도해서 관리하는 것이 핵심이다.

3. 파레토 법칙(Pareto Principle) : 80/20 규칙

하루 업무 시간의 20%를 80%의 업무에 쓰는 것이다. 파레토 법칙을 시간 관리에 적용하면 하루 업무 시간의 20%만을 소요하는 80%의 업무를 먼저 처리한다. 즉 빠르게 처리할 수 있는 일을 먼저 완료하여 성취감을 높이고 그날 많은 시간을 할애해야 하는 나머지 업무(하루 업무 시간의 80%를 차지하는 20%의 업무)에 더 많은 시간을 집중한다.

필자가 가장 많이 쓰는 방법으로, 80/20에서 다소 변형하여 70/30으로 사용하고 있다. 인사팀에서 업무를 하면 구성원의 요청, 문의 사항을 안내하거나 변경하는 운영 업무, 수명 업무가 매우 많다.

반대로 타 조직, 각 구성원에게 요청해서 백 데이터를 수집하거나 일정별로 구성원이 스스로 진행해야 하는 프로세스를 관리하기도 한다. 그래서 출근 후 일 단위 To Do List를 작성하고 이 중에 요청해야 하는 것, 메일 회신, 메신저 회신, 공지/안내 사항 등의 업무는 오전에 끝낸다. 오후에는 주요 업무, 기획 업무, 전사 업무 등 중요도가 높고 고민해야 하는 업무에 열중한다. 이를 통해 업무가 뒤죽박죽 섞이지 않게 방지하고, 오후 시간에 오롯이 성과를 창출할 수 있는 업무에 시간을 투여할 수 있다.

4. 개구리를 먹어라(Eat The Frog)

"당신의 일이 개구리를 먹는 것이라면, 아침에 일어나서 제일 먼저 하는 것이 가장 좋다."

마크 트웨인이 남긴 명언이다. 개구리를 먹어라 원칙에 따르면 미루는 습관이 발동하기 전에 가장 어려운 일을 제일 먼저 처리한다. 가장 어려운 일을 끝내면 그 이후의 일은 더 즐겁고 덜 어렵게 느껴질 수 있다. 개구리를 먹고 나면 뭐든지 맛있게 느껴지는 것처럼 어렵고 힘든 일부터 시작하여 쉬운 일을 처리한다.

퇴근 시간이 다가올수록 끝내야 하는 중요한 업무가 손에 잡히는가? 오늘 또는 내일까지 끝내야 하는 시급하면서도 중요한 업무라면 야근해서라도 끝장을 볼 것이다. 하지만 시급하지 않은 아주 중요한 업무라면 어떨까? 종일 다른 업무들을 처리한다고 뇌와 몸이 지쳤기에 더 많은 고민도 해결 방안을 찾는 것도 내일로 미룬 적은 없었는지 생각해 보자.

스스로가 알게 모르게 사용하고 있었던 시간 관리 기법이 있다면, 이론적인 내용을 토대로 정립해 보자. 만약 모든 내용이 처음이라면 자기 자신을 먼저 돌아보며 본인의 업무 스타일을 고민해 보고 시작하자.

아침형 인간 vs 저녁형 인간(시간에 따른 집중도), 멀티태스킹 vs 단일 태스킹(업무 방식에 따른 집중도)과 같은 간단한 질문을 통해서도 본인을 이해하고 어떤 부분을 보완하는 것이 좋은지 쉽게 알 수 있다. 쉬운 것부터 시작하자.

기존에 하던 업무 프로세스와 습관들을 단번에 바꾸기는 어렵고, 적용하더라도 작심삼일로 대부분 끝나 이미 하는 업무들은 어떤 것이 문제인지 어디가 비효율적인지 생각하지 않고 반복하고 있을 것이다. 그래서 일주일만 적용해 보고 중간 점검을 하자.

C사에서 근무할 때 퇴근 시간은 보통 11시였다. 퇴근 후 집에 도착하면 12시나 12시 30분, 씻고 누우면 새벽 1시였다. 삶의 행복이 조금씩 사라지고, 출근과 퇴근으로 하루를 살았다. 이 삶을 바꾸게 해 준 것이 바로 시간 관리다.

아침에 출근했을 때, 점심 먹고 업무를 시작할 때, 퇴근할 때 하루에 총 세 번 업무 리스트를 업데이트하고 정리했다. 아침에는 특히 오늘 해야 할 중요한 업무 3개, 주 단위로 해야 하는 업무 3개, 중요하지는 않지만 일정이 정해져 있는 요청 업무와 메일 등을 정리했다. 특히 오전 시간에는 어제저녁과 주말 동안 온 메일 중에 참고해야 할 것과 위클리(Weekly)를 통해 탑다운으로 내려온 과업에서 내가 해야 할 업무를 추려 정리하고, 내가 업무를 하는 데에 필요한 데이터를 이해 관계자에게 요청하며, 품의를 작성하는 등 단순 반복 업무를 처리했다.

그리고 점심을 먹고 난 오후에는 깊이 있게 고민하고 '왜, 무엇을, 어떻게', '이 프로젝트를 시행하면 어떤 것들이 파생되는지', '구성원과 임원들은 어떤 것을 반문할지'에 대해 생각하면서 주요 업무와 기획 업무를 진행했다. 퇴근 전에는 오늘 계획한 업무 중에 다른 급한 일들로 처리하지 못한 과업을 정리하고 내일 업무에 우선순위를 간단히 정리했다.

처음에는 자기가 어떤 업무를 빨리하고 늦게 하는지, 잘하고 못하는지 몰랐다. 그리고 업무를 효율적으로 하고 있는지에 대한 자각조차 없었다. 업무 진행 시에 어떤 자료를 참고해야 하는지도 모르고 시간이 얼마나 소요되는지도 몰랐기에 시간 관리를 시작한 한 달간은 시간을 더투여해서 업무를 처리해 나갔다. 3개월 정도 시간을 관리하며 업무를 처리하다 보니 얼마나 시간이 쓰이고, 어떤 업무가 중요하고 어떤 업무가 중요하지 않은지 경중을 쉽게 판단할 수도 있게 되었고, 근무 시간을 대폭 줄일 수 있었다.

❷ 불필요한 업무 생략 : 왜(Why) 꼭 필요한 업무인가

업무를 할 때 '왜' 이 업무를 해야 하는지 이유를 꼭 찾아야 한다. 이것은 업무를 개선할 때 가장 먼저 생각해야 할 점이다. 업무를 하는 과정에서 아무 생각 없이 단순 반복 업무를 기계적으로 수행하는 것이 아니라 이 업무가 어디에 활용되고 핵심 내용은 무엇이며, 이 업무를 하는 데 필요한 백 데이터가 무엇인지를 생각한다. 그리고 회의 등에서 필요하지도 않은 자료를 보여 주기식으로 만드는 것처럼 불필요한 업무로 시간을 낭비하고 있는 것은 아닌지 확인하는 과정이 필요하다.

D사에 인사팀 신입이 입사했다. 신입 또는 처음 인사 업무를 접하는 구성원은 인사팀에서 어떤 업무를 하는지 모르기에 걱정 반 기대 반인 상태였다. 처음에 온보딩(Onboarding) 및 신입 교육은 과장과 대리가 맡았다. A 과장과 B 대리는 업무가 너무 과중한 상태에서 신입이 들어왔기에 어떤 업무를 인수인계하고 육성해야 할지 모르고 있었다. 무작정 주기적으로 해야 하는 업무들을 신입에게 하나둘 넘겼다.

그래서 신입은 한 달 동안 사수인 대리와 과장 옆에 앉아서 노트에 업무를 하는 방법과 프로세스를 적으며 하나씩 직접 업무를 해 보는 수밖에 없었다. 팀 자체의 업무로 너무 바쁜 상태다 보니 인수인계서도 없었다. 구두로 인수인계하는 그 순간이 지나가면 또 물어보는 수밖에 없었다. 그 과정에서 서로 기분이 날카로워져서 짜증을 냈기에 괜스레 불편한 감정이 생길 수밖에 없었다. 가장 큰 어려움은 이 일을 왜 하는지, 이 일이 어떤 것과 연관이 되는지는 전혀 알지 못한 채 그냥 시키는 업무를 하는 것이었다. 결국 2개월 만에 신입에게 문제가 발생했다.

아무것도 모르던 신입은 시키는 대로 업무를 진행했다. 업무를 하면서 생각해 보니 이 업무를 왜 이렇게 하는지가 궁금했고 다른 방법으로 양식을 변형시키면 연계되는 모든 업무를 편하게 하면서 데이터도 축적할 수 있다고 판단했다. 그래서 직설적으로 사수에게 "이 업무 생각해 보았는데 해당 데이터는 채용부터 보상까지 연결되는 인사 데이터니깐 이 항목과 저 항목을 추가하고, 모든 인사 업무 데이터는 이 자료를 기반으로 만들면 숫자 오류나 기준에 오류 없이 동일한 데이터로 활용할 수 있을 것 같아요. 이렇게 수정하고 싶은데 그 이전에 왜 이런 기준으로 업무를 수행했는지 궁금합니다"라고 당차게 이야기했다.

그전에도 불평불만이 많고 짜증 내던 사수는 더 짜증을 내며 기존에 본인이 해 왔던 업무에 대해 왜 문제를 삼는지, 본인이 잘못했다는 것이냐며 핀잔을 주었고, 그 이후 업무를 알려 주지 않고 네가 그렇게 잘하면 이것도 하고 저것도 해 보라는 투로 인수인계 없이 일을 던지곤 했다. 그뿐만 아니라 3개월 후부터는 업무 분담이 끝났음에도 슬며시 본인의 업무를 넘기려고 하는 모습 때문에 사소한 의견충돌과 마찰이 발생했다. 꾸역꾸역 업무를 했던 신입사원은 결국 매주 3회 이상의 야근과 주말 출근, 명절 전날에도 오후 11시까지 야근하는 상황까지 발생했다.

한 마디로 신입사원에게 주어진 업무는 각종 인사 데이터들을 관리하는 것이었다. 인사 데이터의 관리 자체는 '중요도가 높은 업무'다. 하지만 인사 데이터를 관리할 때 단순히 보기 좋게 만드는 것, 불필요한 백 데이터도 함께 넣는 것 등에 대해 고민하지 않았다.

왜 업무를 하는지 고민해 보면 업무를 통해 얻고자 하는 명확한 목표를 찾아낼 수 있다. 목표로 하는 결과를 도출하기 위해 실무를 하는 담당자는 프로세스상 하지 않아도 되는 업무를 하고 있지는 않은지를 따져 '기존에 이렇게 했으니깐 그냥 이렇게 하는 거야'라는 단순한 생각에서 벗어나야만 업무 효율화를 시작할 수 있다.

❸ 전문성 향상

자신의 업무 분야에 대한 전문성을 높이는 것은 업무 효율화에 큰 도움이 된다. 관련 도서나 세미나에서 최신 트렌드를 파악하고 적용하는 것은 업무를 능동적으로 수행하여 업무의 효율성을 높일 수 있다.

과거의 회사는 신입사원을 채용하여 하나부터 열까지 교육을 통해 알려 줬다. 그리고 직속 선배를 통해 업무 방법을 세밀하게 코칭하고, 과거 업무 방식들과 관련 서적, 이론적인 부분을 공유하여 알음알음 전문성을 만들어 나갔다. 시대는 변했고 회사와 근로자는 생각이 변했다. 회사에서는 일명 중고 신입으로, 업무 프로세스를 알고 직무에 대한 전문적 지식을 어느 정도 알고 있어야 즉시 전력감으로 운영할 수 있음을 알고 있다. 또한 연공 서열에 선후배의 개념보다는 직무와 업무별 R&R 을 기준으로 본인의 업무는 스스로 전문성을 갖춰서 진행해야 한다.

E사에서 근무할 때 인사 업무를 하는 선배와 직책자들, 매니지먼트와 인력 관리 팀장, 그룹장, 본부장, 임원들과도 많은 소통을 하며 보고 배우며 업무 경험치를 쌓았지만 해소되지 않는 부분들이 많았다. 그중 가장 큰 부분은 '내가 지금 업무를 잘하고 있나', '우물 속에 개구리는 아닌가', '다른 회사는 어떻게 하고 있는가'에 대한 부분으로 갈증은 해소되지 않았다. 경력직으로 회사에 합류한 선배들에게서도 그 전 회사에 대한 욕(?)은 많이 들었지만, 구체적으로 어떤 점이 인사 업무를 수행하기 어려운 환경이었으며, 우리 회사에서 부족한 부분은 어떻게 채워야 할지에 대한 답은 사실 없었다. 그 와중에 절친한 선배가 추천해준 것이 외부 HR스터디였다.

인사 담당자들이 서로의 고민을 이야기할 수 있는 창구이자 HR 관련 도서를 읽고 발표하고 저자 강연을 들을 수 있는 프로그램이었다.

회사 밖에서 또래의 인사 담당자들을 만나니 회사에서 할 수 없었던 고민과 고충, 해결 방법을 서로 조언해 주면서 객관적인 입장에서 업무를 바라볼 수 있었다. 주니어들만 모였다면 아마 '대나무숲' 또는 '블라인드' 같은 답이 없는 아우성이었을 것이다. 하지만 임원, 팀장과 같은 직책자들이 자원봉사 형식으로 각 조마다 함께하며 시니어의 생각과 회사에서 어떤 고민을 했는지에 대해 객관적으로 이야기를 나누다 보니 문제를 바라보는 시각과 타 회사에서 기획한 프로젝트가 왜, 어떻게, 무엇을 위해 시작되고 진행되고 있는지 알 수 있었다.

지금 회사에서 오래 근무한 중간 관리자 또는 팀장급 리더라면 회사 외부에서의 네트워킹을 통한 경험치를 익힐 필요가 있다고 생각한다. 왜냐하면 한 회사에서 오래 근무하고 성장하였다면 재직 중인 회사의 분위기와 업무 프로세스는 능수능란하지만, 반대로 편협화 된 사고방식과 일 처리로 혁신보다는 안정을 취하고 있을 가능성이 크기 때문이다. 그리고 자신을 돌아보며 질문하자.

"당신은 현재 직무에 전문성을 갖추고 있는가?"

　　스터디를 통해 HR에서의 평가와 보상에 대한 전문성을 갖출 수 있었고, 그 기반을 토대로 영업직군 인센티브를 별도 기획하고 시행했다. 해당 프로젝트는 영업직군의 고착된 업무 방식, 매년 고객사 필요에 의해 영업하는 수동적인 행태를 인센티브 제도로 능동적이고 적극적으로 변화하고자 기획했다. 스터디에서 타사의 사례를 벤치마킹하고 해당 과정에서 이슈가 발생했던 '성과측정 방법'과 '재원 마련' 방안을 미리 고민할 수 있었다. 그 결과 영업직군 50여 명을 대상으로 시행했던 인센티브 제도에 힘입어 그다음 해 매출은 20%, 다다음해 매출은 24%로 직전년도 대비 상승하였다.

　　해당 프로젝트는 기획 당시 예측할 수 있는 문제에 대해 미리 고민하고, 대안을 마련할 수 있었다. 운영 과정에서 예측하지 못한 문제는 스터디에 참여한 타사 인사 담당자들과 선배, 전문가들을 통해 해결의 실마리를 조금씩 찾을 수 있었다.

전문성을 갖추는 방법은 여러 가지고, 가장 쉽게 접할 수 있는 스터디나 컨퍼런스는 지금이라도 당장 찾아서 참여할 수 있다. 인터넷상에 '○○ 직무 스터디', '○○ 직무 컨퍼런스'만 검색해도 다양하게 접할 수 있고, 각종 채용, 교육 플랫폼을 통해서도 쉽게 접근할 수 있다.

그 외에는 해당 직무에서 취득할 수 있는 공신력 있는 자격증을 취득하는 것이다. 채용 업무를 하는 노무사, 보상 업무를 하는 노무사, 세무/재무 업무를 하는 세무사 등 현재 그리고 미래에 확장할 업무 영역에 대한 기사, 기능사 등 자격증을 공부하는 것이다. 업무 중에 전문적인 영역을 검색하고 맞는지, 틀린 것은 없는지, 어떻게 하는지 등에 대해 고민하는 시간을 절약할 수 있고, 최대한의 업무 성과를 낼 수 있을 것이다.

❹ 협업과 소통

혼자서 처음부터 끝까지 할 수 있는 업무는 현저히 적다. 다른 팀원 또는 타 부서 구성원과 협업하며 자료를 공유하고, 보고하는 과정을 통해 업무를 마무리할 수 있다. 그래서 업무에 필요한 정보를 공유하고, 업무의 시작-중간-끝 보고 및 진행 상황을 주기적으로 공유하여 협업을 강화해야 한다. 이 책의 5장(202쪽)에서 소개하는 소프트웨어를 활용하면 실시간 쌍방향 소통을 하는 데에 큰 도움이 될 것이다.

특히 과거의 수직적인 업무 보고 문화 속에 경력과 연차가 높은 구성원이 전문성을 가지고 있어 업무를 주도하는 업무 문화는 사라졌다. 경력과 연차와는 무관하며 각자의 전문성을 존중하고 프로젝트별 기획자를 중심으로 무에서 유를 창조해 나가는 새로운 업무 문화에는 수평적인 소통이 업무를 효율적으로 만들어 줄 것이다.

Y사에서 업무를 효율적으로 잘하고 싶은 마음이 굴뚝 같았다. 하지만 어떻게 해야 하는지 몰라서 괜한 자괴감마저 들기도 했다. 왜냐하면 공부를 잘하지는 못했지만, 사회생활을 하면서 일머리는 있다고 자부해 왔기 때문이다. 매사에 어떻게 하면 최적에 길을 찾아갈 수 있고, 어떤 것이 가장 좋은 가성비인지 생각했다. 야근을 밥 먹듯이 하는 상황에서 혹시 일이 많아서가 아니라 일을 못하는 건 아닌지에 관한 생각이 머릿속을 맴돌았기 때문이다.

혼자 고민해도 해결할 수 없어서 선배, 팀장님과 1on1을 했다. 부끄럽기도 했지만, 항상 선배나 팀장에게 물었다.

"저의 어떤 모습을 좋게 보았고, 왜 저를 채용했는지? 일을 잘하고 있는 건지? 업무를 효율적으로 하려면 어떻게 해야 하는지? 이제 3개월 정도 업무를 하고 있는데 잘하고 있는지 모르겠어요. 팀장님이 보시기엔 어때요?"

아무에게도 말하지 못하고 끙끙대던 것들을 물었고, 팀장님은 웃으며 말했다.

"지금 얼마 안 됐는데 1인분은 하는지 모르겠다. 처음이라 잘하기도 하고 못하기도 하는 건데, 가장 중요한 건 이 일을 왜 하는지, 이게 무엇에 도움이 되는지 그 고민을 해 봐."

아마도 이 부분을 한 번씩 간과하고 있지는 않은가? 바쁘다는 핑계, 지금 일정상 왜 하는지 고민하는 것이 아니라 보고해야 해서, 시기가 도래해서, 임원이 시켜서, 구성원의 반응이 뜨거워서, 노조가 격렬하게 주장해서 등 '왜(WHY)'보다는 '단지(JUST)' 이 순간을 모면하고 무사히 퇴근하기 위해 업무를 그냥 쳐 내고 있지는 않은가?

'왜'라는 이유가 없는 업무는 보람이 없고, 논리적인 기준도 없다. 그저 그런 다른 회사에서 하는 것들을 벤치마킹해서 주먹구구식으로 시작하고 시행하는 것이다. 그래서 큰 고민은 사라지고 하루에 8시간 회사에서 시간을 보내는 것처럼 출근과 퇴근을 반복한다. 주변을 둘러보면 큰 성과와 역량 없이 회사에서의 근속이 오래되어 과장, 차장, 부장으로 승진하는 것을 보며 지금 회사와의 동반성장이 아닌 이직을 고민하고 있을지도 모르겠다.

선배나 팀장, 직책자나 후배처럼 함께 업무를 하는 사람들과는 먼저 이야기를 나누자. 이 프로젝트에서 어떤 업무가 필요한지, 왜 해야 하는지 반드시 의견을 나누자. 그리고 현재하고 있는 업무들을 나열하고 구분하자. 인사 업무를 담당하고 있다면 인사 업무의 기본인 로우 데이터, 인사 데이터 관리, 채용 데이터, 보상 데이터, ERP 쿼리 데이터, 임원 보고용 채용-퇴직-부서별 데이터, 채용 인터뷰 일정, 입사자 온보딩 등의 업무 중에 중복되는 업무들이 무엇인지 확인하자. 그리고 활용하지 않는데도 관례로 보고해 온 자료인지, 실제로 효과가 있는 자료인지, 임원들을 상대로 물어보고 양식을 수정하며 보고 후 자료를 삭제하자. 서로 소통하고 업무를 협의하는 과정에서 동일한 기준, 방향성을 수립하는 것만으로도 중복되는 업무나 업무 과정에서의 갈등을 줄일 수 있다.

5 자동화

단순하면서 유사한 작업을 하는 업무는 업무량이 많아 시간을 잡아먹는 경우가 많다. 그리고 정리 방법이나 공유 방법 즉 업무 프로세스를 담당자만 이해하거나 이전 담당자에게 인수인게 받아 그대로 업무를 진행하면서 이해하지 못하는 경우도 많을 것이다. 담당자가 부서 이동, 퇴사 등으로 없다면 업무가 정지되어 버릴 리스크도 있다. 이러한 단순 반복 업무라면 회사에서는 성과로 인정해 주지 않기에 업무 담당자도 매너리즘에 빠져 있을 가능성이 크다. 그래서 반복 작업은 자동화를 설정하는 것이다. 매크로 등을 이용하여 인적 오류를 줄이고 작업 효율을 높이는 것이다.

G사에서는 기초적인 자동화부터 시작했다. 단순 반복 업무였던 편의시설 이용료, 시스템 발령 등에 RPA(Robotic Process Automation) 로봇 프로세스 자동화를 도입했다. 중요하지는 않지만 매일, 매주, 매월 단위로 해야 하는 양식이 정해진 업무를 소프트웨어 로봇에게 주입하였다. 담당자가 퇴근한 뒤에 RPA는 지정한 시간에 담당자의 PC와 업무 시스템에 접속하여 메일을 열고 엑셀 파일 또는 시스템에 접속해서 업무를 처리하고 담당자에게 업무 수행 결과를 메일로 보낸다. 기본 지정한 프로세스나 양식이 조금이라도 변경되면 RPA에 변경사항을 계속 지정해야 하는 불편함은 ERP 자체를 개선하거나 추출하는 데이터 양식을 표준화하여 해결했다. 이 과정에서 단순 반복 업무를 RPA가 자동으로 처리하니 업무 시간이 단축되었다. 또한 표준화된 양식으로 데이터가 추출되니 데이터를 가공한 수치 – 보고서 작성에서도 활용이 쉬워

팀 내 만족도가 높았다.

앞으로는 AI 기술의 발달(LLM, Machine Learning)로 사무직무의 업무도 완전 자동화가 될 것이다. 현재 개발 및 적용 중인 모델로는 ARS 콜센터를 대신하는 AI 콜센터, 채팅을 통해 질문하고 AI가 답을 제공하는 챗봇이 있다. 고도화되어 가는 과정에서 옆에 있는 구성원과의 소통과 협업이 아니라 AI와 협업해서 혼자 모든 업무를 리딩하며 업무를 효율적으로 처리할 수 있는 미래가 곧 올 것이다.

❻ 업무 매뉴얼 작성

인사발령 또는 퇴직 시에 인수인계를 위한 업무 매뉴얼은 작성해 보았을 것이다. 하지만 특이사항이나 이슈가 발생하기 전에 만들어 본 적은 대부분 없을 것이다. 퇴직 전에 후다닥 작성하고 마는 일회성 매뉴얼이 아니라 오랜만에 하는 업무에 대한 히스토리를 찾아 헤매고, 엑셀의 수식을 왜 이렇게 했는지 다시 고민하며, 전임 담당자에게 전화를 걸어 겨우겨우 해내는 업무 방식은 힘들기만 할 뿐이다.

업무 방식이나 규칙 등 자료를 보관하는 프로세스를 매뉴얼화함으로써 업무 효율화를 도모한다. 이 업무를 왜 하고, 언제 하고, 이 업무를 할 때의 특이사항이나 개선 시에 어떤 것을 고려했는지, 실수가 많은 부분은 어떤 부분인지에 대한 것들을 매뉴얼에 포함하면, 6개월이나 일 년 뒤에 업무를 할 때 시간과 노력, 실수를 줄여줄 것이다.

H사에서 '업무 인수인계 및 업무 성과'에 대한 리뷰가 필요했는데 간과했다. 왜냐하면 어느 정도 회사에 적응도 한 것 같고 퇴근 시간도

7~8시 전후로 줄어드니 '아, 인사 업무 뭐 별거 없네. 역시 나는 일을 잘하는 사람이었어'라는 허튼 생각이 들기도 했다. 사건은 팀의 막내인 신입사원이 입사하면서 발생했다.

처음 업무를 알려 준 사수처럼 주먹구구식으로 업무를 신입에게 알려 주고 있었다. 그 과정에서 내가 당한 어려움을 넘겨주고 싶지 않다는 배려심 때문에 다른 선배 두 명에게 인수를 받으면서 인계할 업무는 제자리였다. 신입사원에게는 정말 천천히 업무를 넘겨주면서 6~7시에 퇴근하던 일상이 신입 때처럼 11시, 12시를 넘겼다. 3명의 업무를 쳐 내고 있으니 자기 위안 밖에 할 게 없었다.

"아, 역시 잘하고 있구나. 내가 없으면 회사가 안 돌아가지. 선배들의 업무도 인수인계 받아서 더 많은 업무를 하고 있고, 후배를 위해서도 천천히 알려 주면서 책임감 있게 어떻게든 일을 쳐 내고 있네. 대단해!"

평일 주말을 반납하며 일하면서 어느덧 연말 평가 시즌이 다가왔다. 일 년 반 정도의 성과가 무엇인지 쓰려는데 막상 생각나지 않았다. 당시 담당하고 있던 급여, 원천세, 퇴직금, 인력 데이터, 비정규직 채용, 복리후생까지 이것저것 밤낮없이 업무를 했는데, 생각해 보니 원래 인사팀에서 해야 하는 당연한 업무였다. 이 업무들을 과거 선배들보다 잘했다, 못했다는 건 없다. 그냥 그전에 했던 담당자보다 시간을 더 많이 투여해서 업무 완결성을 가졌다는 그 이하도 그 이상도 아니었다. 다행히 평가에서는 남들보다 열심히 했다는 것을 인정받아 높은 평가를 받았지만, 업무 효율화가 필요했다. 좋은 평가를 받은 이유가 단지 열심히 해서였기 때문이다.

이 생각이 들자마자 업무 매뉴얼을 작성했다. 업무를 하면서 개선해야 할 부분들은 업무 리스트에 같이 업데이트했다. 왜냐하면 다시 업무를 할 때 매뉴얼대로 따라 가면 스트레스도, 시간도 줄어들 텐데 그냥 업무를 닥치는대로 처리하면서 효율이 전혀 없었기 때문이다.

바로 일 단위 - 주 단위 - 월 단위 - 분기 단위 - 반기 단위 - 연 단위로 필요한 업무를 정리했다. 그리고 왜 업무를 하는지, 어떤 자료가 필요한지를 정리하여 캘린더 일정에 반영했다. 일정을 미리 계획하고 업무를 준비하면 담당자로서 논리와 기준을 가지고 일을 주도적으로 처리할 수 있다. 하지만 반대로 일정에 밀려 일하다 보면 수동적으로 질질 끌려다니며 해야 하는 업무도 못하는 상황에 닥칠 수 있다.

정리한 업무 중에 가장 어렵고, 긴 단위로 반복되는 업무를 가장 먼저 매뉴얼화 했다. 쉬운 업무는 조금만 찾아보면 업무를 할 수 있고, 자주 반복되는 업무는 어느 정도 익혔기에 당장 수행하는 데에는 불편함이 없었다.

처음 보는 사람도 매뉴얼을 보고 업무를 수행할 수 있고, 자료들은 폴더화 시켜 업무 주기 단위로 최종본, 작업본을 정리하고 URL 링크도 삽입했다. 잊고 있던 업무는 정리하는 데에 곱절의 시간이 필요했지만, 그 업무를 다시 수행할 때와 업무를 인수인계할 때 전혀 불편함이 없기 때문이다. 특히 업무 자체가 바뀔 때는 후임자에게 인수인계할 때 이중고가 많았는데, 제작해 둔 매뉴얼을 짜깁기해서 인수인계서로 만들면 상호 불편한 감정 없이 매끄럽게 업무를 이관할 수 있었다.

누군가를 위한 업무 매뉴얼이 아니라 나를 위한, 나의 업무를 효율적으로 수행하고 업무 프로세스를 스스로 최적화하였다. 적은 자원으로 최대한의 성과를 내기 위해서는 주기적으로 업무 매뉴얼을 작성하고 업데이트해 보자.

업무 효율화,
모두 관심을 가져야 한다

업무 효율화는 개인에게만 필요한 것인가? 물론 개인의 노력도 중요하지만, 회사의 관심과 구성원이 효율적으로 일을 할 수 있는 환경을 조성해 주어야 한다. 과거 엉덩이를 붙이고 오래 일하는 척하는 사람, 눈치 보며 퇴근 못하는 사람, 실무자가 일은 다 하고 결과와 성과는 직책자가 독식하는 이야기를 심심찮게 들을 수 있다. 그렇다면 회사에서는 어떤 관심을 가져야 하는가?

일에 대해 가장 잘 알고 있는 사람은 업무를 전담하고 진행하고 있는 실무자다. 하지만 실무자는 고충이 매우 많다. 업무에 필요한 비품을 구매하고, 마케팅을 진행하고, 외주 또는 BP 프리랜서를 고용하고, 중요한 일부터 사소한 일까지 전결 규정을 따라 기안서나 전자결재를 받아 처리해야 한다. 프로젝트별로 한정된 예산이지만 실무자의 법인

카드 한도는 한정된 예산보다 작아 한도 증액을 신청해야 하기에 진정 중요한 핵심을 고민할 시간이 없다. 회사에서는 통제, 기준을 지켜야 한다고 이런 비효율적인 방식을 고수해야 하는가?

몇 년 전부터 유행하던 애자일(Agile)한 조직으로의 변화에 빠르게 적응하고, 지속적인 개선과 협력을 통해 유연함을 추구한 것처럼 전결 규정도 애자일해야 한다. 매년 사업 모델(BM)에 따라 조직은 개편되는데 전결 규정은 변한 게 없다. 유연한 계획을 수립하고, 구성원 개인에게 자율성과 책임을 보장하고, 지속적인 개선과 의사소통으로 통제 수단이 아닌 효율적인 일 처리를 위한 지원 사항으로 변화해야 한다.

단적인 예를 들자면 A 기업에 구성원은 5,000명 정도인데 1명의 직책자가 결재해야 하는 문서는 1개월에 약 200개, 비용처리 결재는 약 500개, 근무 승인은 100개다. 최종 결재를 진행하는 직책자가 모두 볼 수 있겠는가? 당연히 모두 볼 수도 없을뿐더러 관심도 없다. 전자결재로 진행되는 순간 전체 선택 후 승인 처리하기 바쁘다.

B 기업에서는 기안서가 승인받기 위한 도구다. ○○ 프로젝트를 시행하기 위한 문서로 예산, 진행 방법, 진행 내용, 일정 등이 있다. 탑다운이든 바텀업(Bottom-Up)이든 최소 육하원칙에 따라 누가, 언제, 어디서, 무엇을, 어떻게, 왜 하는지 어떤 목표와 비전을 가지고 수행하는지, 해당 프로젝트를 수행하고 나서 기대하는 효과는 무엇인지 명확해야 한다.

회사에서는 구성원의 채용부터 퇴직까지 전체 사이클 사이사이에 업무 효율화를 심어 주어야 한다. 기업에서 원하는 인재상을 기준으로 채용했으나 처음 회사에 들어 온 구성원은 기존에 하던 업무 방식이 익숙하다. 현재 회사보다 더 효율적일 수도 효율적이지 않을 수도 있다. 여기서 핵심은 새로운 구성원이 새로운 시각에서 조직의, 팀원의 업무 방식이 효율적인가를 관찰할 수 있다는 점이다. 또한 신규 구성원에게 온보딩부터 업무 효율화에 힘쓰는 조직이라는 인상을 심어 주면, 스스로 자신의 업무 효율화에 자연스럽게 관심을 가질 것이다.

교육 프로그램에서는 일잘러, 일 효율러, 고성과자, 베스트포퍼머 등 조직내외부에서 벤치마킹할 수 있는 기회와 주기적인 자극을 통해 현재에 안주하지 않고 지속 개선할 수 있도록 지원한다. 각 조직의 리더들에게는 일을 효율적으로 하고 일을 빨리 처리하는 구성원에게 과중한 업무가 부여되지 않도록 조직 관리, 리더십 교육도 병행한다.

그레이존에서 역할과 책임이 불분명한 업무라면 아무도 하려고 하지 않는다. 그 이유는 조직과 프로젝트를 위해 잠시 업무를 했다가 쥐도 새도 모르게 자신의 업무로 둔갑하기 때문이다. 일을 잘하고 일을 효율적으로 하는 구성원이 중심이 되어 선한 영향력을 펼칠 수 있게 관심을 가져야 한다.

성과측정과 평가, 모든 것이 업무를 효율적으로 하는 것과 연계되어야 한다. 업무를 효율적으로 한다는 것은 속된 말로 일을 할 줄 아는 사람이다. 시키는 업무만 하고 무계획으로 일하거나, 일을 쌓아 놓는 데도 연차가 높아 높은 보상과 직책을 유지하는 사람들이 주변에 많다면 동기부여 자체가 생기지 않는다.

개인이 업무 효율화에 힘을 쓰고 있음에도 조직, 회사, 리더가 무관심하다면 모든 것이 수포가 될 수도 있다. 개인과 조직 전체의 업무를 효율화하는 방법에 대해서도 고민하는 것은 필요하다.

업무 효율화를 위한
팀과 조직의 변화

—— by 성봉선 ——

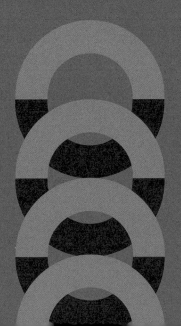

일잘러가 모이는
팀 만들기

조직 또는 팀 내에서의 업무를 효율적으로 하는 것은 마치 하나의 축구팀과 같다. 축구팀이 경기에서 승리하기 위해서는 각 포지션의 11명의 선수가 자신의 역할에 최선을 다해 수행하고 동시에 팀원과 조화로운 협력을 이루어야 한다.

축구에서 각 포지션은 고유의 역할과 책임을 지니고 있다. 골키퍼와 공격수, 미드필더, 수비수의 포지션별 맡은 역할은 다르지만, 11명의 팀원이 유기적으로 협력하지 않으면 팀은 승리를 거둘 수 없다.

회사의 조직이나 팀에서도 마찬가지다. 팀별, 개인별 맡은 업무 포지션에서 최고의 역량을 발휘하며 서로의 장단점을 이해하고 상호 보완해야 한다.

축구에서 팀원 간의 원활한 커뮤니케이션과 협력은 필수적이다. 패스를 주고받으며 서로의 위치를 이해하고 상대의 움직임을 예측하여 함께 플레이해야 한다. 조직에서도 팀과 팀 또는 팀원 간의 원활한 의사소통과 협력이 필요하다. 명확한 목표를 공유하고 서로의 역할을 존중하며 공동의 목표를 향해 함께 나아갈 때 조직의 업무 효율화는 극대화된다.

회사에서도 마찬가지다. 회사의 매출을 내기 위해 제품개발팀은 품질과 기술이 좋은 제품을 개발하고, 마케팅팀은 우리 회사 제품이 최대한 많은 소비자에게 알려지도록 마케팅 전략을 수립한다. 그리고 회계팀은 법과 기준에 따라 매출과 지출을 관리하고, 인사팀은 직원들이 해당 업무에 몰입하여 수행할 수 있도록 채용 및 평가 등의 인사 제도를 수립하고 운영한다.

실제 회사에서는 더 많은 팀이 조직의 목표를 위해 더 다양한 업무를 수행한다. 각 팀은 서로의 업무 현황을 파악하면서 그다음의 업무를 준비한다.

축구 경기에서 승리하려면 팀 전체가 하나의 목표인 골인을 향해 움직여야 하듯이 조직의 목표 달성을 위해서는 각 팀과 개인이 자신의 포지션에서 최선을 다하고 서로의 강점을 극대화하며 협력해야 한다. 그렇게 할 때 조직은 더 큰 성과를 이루고 팀원 개개인은 자신의 역량을 최대한 발휘할 수 있다.

그렇다면 득점을 잘하는 축구팀에서 내가 좋은 선수가 되려면 어떻게 해야 할까? 우선 나뿐만 아니라 동료의 포지션을 잘 알아야 한다. 동료의 성격은 어떤지, 문제 발생 시 해결하는 업무 스타일은 어떤지, 현재 맡은 업무는 무엇인지 등을 알아야 한다. 조직의 명확한 목표를 공유하고 달성하기 위해 기준과 규칙을 정하여 서로의 역할과 책임을 정의하고 구분해야 한다. 또한 서로 유기적으로 협력하기 위해 회의 등에서 활발하게 소통해야 한다.

팀 안에서의 '나' 알아보기

대부분 회사에서는 다양한 인재를 모아 팀 혹은 조직 단위로 업무를 수행하도록 한다. 그 이유는 서로 강점과 약점을 상호 보완하며 회사의 이익 창출에 기여할 수 있는 최대의 업무 성과를 내기 위함이다.

조직마다 팀을 구성하는 기준은 기능별, 직무별, 프로젝트별 등으로 다양하다. 그러나 팀에 소속해 있으면서 업무를 '혼자서' 수행하는 사람은 거의 없다. 팀에서 팀원 간 협업을 하거나 팀 내에서 단독 업무를 하더라도 타 팀과 협업해야 업무를 수행할 수 있는 구조로 이루어져 있다.

그렇다면 조직은 최대의 업무 성과를 내기 위해, 업무 효율성을 높이기 위한 전략을 세워야 한다. 과연 팀 안에서 '나'는 어떤 존재일까? 내가 팀 내에서 역할을 충분히 해내며, 때로는 동료의 업무에도 도움을 주고 그 동료들이 나를 일잘러라고 생각하며 함께 일하고 싶어 할까?

이런 의문에서 시작해 나를 제대로 알아야 할 필요가 있다. 내가 팀에서 어떤 포지션을 맡고 있는지 혹은 맡을 수 있는지. 내가 가진 성향과 성격을 바탕으로 보유한 기술 또는 쌓아 온 경력을 활용하여 팀 안에서의 진정한 일잘러로 거듭날 수 있을지 말이다.

나를 제대로 알기 위해 진단하는 여러 방법 중 세 가지의 진단 도구와 바로 사용할 수 있는 측정 문항을 소개하겠다. 최근 대중적으로 잘 알려진 진단 방법으로는 성향을 파악하는 'MBTI'와 기업에서 팀빌딩, 조직 개발, 경력 개발을 위해 활용도가 높은 '버크만진단'이 있다. 그리고 《위대한 나의 발견 강점혁명(갤럽 프레스 지음, 청림출판, 2021)》이라는 책을 구매하면 진단하고 결과를 받는 방법인 '강점혁명'이 있다.

그리고 마지막에는 팀의 업무 효율화를 고민하는 사람을 위해 바로 사용할 수 있도록 성격과 업무 스타일을 진단할 수 있는 문항을 수록하였다.

❶ MBTI

MBTI는 자기 보고식 성격 유형 검사로, 사람의 성격을 네 가지 척도를 기준으로 16가지의 성격 유형으로 나눈 진단이다.

선호지표	외향형(Extraversion)	내향형(Introversion)
설명	폭넓은 대인 관계를 유지하며 사교적이며 정열적이고 활동적이다.	깊이 있는 대인 관계를 유지하며 조용하고 신중하며 이해한 다음에 경험한다.
키워드	• 자기 외부에 주의 집중 • 외부 활동과 적극성 • 정열적, 활동적 • 말로 표현 • 경험한 다음에 이해 • 쉽게 알려짐	• 자기 내부에 주의 집중 • 내부 활동과 집중력 • 조용하고 신중 • 글로 표현 • 이해한 다음에 경험 • 서서히 알려짐

선호지표	감각형(Sensing)	직관형(iNtuition)
설명	오감에 의존하여 실제의 경험을 중시하며 지금, 현재에 초점을 맞추고 정확, 철저히 일 처리한다.	육감이나 영감에 의존하며 미래지향적이고 가능성과 의미를 추구하며 신속, 비약적으로 일 처리한다.
키워드	• 지금, 현재에 초점 • 실제의 경험 • 정확, 철저한 일 처리 • 사실적 사건 묘사 • 나무를 보려는 경향 • 가꾸고 추수함	• 미래 가능성에 초점 • 아이디어 • 신속 비약적인 일 처리 • 비유적, 암시적 묘사 • 숲을 보려는 경향 • 씨 뿌림

선호지표	사고형(Tingking)	감정형(Feeling)
설명	진실과 사실에 주 관심을 두고 논리적이고 분석적이며 객관적으로 판단한다.	사람과 관계에 주 관심을 두고 상황적이며 정상을 참작한 설명을 한다.
키워드	• 진실, 사실에 주 관심 • 원리와 원칙 • 논거, 분석적 • 맞다, 틀리다 • 규범, 기준 중시 • 지적 논평	• 사람, 관계에 주 관심 • 의미와 영향 • 상황적, 포괄적 • 좋다, 나쁘다 • 나에게 주는 의미 중시 • 우호적 협조

선호지표	판단형(Judging)	인식형(Perceiving)
설명	분명한 목적과 방향이 있으며 기한을 엄수하고 철저히 사전 계획하고 체계적이다.	목적과 방향은 변화할 수 있고 상황에 따라 일정이 달라지며 자율적이고 융통성이 있다.
키워드	• 정리 정돈과 계획 • 의지적 추진 • 신속한 결론 • 통제와 조정 • 분명한 목적 의식과 방향 감각 • 뚜렷한 기준과 자기 의사	• 상황에 맞추는 개방성 • 이해로 수용 • 유유자적하는 과정 • 융통과 적응 • 목적과 방향은 변화할 수 있다는 개방성 • 재량에 따라 처리될 수 있는 포용성

출처 : ㈜한국MBTI연구소

❷ 버크만진단

버크만진단은 자기 보고식 성격 유형 검사로 흥미, 평소 행동, 욕구, 스트레스, 개인의 업무 방식을 알 수 있는 진단이다.

특징은 네 가지 색상을 사용하여 세로축으로 외향과 내향, 가로축으로 관계의 지향점이 과제인지 사람인지를 사분면에 위치 값으로 표시하여 흥미, 평소 행동, 욕구, 스트레스에 대한 척도를 각 도형(별, 다이아몬드, 동그라미, 네모)으로 표시하여 나타낸다.

또한 다른 성격 유형 검사와의 차별화된 부분이자 최근 기업에서 많이 사용하고 있는 이유 중 하나가 해당 진단으로 '조직지향점'을 측정할 수 있다는 것이다. 개인의 업무 방식 및 선호하는 근무 환경을 알아볼 수 있다. 네 가지 색상으로 구분하여 각 특징으로 함께 일하는 사람들과의 유사성을 파악할 수 있는 진단 도구다.

버크만 색상 키워드

행동하는 사람 - 빨강

버크만의 빨강은 빠른 의사결정을 내리고, 결과를 얻는 것을 선호하는 사람들을 위한 색상입니다. 빨강은 직접적이고, 행동 지향적이며, 당면한 과제에 집중합니다. 무엇인가 만들고, 손으로 일하고, 사람과 프로젝트를 조직하고, 실질적인 문제 해결과 가시적인 완성품을 생산하는 것을 즐깁니다. 빨강은 객관적이고, 활력이 넘치며, 앞장서서 진두지휘하고, 팀 경쟁을 즐깁니다. 빨강은 행동을 통해 결과를 만들어 냅니다.

소통하는 사람 - 초록

버크만의 초록은 사람들과 의사소통을 하고 함께 일하기를 간절히 바라는 사람들을 위한 색상입니다. 초록은 결과를 얻기 위해 판매하고, 설득하고, 홍보하고, 동기부여하고, 상담하고, 가르치거나 사람들과 함께 작업합니다. 제품, 서비스 또는 아이디어에 대해 쉽고 자연스럽게 소통할 수 있습니다. 친구를 사귀고 사람들에게 영향을 줄 수 있는 누군가를 원한다면, 초록이 가장 적합할 것입니다.

분석하는 사람 - 노랑

버크만의 노랑은 프로세스, 세부사항, 정의 및 규칙으로 일하기를 좋아하는 사람들을 위한 색상입니다. 노랑은 신중하고 세밀한 계산, 일정 관리, 기록 관리 및 체계적인 절차 수립을 즐깁니다. 보통 숫자에 익숙하고, 공정함에 우선순위를 두고, 신중하고 철저하게 분석합니다. 노랑은 과제 지향적이며, 형식, 규칙 및 규정을 포함한 간접적인 의사소통 방식을 선호합니다. 만약 구조화해야 할 것이 있다면 노랑이 적임자일 것입니다.

생각하는 사람 - 파랑

버크만의 파랑은 개념과 아이디어를 가진 사람들을 위한 색상입니다. 파랑은 창조적이며, 장기적인 기획을 통한 혁신을 좋아합니다. 추상적 사고와 새로운 방법으로 문제를 해결하는 것을 즐깁니다. 파랑은 새로운 아이디어를 내고, 당면한 과제에 대해 가장 성공할 가능성이 높은 솔루션을 제시합니다. 파랑은 내성적이지만, 독창성과 혁신을 좋아해서 도화선이 될 다른 창의적인 인물 주위에 있고 싶어 합니다.

116

▶ 버크만진단 셀프리포트 예시 ◀

버크만진단을 진행하면 다음과 같은 셀프리포트를 받을 수 있다.

- ✳ **흥미** : 별 기호는 당신이 좋아하는 활동과 그 활동의 어떤 부분에 끌리는지를 나타낸다.

- ◇ **평소 행동** : 다이아몬드 기호는 당신이 보통 어떻게 행동하는지 나타낸다. 이 것은 당신의 강점이며, 가장 생산적인 스타일을 만든다. 평소 행동은 또한 다른 사람들이 보는 당신의 모습이며, 욕구가 충족되었을 때 나타나는 행동 방식이다.

- ○ **욕구** : 원 기호는 다른 사람들이 당신을 어떻게 대해 주기를 바라는지 또는 어떤 환경을 기대하는지를 나타낸다. 욕구는 숨겨져 있거나 다른 사람들에게 보이지 않는 경우가 많다.

- □ **스트레스 행동** : 사각 기호는 욕구가 좌절되었을 때 나타나는 당신의 행동이 다. 스트레스 행동은 반응적이고 비생산적이다. 오랜 시간 동안 욕구가 충족되지 않을 때 나타나는 행동 방식으로, 그런 행동으로 직면하게 될 문제들을 발견할 수 도 있다.

▶ 조직지향점 ◀

조직지향점은 자신에게 잠재적 가능성이 큰 최적의 근무 환경과 업무 방식을 보여 주며, 다음 4개의 근무 환경에서 일하는 사람과의 유사성을 확인할 수 있다.

직무분야 종사자와의 유사성	유사 정도
빨강 - 운영/기술	
초록 - 영업/마케팅	
노랑 - 관리/회계	
파랑 - 기획/전략	

빨강 - 운영/기술

- 주로 수단과 개별적 행동에 초점을 두는 실용적이고 실무적인 접근을 강조하는 근무 환경
- 실행을 강력히 강조하는 상품, 결과물 중심 문화

초록 - 영업/마케팅

- 판매, 홍보, 타인을 이끌고 동기부여를 강조하는 근무 환경
- 사람들에게 영향을 주도록 설계된 커뮤니케이션 기반 문화

노랑- 관리/회계

- 표준, 일관성, 질적 완성도를 강조하는 근무 환경
- 효율적인 절차와 정책에 기초하여 업무 수행

- 기획, 혁신, 창조를 강조하는 근무 환경
- 주로 전략과 계획에 강한 초점을 두는 아이디어 문화

출처 : 버크만코리아(https://www.birkmankorea.co.kr) '셀프리포트' 양식 중 발췌

❸ 강점혁명

자신의 강점을 발견하고 이를 극대화함으로써 개인의 잠재력을 최대한 발휘하는 것을 '강점혁명'이라고 한다. 이는 삶의 만족도와 성취감을 높이려는 개념이다. 자신의 강점을 잘 이해하고 이를 기반으로 커리어와 삶을 설계하는 데 중점을 둔다.

대표적인 도구로는 갤럽(Gallup)에서 개발한 'StrenthsFinder'가 있다. 개인적 성향을 34가지 테마로 분류하여 자신이 가진 가장 강력한 강점 다섯 가지를 파악해서 직장 생활에 활용하여 성취를 높이자는 접근이다. 약점을 보완하기보다 강점을 극대화하는 것이 더 효과적이라는 개념이다.

이 강점 진단을 통해 나와 팀원의 강점을 알아보고 업무 효율화에 각각의 강점을 활용할 수 있다.

❹ 바로 적용하는, 팀 안에서의 '나' 알아보기

앞에 소개한 진단을 정식으로 받기 위해서는 유료로 진행해야 한다. 게다가 MBTI와 버크만의 경우 전문 강사를 통해 진단받을 수 있다. 그

래서 팀 안에서의 '나'를 진단하고 팀원끼리 서로에 대해 알아가며, 업무 스타일에 관해서도 확인해 볼 수 있도록 간단한 측정 문항을 수록하였다.

· 성격 측정

Big Five 성격 검사에 기반한 문항이며 성격을 다섯 가지 요인으로 구분하여 간단하게 측정해 볼 수 있다. 자신의 성격을 파악하고 이 결과를 바탕으로 팀 내에서의 최적화된 역할이 무엇인지 확인해 보자. 구분별 점수의 합계로 나와 상대방의 성격의 차이를 확인할 수 있다.

구분	문항	전혀 그렇지 않다 (1점)	그렇지 않다 (2점)	보통 이다 (3점)	그렇다 (4점)	매우 그렇다 (5점)
외향성	나는 사람들과 쉽게 친해진다.					
	나는 파티나 모임에서 에너지를 얻는다.					
	나는 활발하고 에너지가 넘친다.					
친화성	나는 다른 사람들의 감정을 이해하려고 노력한다.					
	나는 남의 의견에 귀 기울이며, 협력을 중요시한다.					
	나는 종종 남을 도우려고 한다.					

구분	문항	전혀 그렇지 않다 (1점)	그렇지 않다 (2점)	보통 이다 (3점)	그렇다 (4점)	매우 그렇다 (5점)
성실성	나는 일을 체계적으로 처리한다.					
	나는 항상 맡은 일을 끝까지 마무리하려고 한다.					
	나는 시간 관리를 잘하는 편이다.					
정서적 안정성	나는 스트레스를 쉽게 받지 않는다.					
	나는 감정을 잘 조절한다.					
	나는 부정적인 일에도 쉽게 흔들리지 않는다.					
개방성	나는 새로운 아이디어를 탐구하는 것을 좋아한다.					
	나는 예술과 문화를 즐기는 편이다.					
	나는 창의적이고 새로운 것을 시도하는 것을 즐긴다.					

- **외향성(Extraversion)** : 사람과의 상호 작용을 즐기고 활력을 얻는 정도다.
- **친화성(Agreeableness)** : 타인을 배려하고 협조적이며 대인 관계에서의 조화로움을 중요시하는 정도다.
- **성실성(Conscientiousness)** : 체계적이고 신중하며 목표를 위해 꾸준히 노력하는 정도다.

- **정서적 안정성(Emotional Stability)** : 부정적인 감정에 얼마나 반응하는 정도다.
- **개방성(Openness to Experience)** : 새로운 경험과 아이디어에 대한 호기심과 수용성의 정도다.

업무 스타일 및 문제 해결 방식 측정

구분	문항	전혀 그렇지 않다 (1점)	그렇지 않다 (2점)	보통 이다 (3점)	그렇다 (4점)	매우 그렇다 (5점)
계획성	나는 업무를 체계적으로 계획하고, 마감일을 잘 지킨다.					
	나는 중요한 일을 우선순위에 따라 처리한다.					
	나는 업무의 세부 사항까지 신경 써서 완성도를 높인다.					
목표 지향성	나는 명확한 목표를 설정하고 이를 달성하기 위해 노력한다.					
	나는 업무에서 성과를 내는 것에 강한 동기를 느낀다.					
	나는 목표 달성을 위해 꾸준히 나아가고 조정한다.					
스트레스 관리	나는 업무에서 스트레스를 잘 관리할 수 있다.					
	나는 압박이 있을 때도 침착하게 업무를 수행한다.					

구분	문항	전혀 그렇지 않다 (1점)	그렇지 않다 (2점)	보통 이다 (3점)	그렇다 (4점)	매우 그렇다 (5점)
스트레스 관리	나는 긴급한 상황에서도 집중력을 유지한다.					
팀워크	나는 다른 사람들과 협력하여 더 나은 결과를 도출하려고 한다.					
	나는 팀 내에서 열린 소통을 중요하게 생각한다.					
	나는 팀원의 의견을 존중하며, 그들과의 협업을 통해 업무를 추진한다.					
의사결정 스타일	나는 문제를 해결할 때 논리적으로 접근한다.					
	나는 복잡한 문제에 대해 다양한 해결책을 모색한다.					
	나는 결정을 내릴 때 필요한 정보를 충분히 수집하고 분석한다.					
변화 관리	나는 변화하는 상황에 유연하게 적응할 수 있다.					
	나는 새로운 업무 방식을 배우는 데 거부감이 없다.					
	나는 변화가 주는 기회를 적극적으로 활용하려고 한다.					

'나'를 먼저 알고 '상대'를 이해한다면 결국 서로 존중하는 마음이 생긴다. 존중하는 마음을 바탕으로 앞으로 수많은 협업의 과정에서 상대

에게 효과적인 커뮤니케이션이 무엇인지 고민할 것이며, 상호 효과적인 소통을 바탕으로 업무 효율성을 극대화할 수 있다. 구분별 점수의 합계로 나와 상대방의 업무 스타일과 문제 해결 방식의 선호 스타일을 확인할 수 있다.

▌ 팀의 업무 현황 파악하기

❶ 직무 기술서(JD, Job Description)

나와 팀원의 성격과 강점을 파악하고 업무 스타일과 의사소통 방식을 확인했다면, 이제 팀의 업무 현황을 파악해야 할 차례다. 팀에서 하는 업무를 파악하기 위해서는 직무 기술서(JD, Job Description) 작성이 필요하다. 직무 기술서를 작성하는 이유는 직무의 본질, 요구 사항, 책임 등을 체계적으로 파악할 수 있다는 점이다. 또한 문서로 기록을 남겨 퇴사, 전환 배치 등의 인사 이슈가 생겨도 업무의 흔들림이 없기 때문이다.

직무 기술서를 작성하기 위해서는 직무 분석이 필요하다. NCS를 기반으로 하는 직무 분석을 할 수도 있고, 회사 상황에 맞춰 1:1로 인터뷰하거나 설문조사, 관찰 등의 다양한 방법으로 분석할 수도 있다. 빠르고 간편한 방법으로 다음의 샘플을 만들어 각 담당자가 직접 서술하도록 하는 방법이 있다. 업무 담당자가 작성하고 팀의 직책자가 검토하여 인사팀에서 승인하는 프로세스로 진행하면 속도감 있게 직무 분석을 할 수 있다.

직무 기술서 샘플

구분	내용(작성 예시)	비고
직무명	채용	
직급/직위	과장	
소속 부서	인사팀	
직무 목적	채용 프로세스 기획 및 관리	직무의 주된 목적이나 목표를 간단하게 기재
주요 업무 (중요도 및 빈도)	• 채용 브랜딩 기획 및 관리/운영(5, 연간) • 채용 프로세스 기획 및 관리/운영(4, 반기) • 면접 진행 및 면접관 교육(3, 주간) • 서류 검토 및 지원자 연락(2, 일간)	• 주요 업무를 나열 • 중요도 표기(1 낮음 - 5 매우 높음) • 업무 빈도 표기(일간, 주간, 월간, 연간 등)
책임 및 권한	• 채용 결정 권한 • 서류 검토 및 면접 평가 권한	책임져야 할 부분과 권한의 범위
필요 자격 요건	• 학사 이상 • 인사팀 경력 7년 이상(5년 이상의 채용 업무 경력)	필요한 학력, 경력, 자격증 등
필요 기술 및 지식	• 노동법 지식 • MS Office 능숙	직무 수행에 필요한 기술적, 지식적 요구 사항
필요 태도	• **협력** : 팀원 간 원활한 협업을 통해 업무 목표를 달성할 수 있는 태도 • **책임감** : 맡은 업무에 대한 책임을 다하고 결과에 책임지는 태도 • **진취** : 문제 해결을 위해 해결책을 찾고, 새로운 아이디어를 제시하는 태도	• 직무 수행에 기대되는 행동적 특성이나 태도 • 회사의 인재상 반영
성과지표 (KPI)	• 연간 채용 목표 달성률 • 일 년 이내 퇴사자의 퇴사율	수치화할 수 있는 주요 지표를 설정
직무 기술서 작성일/예정일		직무 기술서가 작성된 날짜와 향후 업데이트 예정일을 기재

❷ 업무 분담 방법

직무 기술서를 취합했다면 앞서 다뤘던 개인의 성격 및 강점, 업무 스타일을 분석하여 직무를 나눠 보자. 개인의 업무 만족도가 높아질 것이고 업무의 생산성 향상을 위해 스스로 효율화 방법에 대한 고민도 많이 할 것이다. 이런 현상을 요즘은 '덕업일치'라고도 한다. 신조어로 '덕질'과 '업무'를 합한 단어다. 덕질은 특정한 관심사나 취미, 흥미 있는 활동을 의미한다.

덕업일치를 하면 개인의 일과 취미가 일치하는 상태를 의미하기에 개인의 만족도는 물론 업무의 생산성까지 높아지는 현상이 일어난다. 자신이 좋아하는 일을 직업으로 삼아 즐거움과 성취감을 동시에 얻는 이상적인 상태로 여긴다. 그렇다면 덕업일치에 맞게 팀 내 업무를 분담하는 방법을 예시를 들어 보겠다.

MD팀인 팀원 A는 운동에 취미가 있고 사람과의 만남을 즐기며 대인 관계가 원만하다. 감정 기복이 크지 않은 편이고 평소 기록하는 것을 좋아하고 자료를 분석하는 것에 강점이 있는 직원이다. MBTI로 분류하자면 ESTJ다.

이 팀원에게 MD팀의 업무 중 '상품 출시 일정 기획 및 운영'하는 업무를 배정하였다. 이 업무는 생산팀에 제품 생산 업무 현황을 수시로 확인해야 한다. 또한 매출 분석 보고 자료를 만들어 마케팅팀에 공유하여 마케팅팀에서 이 매출 분석 보고서를 참고하여 광고 기획 및 예산을 배정한다. 이 상품 출시 일정 기획/운영 업무는 회사 매출을 결정짓는 데 큰 영향을 끼치는 핵심 업무다.

팀원 A는 운동하는 사내 동호회 활동을 꾸준히 해 왔고 동호회원인 생산팀원, 마케팅팀원과 자주 식사나 티타임을 하며 취미도 즐기고 자연스럽게 업무 소통을 했다. 그리고 매출 분석을 A4 1장으로 시각화여 스스로 업무 효율을 높였다. 마케팅팀에서는 여러 장의 보고서 대신 A4 1장으로도 정확히 매출 분석을 이해하여 적은 예산으로도 효율적인 광고를 운영할 수 있었다. 팀원 A는 성격과 강점이 배정된 업무와 잘 맞아 근무 만족도도 높았고 고성과자로 인정도 받았다.

앞의 사례는 덕업일치의 결로 업무를 분담하는 방법의 예시다. 다만 조직이란 내가 하고 싶은 대로 할 수 있는 곳이 아니다. 팀 내에서 자신이 좋아하는 일, 잘하는 일, 싫어하는 일, 못하는 일까지 네 가지를 모두 할 수밖에 없을 것이다. 그래서 업무를 분담할 때 그 비중을 덕업일치 느낌으로 어떻게 조정할 것인지에 초점을 맞춰 업무를 분담한다면, 업무 만족도가 상승하고 개인 성향과 성격의 시너지 효과로 효율적인 업무를 할 수 있을 것이다.

조직/팀의 비효율적인 업무 파악하기

비효율적인 업무를 파악하는 방법은 직무 기술서를 기반으로 파악할 수 있다. 조직이나 팀의 전체적인 업무 구조를 확인하고 비효율적인 업무를 찾아 개선할 수 있다. 비효율적인 업무의 유형을 소개하겠다. 지금 우리 조직이나 팀에 비슷한 사례의 업무가 있다면 그 업무가 비효율적인 업무일 가능성이 크다.

❶ 그레이존(Gray Zone) 확인

업무나 역할이 명확하게 정의되지 않거나 책임이 불분명하여 여러 사람이 다른 방식으로 해석할 수 있는 영역을 말한다. 이에 따라 업무가 빠지거나 여러 사람이 동일한 일을 중복으로 수행하게 된다. 직무 기술서를 바탕으로 주요 업무를 비교하여 같거나 유사한 업무가 팀 간이나 팀원 간 동시에 수행되고 있는지 확인한다.

사례 1

- **문제** : 채용 업무에서 서류 전형을 진행할 때 채용 담당자가 서류를 필터링하는데, 현업 팀장도 이를 반복하면 이 과정에서 서로 어떤 역할을 해야 하는지 모호할 수 있다.
- **개선** : 채용 담당자가 서류 필터링을 전담으로 관리하고, 현업 팀장은 서류 검토자 역할로 분담해 채용은 채용 담당자가 책임을 지고 역할을 수행할 수 있도록 업무 분담을 확실하게 했다.

사례 2

- **문제** : 거래처 등록 업무를 회계팀과 영업팀이 동시에 수행하고 있다. 이에 따라 데이터가 중복으로 입력되거나 빠지는 문제가 발생했다.
- **개선** : 회계팀이 거래처 등록 업무의 권한을 갖고 영업팀은 거래처 등록을 위해서 따로 결재를 상신하는 것으로 업무를 분리했다.

---

❷ 업무 중요도와 빈도의 불일치 분석

직무 기술서에 작성된 업무 중요도와 빈도를 비교하여 중요도가 낮은 업무에 비해 지나치게 빈도가 높은 업무를 확인한다. 중요도가 낮은 업무에 많은 시간을 할애하면 우선순위가 높은 업무에 집중할 시간이 부족하여 업무의 비효율이 나타난다.

사례

- **문제** : 기획팀에서 중요도가 낮은 주간 보고서를 작성할 때 많은 시간을 투입하는데, 정작 중요한 사업계획의 전략 수립에는 충분한 시간이 배정되지 않고 있다.
- **개선** : 중요도가 낮은 주간 보고서의 내용을 약식으로 작성하도록 양식을 수정하고, 사업계획의 전략 수립을 고민하며 수행할 수 있게 충분한 업무 시간을 확보하도록 업무를 조정했다.

---

❸ 업무 소요 시간 분석

각 업무의 소요 시간을 분석하여 특정 업무에 과도하게 많은 시간을 할애하는 경우가 없는지 확인한다.

사례

- **문제** : 물류팀에서 수행하는 재고 관리가 엑셀을 이용한 수기로 관리되고 있어 상당한 시간이 소요되고, 재고 수량의 오차 범위가 컸다.
- **개선** : 물류 관리 시스템을 도입해 자동화하여 관리 시간을 40% 이상 단축하였고 오차 범위가 5% 이내로 줄었다.

---

❹ 성과지표에 따른 효율성 분석

성과지표와 실제 업무 효율성을 분석하여 목표를 달성하지 못하거나 비효율적인 결과를 초래한 업무를 확인한다.

사례

- **문제** : 디자인팀 중 한 팀이 디자인 품평회 때 선택된 디자인 수량이 적었다. 결과적으로 매달 목표 디자인 수량에 지속해서 달성하지 못한 것을 확인했다. 성과지표 미달 사유를 인터뷰하니 디자인할 시간이 부족하다고 하였다. 그 이유는 스타일마다 디자인 작업 지시서를 작성하는데, 작업 지시서 작성에 많은 시간이 소요되어 디자인하는 시간보다 서류 업무를 하며 업무 시간을 주로 보낸다는 것이다.
- **개선** : 작업 지시서 양식을 통일하고 요약된 내용으로만 보고할 수 있도록 하여 작성에 어려움이 없도록 하였다. 그래서 본연의 업무인 디자인 업무에 더 집중할 수 있게 하였다.

---

❺ 인터뷰

직무 기술서 작성 후 각 업무 담당자와 인터뷰를 진행하여 업무 수행 시 겪는 어려움과 비효율적인 업무를 파악한다. 다수가 지적하는 업무, 반복적으로 불편함을 호소하는 업무는 절차에 문제가 생길 가능성이 크기 때문에 업무 프로세스를 개선할 필요가 있다.

- **문제 :** 영업팀에서 출장 신청 프로세스가 지나치게 복잡하다는 피드백이 있었다. 여러 단계의 검토 절차로 빠른 의사결정이 필요한 순간에 출장 결정이 지연되어 영업 활동에 지장이 생기고 있었다.

- **개선 :** 출장 신청의 검토 절차를 간소화하고, 의사결정 권한을 영업부서 내에 일부 위임하여 결정할 수 있도록 하였다.

사례를 바탕으로 비효율성을 파악하는 방법을 제시했다. 조직 또는 팀 내에서 직원들이 이해할 수 있고, 업무 효율화의 필요성을 명확히 이해할 수 있을 것이다.

팀의 업무 효율화 방법

축구는 '감독의 예술'이라는 말이 있다. 축구 감독들이 전략과 전술로 축구 경기를 승리로 이끄는데 비롯하여 나온 표현이다. 축구 경기에서 전략이 없거나 명확하지 않으면 선수들은 혼란스러워하고 각자의 역할이 명확하지 않게 된다.

축구 대표팀의 감독으로 역임했던 클린스만 감독은 2023 카타르 아시안컵에서의 4강 탈락이라는 아쉬운 결과를 맞이했다. 선수들에게 자유로운 플레이를 강조한 전략을 세웠지만, 이에 따른 명확한 포지션별 규칙이나 역할 분담이 부족했고 경기에서 조직적인 문제와 함께 소통의 문제, 뛰어난 선수들의 역량이 제대로 발휘되지 못하는 결과를 초래했다.

명확한 기준과 규칙이 없을 때 팀이 어떻게 혼란스러워지고, 비효율적인 일이 발생하는지를 잘 보여 주는 사례다.

반면에 벤투 감독은 '빌드업 축구'라는 전략을 일관성 있게 고수했다. 각 선수의 장점을 극대화할 수 있는 포지셔닝과 역할 분담을 명확히 했다. 또한 체계적인 전략으로 선수들의 안정성과 소속감을 높였다. 2022 카타르 월드컵에서 브라질을 상대로 한 경기에서 팀은 일관된 패스와 조직력을 보여 주며, 명확한 전략이 있는 팀의 효율적인 경기 운영을 보여 주었다.

조직이나 팀에서 역할과 책임을 명확하게 분담하고 문제가 생겼을 때 체계적인 프로세스로 문제를 해결하는 것은 매우 중요하다. 문제 해결을 위한 몇 가지 프로세스를 소개하여 업무에 직접 적용할 수 있는 방법에 대해 살펴보자.

▎ 역할과 책임 정하기(RACI 차트)

존 도와 제인 스미스의 〈Project Management Roles and Responsibilities : Using the RACI Matrix Effectively(2018)〉 논문에 따르면 대형 건설 프로젝트에서 RACI 매트릭스를 사용하여 역할과 책임을 명확히 정의한 사례를 다룬다.

건설 프로젝트 초기 단계에서 의사결정이 지연되고 책임 소개가 불분명하여 프로젝트 진행이 원활하지 않은 상황에서 RACI 매트릭스를 도입하여 각 부서의 역할과 책임이 명확히 정의되었고, 의사결정이 빠르게 이루어졌다.

RACI 차트를 이용하여서 'FW 스타일 기획'이라는 프로젝트의 업무를 살펴보자.

구분	총괄 임원	디자인팀	생산팀	물류팀	온라인팀
FW 스타일 기획	A	R	C	I	I

FW 옷을 디자인하는 디자인팀이 실무 담당자(R)이고, 그 디자인의 작업 지시서를 바탕으로 생산하는 생산팀이 업무 수행의 조언자(C)다. 실제 디자인한 옷의 생산이 가능한지 의견을 제공해야 한다. 그리고 업무 공유(I)를 받아야 하는 팀은 물류팀과 온라인팀이다. FW 스타일의 진행 상태와 결과에 대해 공유받아 제품 출시 전략과 물류 전략 및 기획을 한다. 이것에 대한 최종 의사결정자(A)는 총괄 임원이 담당하며 이 모든 프로젝트의 최종 결재자가 된다.

인사팀 내에서 RACI 차트를 이용하여 업무 R&R을 정할 수 있다.

구분	팀장	팀원 1 (인사기획)	팀원 2 (채용)	팀원 3 (교육)	팀원 4 (인사 데이터 관리)
채용	A	C	R	I	I

채용 업무에서 채용 담당자인 팀원 2가 실무를 담당(R)한다. 그리고 인사기획을 담당하는 팀원 1이 팀원 2의 업무에 조언(C)을 할 수 있으며, 채용이 확정되면 교육을 담당하는 팀원 3, 인사 데이터를 관리하는 팀원 4에게 채용 결과를 공유(I)해야 한다. 그리고 이 모든 의사결정은 인사팀장(A)이 하는 것이다.

RACI로 역할과 책임을 명확하게 정의하면 복잡한 상황에서도 누가 어떤 역할을 수행해야 하는지가 서로 약속되어 업무를 원활하게 진행할 수 있다. 또한 업무 진행 과정에서 커뮤니케이션의 목적과 대상자가 명확하여 협업이 강화될 수 있다.

문제 해결을 위한 논리적인 접근

1 미시 이론(MECE 이론)

미국의 유명한 경영 컨설팅 회사인 맥킨지 앤드 컴퍼니(McKinsey &

Company)에서 나온 이론으로, MECE 이론은 경영 컨설팅 분야에서 널리 사용되고 있다. 컨설턴트가 논리적이고 체계적인 문제 해결 접근법을 개발하는 과정에서 만들어졌으며, 조직적, 구조적으로 문제를 해결하는 방식으로 사용한다.

미시(MECE)는 Mutually Exclusive, Collectively Exhaustive의 약자로 상호 배타적이고, 집합 포괄적인 의미가 있다.

- **Mutually Exclusive(상호 배타적)** : 상호 배타적이라는 것은 한 요소가 다른 요소와 겹치지 않는다는 것을 의미한다. 각 항목은 서로 중복되지 않아야 한다. 이를 통해 각 요소가 독립적이고 명확하게 구분될 수 있다.
- **Collectively Exhaustive(집합 포괄적)** : 집합 포괄적이라는 것은 모든 가능성을 포함한다는 의미다. 모든 가능한 경우의 수나 요소들이 빠짐없이 포함되어야 한다.

---

② 미시 이론을 업무에 활용하기

'업무 효율성 향상을 위한 업무 운영 방법 개선'이라는 주제를 미시 이론으로 살펴보자.

문제

조직의 업무 효율성을 높이기 위한 업무 운영 방식 개선

· 미시 접근

업무 효율성 저하의 원인을 상호 배타적으로 구분하고 업무 효율성에 영향을 주는 모든 요인을 포함하도록 업무 프로세스, 인적 자원 관리, 업무 환경이라는 세 가지의 큰 카테고리로 나누어 모든 가능성을 포함하도록 하였다.

MECE 구분	내용	문제
업무 프로세스	업무 절차	승인 과정의 비효율성, 복잡성
	의사결정	결재 지연, 결재권자의 부재
	업무 시스템	데이터 관리 시스템의 부재, 낮은 버전
인적 자원 관리	역할과 책임	불명확한 역할, 책임 부재
	소통	정보 전달의 오류 및 소통 빈도
	교육 개발	교육 기회, 역량개발 부족
업무 환경	물리적 환경	근무 환경(보상 체계), 사무실 환경, IT 도구의 성능
	정서적 환경	조직 문화(팀 분위기, 스트레스, 회의 문화, 보고 문화)

문제 해결

각 원인 파악을 위해 설문조사, 1:1 인터뷰, 결재 문서 분석 등으로 해결 방안을 제시할 수 있다.

MECE 구분	내용	해결 방안
업무 프로세스	업무 절차	불필요한 절차 제거, 중복 보고/결재 체계 조정
	의사결정	결재권자 부재 시 대무 절차 지정, 결재기한일 도입
	업무 시스템	효율적인 데이터 관리 시스템 도입
인적 자원 관리	역할과 책임	직무 기술서 작성 및 직무 분석
	소통	정기/수시 팀 회의, 피드백 시스템 도입
	교육 개발	교육 니즈 파악 및 직무/역량 교육 제공
업무 환경	물리적 환경	경쟁력 있는 보상 체계(급여 테이블, 인센티브 체계 구축), 쾌적한 사무실 환경, IT 도구의 성능 업그레이드
	정서적 환경	정기적인 조직 진단, 효율적인 회의/보고 문화 개선, 업무 몰입을 위한 정서적 지원 프로그램 도입

미시 이론을 활용하여 업무 효율성을 높이기 위한 업무 운영 방법을 분석하고 해결 방안을 도출할 수 있다. 이러한 접근 방식으로 조직이나 팀 내에 발생하는 문제에 대해 논리적이고 구조적인 관점에서 해결책을 마련하여 궁극적으로 업무의 생산성을 높이고 효율성을 끌어올릴 수 있다.

❸ 업무 표준화 SOP

SOP은 Standard Operating Procedure의 약자로 '표준 운영 절차'를 의미한다. 작업에 대해 프로세스가 일관되고 효율적으로 수행하는 데 필요한 단계별 지침을 문서화한 것이다. SOP는 조직이나 팀 내에서 중요한 절차를 표준화하여 업무의 일관성을 유지하고 오류를 줄이며 새로운 직원이 빠르게 업무를 익힐 수 있도록 하여 궁극적으로 업무의 효율성을 높이는 역할을 한다.

SOP를 만드는 목적은 동일한 업무 방식으로 일관성을 유지하고, 절차의 명확성과 불필요한 중복 업무를 줄여 효율성을 향상시키는 것이다. 또한 특정 업무를 처음 수행하는 직원에게 지침을 제공하여 적응을 빠르게 할 수 있다. 가장 중요한 것은 정기적으로 업무가 관리되고 검토 및 업데이트로 조직이나 팀의 변화에 빠르게 개선 사항을 반영하여 업무를 지속할 수 있다는 점이다.

조직이나 팀에서 공통으로 적용되는 업무나 작업에 대해 대표적인 SOP 사례를 살펴보겠다. 해당 양식으로 각 업무에 맞추어 추가하고 수정하여 사용하는 것을 추천한다.

▶ 의사결정 권한 SOP ◀

인사팀의 업무 중 의사결정이 필요한 몇 가지 업무로 '평가', '연봉 조정', '처우 협의'가 있다. 이 업무들은 의사결정의 프로세스의 순서에 따라 업무를 진행해야 한다.

'평가 등급 조율'을 하는 업무는 평가 업무 담당자가 평가를 정해진 시기마다 진행한다. 평가권이 있는 부서장이 먼저 소속 부서의 평가 등급을 확정하고, 인사팀장이 검토한다. 그리고 인사위원회에서 최종적으로 평가 등급을 결정한다. 그리고 이 모든 과정은 평가 시스템에서 이뤄지며 최종 등급은 전자결재로 대표이사의 승인을 받는다.

'연봉조정(재직자)'의 경우 최종 결정된 평가 등급을 바탕으로 경영진에서 결정된 연

봉 인상 예산을 기반으로 연봉 인상률을 결정한다. 그럼 인사팀장은 이를 반영하여 전자결재로 대표이사에게 보고 및 승인을 받는다.

'처우 협의(입사자)'의 경우 내부 연봉 테이블 및 경력직의 경우 전 직장의 연봉을 함께 검토하여 처우를 협의한다. 이는 인사팀장이 협의 및 최종 검토를 한 후 전자결재로 경영진의 최종 승인을 받는다.

구분	권한자	절차	소통 방법
평가 등급 조율	부서장+인사팀장+인사위원회	부서장이 확정한 후 인사팀장이 검토, 인사위원회의 최종 결정	평가 시스템 및 전자결재
연봉 조정 (재직자)	인사팀장+경영진	인사팀장이 최종 검토 후 경영진 승인	전자결재
처우 협의 (입사자)	인사팀장+경영진	인사팀장이 최종 검토 후 경영진 승인	이메일 및 전자결재

효율적으로 회의를 운영하는 방법

❶ 효율적인 회의가 필요한 이유

'회의'란 단순히 아이디어 및 업무 현황을 공유하는 시간이 아니다. 명확한 목표나 주제를 가지고 전략을 세우는 과정이며 소통하는 방식이다. 특히나 요즘 MZ세대의 일잘러가 되고 싶은 사람들에게 회의란 형식적인 모임이 아니라 업무의 생산성과 목표 달성을 위해 꼭 필요한 과정이자 소통 방식 중 하나라는 점을 강조해야 한다. 그리고 이를 통해 회사의 성과가 개인의 성과로 이어질 수 있다는 것을 느끼게 해 주는 것이 중요하다.

▶ MZ오피스 사례 ◀

형식적인 회의

MZ세대를 대표하는 팀원이 모인 MD팀이 있다. 이 팀은 새로운 제품을 성공적으로 출시하기 위한 전략을 고민하게 되었다. 팀은 여러 번 회의를 열었지만, 회의는 늘 산으로 갔고 시간만 흐르고 길어지기만 했다. 신제품 출시가 다가오는데 팀장과 팀원은 서로 다른 아이디어와 목표를 가지고 업무를 진행했다.

팀장은 이대로 가면 신제품의 성공적인 출시가 어렵고, 곧 매출 부진으로 이어진다고 생각했다. 그리고 팀원도 팀장의 리더십이 부족하다고 평했다. 그래서 팀장은 팀원에게 '매일 하는 형식적인 회의 말고, 이번 신제품의 성공적인 출시를 위한 효율적이고 명확한 전략 회의를 하자'라고 선언했다.

전략 회의의 시작

신제품 출시를 위한 MD팀은 이전과는 다른 방식으로 회의를 진행하기로 했다. 팀장은 회의 전날 모든 팀원에게 제품의 개발 현황, 시장 분석, 협력 부서의 업무 진행 상황을 미리 공유했다.

팀원은 사전에 받은 자료를 기반으로 각자의 의견을 준비했다. 그리고 회의 당일, 팀장은 먼저 신제품 출시의 목표, 타깃, 제품의 강점 등을 명확히 설명했다. 그리고 효과적인 신제품 출시 전략을 수립하기 위한 회의 주제를 상기시켰다.

회의는 30분가량 진행되었고, 팀원은 시장 분석 자료를 바탕으로 타깃 고객층에게 신제품의 매력적인 소구점을 찾아 효과적인 전략 방안이 어떤 것이 있는지 설명했다. 그리고 회의록을 다시 팀원과 공유하며 놓치는 업무가 없도록 했다.

회의 결과(신제품 출시)

회의 후 MD팀은 각자 맡은 역할을 명확히 이해했다. 팀원 A는 제품 출시를 위한 액션 플랜을 기획하고, 팀원 B는 광고 채널 운영 전략을 수립했다. 그리고 팀원 C는 회사 내의 협력 부서인 디자인팀에 제품에 대한 자료 요청과 영업팀엔 새로운 전략에 맞춘 판매 채널 조정을 요청했다.

신제품 출시 프로젝트는 빠르게 진행되었고, MD팀의 구성원뿐만 아니라 각 부서에서도 명확히 요청받은 업무에 따라 마감 기한을 준수했다. MD팀은 각자 맡은 역할에 집중하였고 문제 발생 시 회의를 통해 문제 해결을 위한 방안을 마련했다.

그리고 신제품이 출시되는 당일, MD팀은 효율적인 전략 회의 덕분에 준비했던 업무들이 차질 없이 완료되었다는 자신감을 느끼고 있었다. 신제품은 목표했던 타깃층에서 반응이 좋았고, 판매량으로 이어져 매출 목표를 빠르게 달성했다. 고객 리뷰에서도 신제품에 대한 긍정적인 반응이었다.

MD팀은 회의 방식을 전략 회의로 바꾼 덕분에 공동의 목표를 명확하게 이해했고, 본인의 역할에 더 집중할 수 있었다. 그리고 MD팀의 팀장도 리더십 평가에서 '전략가'라는 긍정 리뷰를 받게 되었다.

❷ 효율적인 회의의 법칙

회의의 법칙은 조직마다 가진 핵심 가치, 인재상을 접목해 법칙을 만드는 것을 추천한다. 궁극적으로 회사의 핵심 가치와 인재상의 존재 이유와 목적은 결국 회의를 통해 구성원이 달성하고자 하는 것으로 일맥상통하기 때문이다.

그리고 회의의 법칙은 기본을 강조하는 것이 중요하다. '클래식한 것이 영원하다'라는 말처럼 다수를 대상으로 오랫동안 이견 없이 중요한 가치라는 것을 의미한다. 모두가 알고 있지만 막상 행동으로는 나오지 않기 때문에 회의의 법칙을 세우고 회사 내부에서 지속해서 강조하고 알리는 것이 무엇보다도 중요하다.

다음의 예시처럼 각 회사의 분위기에 맞게 회의의 법칙을 정하고 공유하자.

"우리 회사의 회의 3요"

왜요?	명확한 목적을 정의해 주세요. 목적에 따라 회의 방법(대면, 비대면, 하이브리드)을 정해 주세요.
언제요?	회의 시간을 사전에 정해 두고 지켜 주세요. 짧은 시간 동안 결론을 도출할 수 있도록 필요한 자료를 미리 공유하고, 참석자들이 준비를 할 수 있도록 해 주세요.
그래서요?	회의 결과를 도출해 주세요. 목적에 맞게 그다음 액션 플랜이 수립되고 수행할 수 있도록 해 주세요.

효율적인 조직으로
변화하기

▌문제 인식 : 조직 진단

팀 스포츠인 축구는 각 선수의 역할과 팀워크가 경기의 결과를 좌우한다. 마찬가지로 조직에서도 각 구성원의 역할과 부서(팀) 간 협력이 조직의 성과에 큰 영향을 미친다.

조직 진단은 축구 경기에서 감독이 전술을 수립하는 과정과 매우 비슷하다. 축구에서 감독은 경기를 앞두고 팀의 승리를 위해 철저한 분석과 준비를 한다. 조직의 강점과 약점을 파악하고 상태 팀의 전략을 분석하여 최적의 전술을 수립하는 것은 필수다. 이 과정에서 각 선수의 기술 수준, 체력 등을 고려하고 경기에 임한다.

마찬가지로 조직 진단은 조직 내의 모든 요소를 자세히 분석하는 과정이다. 각 부서의 역할과 성과, 업무 프로세스의 흐름, 조직 문화 등 회사에서 일어나는 다양한 요소를 진단하고 분석해야 한다. 이를 통해서 조직의 강점과 약점을 명확히 파악하고, 강점은 계속 유지하며 발전시켜 나가고, 개선이 필요한 부분은 찾아내어 최적의 전략을 수립해야 한다.

결국 축구 감독이 전술을 잘 수립해야 팀이 승리할 수 있듯이 조직 진단을 통해 얻은 인사이트를 바탕으로 한 조직의 전략적 접근이 있어야 조직은 높은 성과를 달성하고, 지속해서 성장할 수 있다. 조직 진단은 단순한 분석이 아닌 효율적인 업무 운영을 위한 전략적 필수 단계다.

'조직 진단'이란 조직 내에서 현재 상황을 체계적으로 분석하고 평가하는 과정이며, 조직의 업무 효율화를 위한 첫걸음이다. 조직의 전반적인 상태를 파악하여 업무 효율성을 높이고 성과를 향상하기 위한 근본적인 문제를 발견하는 역할을 한다. 예를 들면 조직 문화, 업무 프로세스, 보상 체계, 리더십, 소통 방식 등이 조직 진단의 주요 분석 대상이 될 수 있다.

조직 진단의 목적은 단순히 문제를 발견하는 데 그치지 않고 업무 효율화로 조직의 장기적인 성과 향상을 도모하는 데 있다. 조직이 목표를 달성하는 데 필요한 인사이트를 제시하고 구성원이 효율적으로 업무를 수행할 수 있도록 도움을 줄 수 있다. 또한 조직 진단 없이 현재 상태와 문제를 정확히 파악하는 것은 어렵다. 조직 진단으로 얻은 인사이트는 조직이 더 나은 성과를 달성할 수 있도록 돕는 중요한 도구다.

맥킨지 앤드 컴퍼니의 〈The hidden value of organizational

health-and how to capture it(2014.08)〉의 자료에 나온 조직 진단 측정 문항을 참고하여 조직에서 측정하고자 하는 부분으로 발전시키는 것을 추천한다.

대분류	중분류	내용
동기부여	공유된 비전	조직 내 모든 구성원이 동일한 비전을 공유하고 있는지 평가
	전략적 명확성	조직의 전략이 명확하고 모든 직원에게 이해되고 있는지 평가
	직원 참여	직원이 조직의 의사결정 과정에 얼마나 참여하고 있는지 측정
방향 설정	역할 명확성	각 직원의 역할과 책임이 명확하게 정의되어 있는지 평가
	성과 계약	목표와 성과지표가 명확하게 설정되어 있는지 평가
	결과 관리	성과에 따른 보상 또는 처벌이 명확하고 일관되게 적용되는지 평가
	개인적 책임감	직원이 자신의 업무와 성과에 대해 책임감을 느끼는지 평가
책임감	의미 있는 가치	조직의 핵심 가치가 직원에게 의미 있게 전달되고 있는지 평가
	영감을 주는 리더	리더가 직원에게 영감을 주고 동기를 부여하는지 평가
	경력 기회	직원에게 경력 개발의 기회가 제공되는지 평가
	재정적 인센티브	재정적 보상이 직원의 성과에 직접적으로 연결되는지 평가
	보상과 인정	조직 내에서의 인정과 보상이 효과적으로 이루어지는지 평가
리더십	외부 지향성	조직이 고객, 경쟁사, 시장 등 외부 환경에 얼마나 잘 대응하는지 평가
역량	문화와 기후	조직의 문화와 작업 환경이 직원에게 긍정적인 영향을 미치는지 평가
혁신과 학습	조정과 통제	조직 내에서의 조정 및 통제 메커니즘이 효과적으로 작동하는지 평가

그리고 주관식 문항을 추가하여 객관식 문항 이외에 미처 예상하지 못하는 부분을 확인할 수 있다. 또한 시대의 흐름과 트렌드에 따라 달라지는 구성원의 생생한 의견을 표현할 수 있도록 한다면 조직 진단 자체를 소통의 창구로 인식하고 정해진 시기마다 자유롭게 의견을 표현할 수 있는 기회가 된다.

또한 최근 직장 내 괴롭힘 및 성희롱 이슈 예방, 팀 내 갈등에 따른 고충 처리를 위해서 관련 질문을 추가해 봐도 좋다. 정기적으로 회사가 구성원의 효율적인 업무 몰입 환경 조성을 위해 지속해서 관심을 두고 파악하는 차원에서 필요한 수단이 되기도 한다.

▌결과값 분석하기

❶ 정량적 분석

객관식 질문은 Likert 척도(1~5)를 사용하여 구성원이 조직 내 다양한 요소에 대해 어떻게 생각하는지 정량적으로 확인한다.

조직 진단 데이터를 축적하여 지난 데이터와 그래프를 통해 비교할 수 있고, 부서별, 직급별 등 비교하여 관점에 따라 조직의 상태를 진단하고 문제를 파악하여 조직의 전략을 수립하는 데 인사이트를 얻을 수 있다.

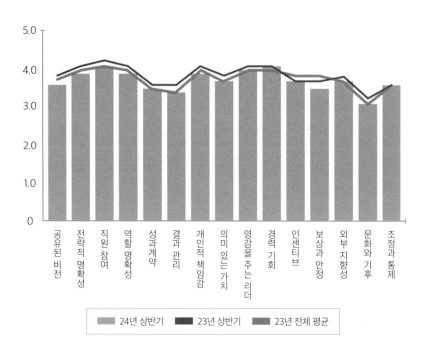

조직 진단 결과 그래프 예시

(가로축 항목: 공유된 비전 / 전략적 명확성 / 직원 참여 / 역할 명확성 / 성과계약 / 결과 관리 / 개인적 책임감 / 의미 있는 가치 / 영감을 주는 리더 / 경력 기회 / 인센티브 / 보상과 안정 / 외부 지향성 / 문화와 기후 / 조정과 통제)

범례: 24년 상반기 / 23년 상반기 / 23년 전체 평균

❷ 정성적 분석

주관식 문항의 경우 수집된 의견들을 분석하여 공통적인 주제나 패턴을 확인하여 '테마별'로 구분한다. 조직 내의 주요 이슈나 개선점이 무엇인지 깊이 있게 파악할 수 있다. 예를 들어 '회사의 현 제도나 체계에 대해 개선할 점이나 아쉬운 점이 있습니까?' 같은 질문에 구성원이 평소 생각한 조직에 대한 불만, 불합리한 절차, 요구 사항을 생생하게 수집할 수 있다.

이런 정성적 데이터들을 분석할 때는 답변을 분석하여 테마에 따라 나누는 '테마 분석'으로 분류할 수 있고, '워드클라우드'로 언급된 단어의 빈도수에 따라 정리하여 인사이트를 얻을 수 있다. 그래서 이를 바탕으로 현 문제 상황에 대한 개선 전략 방안을 마련할 수 있다.

▶ 워드클라우드 분석 ◀

효율적인 업무 운영 개선점에 대한 주관식 질문에 대한 직원들의 답변이다. 직원마다 표현하는 단어, 문체가 다르고 오타가 있을 수도 있다. 그래서 담당자는 각 답변을 한번 검토할 필요가 있으며 서술어는 제외하고 '키워드' 형식으로 표현할 수 있도록 명사 위주로 가공하면 보고서를 읽는 처지에서 질문에 따라 키워드로 명확히 직원들의 생각을 파악할 수 있다.

[RAW DATA]

① 실무적으로 도움되는 업무적 환경 조성 및 가이드가 필요합니다.

② 리더의 명확한 업무 지시와 빠른 의사결정이 필요합니다.

③ 팀원의 업무 역할이 명확했으면 좋겠습니다.

④ 업무 스트레스를 관리하는 방법이 궁금합니다.

⑤ 회의 시간에 주제의 본질을 벗어나지 않게 이야기했으면 좋겠습니다.

[워드클라우드]

• 참고사이트 : https://www.wordclouds.com

① 업무 효율화의 첫걸음, 명확한 업무 지시와 간결한 보고

조직 진단 이전, 업무 지시가 명확하지 않고 결재 문서의 보고 절차가 복잡하여 프로젝트의 계약 기간 등을 놓치는 일들이 일어나 조직의 손해로 이어지기도 했다. 이러한 문제는 구성원의 업무 몰입을 저하했고 결국 조직 전체의 효율성을 떨어뜨렸다.

조직 진단 결과, 문제를 해결하기 위해 명확한 업무 지시 체계와 간결한 보고 시스템이 필요하다는 다수의 의견을 확인했다.

변화의 첫걸음으로 형식적인 위임 전결 규정이 아닌 실제 수행하는 업무 현실에 맞도록 절차를 간소화하여 필요한 정보만 신속하고 정확하게 전달할 수 있도록 개선했다. 또한 업무 지시 및 요청이 구체적이고 명확하게 전달되도록 표준화된 프로세스를 도입했다. 구성원은 업무 수행에 있어 혼란이 크게 줄어들었고 지시 및 요청받은 업무를 정확하게 수행할 수 있게 되었다. 이러한 변화는 조직 내의 불필요한 커뮤니케이션을 줄이고, 실제 업무에 더 집중할 수 있게 하였다.

② 일잘러 구성원의 동기부여와 성과 향상을 이끄는 법, 공정한 평가 체계

스타트업에서 코스닥까지 상장한 급성장한 회사의 사례다. 조직 진단 결과, 기존의 평가 체계가 불공정하고 과정과 결과가 불투명하다는 것이 조직 진단에서 근무 만족도가 떨어지는 주요 원인으로 나타났다. 공정하지 못한 평가 체계는 구성원의 사기를 저하했고, 평가자와 피평가자 모두 이해하지 못하는 평가로 업무 효율성 저하로 이어졌다.

이를 해결하기 위해 조직 진단을 토대로 원인을 분석하고 불공정하다고 생각한 부분에 대해 분석하여 공정하고 투명한 평가 체계를 구축하였다.

기존의 평가 체계는 하향식 평가만 했고, 평가 과정에서의 피드백이 불투명하였다. 또한 측정 방식이 대부분 정성적 기준에 의존하여 피평가자가 평가 결과에 대해 이

의제기하여 평가자 또한 난감한 상황이 빈번하게 발생하여 팀의 갈등으로 이어지기도 했다.

그래서 새로운 평가 체계에서는 하향식 평가뿐만 아니라 상향식, 동료 평가의 제도를 도입하고 공정한 측정지표를 위해 공통 역량을 인재상 기준으로 설정하여 행동 방식에 따른 BARS 측정으로 모두 동일한 역량으로 평가받을 수 있도록 했다.

또한 평가자에게 지속해서 평가 피드백 방법을 포함한 평가 교육을 진행하였다. 이에 따라 구성원은 자신의 성과에 대해 공정한 평가를 받는다는 신뢰를 하게 되었고, 평가 결과에 대해 납득하고 다음 평가 등급을 올리기 위한 개선점을 찾아 스스로 업무 효율화에 대해 고민하고 하기도 하였다. 이는 업무에 대한 동기부여로 이어져 조직의 생산성이 크게 향상했다.

③ 열린 마음으로 소통할 수 있는 분위기, 수평적 문화와 유연한 근무 제도

수직적인 조직 문화는 직원의 창의성과 자율성을 억제하며 소통이 단절되는 요인으로 작용한다. 조직 내 소통이 단절되면 부서 간 협업, 팀 내 갈등을 유발하여 사일로(Silo) 현상을 초래한다.

조직 진단 결과 수직적인 조직 문화 때문에 상사에게 의견을 전달하는 것을 불편해하고 타 부서와의 협업에 소극적인 태도를 보인다는 것을 파악했다. 그래서 이를 해결하기 위해 수평적 문화를 도입하기로 했다. 우선 호칭을 '프로'로 통일하고 직책자에게만 직책을 부여하였다.

수평적 문화의 도입으로 호칭을 통일하니 구성원이 직급에 구애 없이 자유롭게 의견을 나누고, 본인의 아이디어를 적극적으로 제안하는 환경이 조성되었다. 수평적인 관계에서 소통이 활발해져 협업의 과정과 업무 결과에 긍정적으로 작용했다.

또한 코로나 시기를 겪으면서 유연한 근무 제도가 업무 효율화와 생산성 향상에 영향을 미치는 것을 겪으면서 구성원도 유연한 근무 제도에 대해 선호하는 의견이 뚜렷한 것을 확인했다.

구성원은 본인의 라이프 스타일에 맞춰 근무 시간을 선택하는 '시차 출근제'를 선호하였다. 자녀가 있는 직원은 자녀를 등원시키고 출근하였고, 아침 또는 저녁마다 취미를 즐기는 구성원은 운동 시간에 맞춰 시차 출근제를 선택했다.

또한 자유롭게 쉬거나 개인 시간을 보낼 수 있도록 연차, 반차, 반반차 제도를 다양하게 도입하여 필요에 따라 선택하여 쓸 수 있도록 하였다. 이러한 유연한 근무 제도는 구성원의 업무 만족도를 높이고 개인의 업무 성과도 극대화하는 데 중요한 역할을 하였다.

실제 조직 진단으로 현재 문제를 파악하고 축적된 데이터로 구성원의 의견을 수집하여 체계적으로 문제를 해결한 사례다. 구성원의 자발적 참여와 동기를 크게 향상해 업무 생산성을 향상시켜 시장에서의 경쟁력을 갖춰 매해 매출 상승을 기록했다.

조직 진단이 단순히 문제 파악 및 보고서 작성을 위한 것에 그치지 않고, 실질적인 조직 내 업무 효율화의 변화를 끌어낸 중요한 도구임을 보여 준다. 이를 바탕으로 구성원과 경영진을 설득하는 구체적이고 실질적인 근거가 되고 장기적인 조직 성장에 대한 전략을 수립하는 데 중요한 역할을 한다.

조직 진단 결과는 정량적 데이터와 정성적 데이터를 종합적으로 분석한다. 조직의 전반적인 상태를 보다 현실감 있게 파악할 수 있고 개선이 필요한 부분을 명확하게 인식할 수 있다. 또한 이러한 분석 결과를 토대로 조직의 비효율적인 부분을 효율적으로 개선하여 업무 효율화에 중요한 역할을 할 수 있다.

몰입을 만드는 환경 조성과
업무 효율화가 필요한 이유

효율적인 조직이나 팀은 빠르게 변화하고 예측 불가능한 시대의 비즈니스 환경에서 성공을 위한 필수 요소가 되었다. 내가 소속한 조직과 팀이 어떤 역할을 하는지 잘 파악하고, 문제는 무엇이며, 비효율적인 업무 방식이나 문화를 어떻게 개선할 것인지, 그래서 어떻게 소통해 나가며 이를 효율적으로 변화할 수 있을지 알아보았다. 회사가 구성원을 채용하고 갖가지 형태로 조직을 구성하는 목적의 본질은 회사의 직·간접적인 이익 창출의 목표를 위해 일하게 만드는 것이다. 그래서 구성원이 업무에 최대한 몰입할 수 있는 환경을 조성해 업무 효율을 높이는 것이 필요하다.

메타인지의 관점에서 '나'에서부터 내가 소속한 팀, 조직을 알아야 한다. 나와 동료의 성격과 업무 스타일, 문제 해결 방식에서부터 업무까지 파악해야 한다. 그래야 체계적이고 일관된 업무 수행이 가능해지며, 이는 시간과 자원을 절약하고 오류를 줄여 생산성을 극대화할 것이다.

특히 R&R, RACI 차트, 미시 이론, SOP(표준 운영 절차)는 각 부서 또는 팀 내의 명확한 역할과 책임을 지게 하여 불필요한 혼선과 중복 업무를 방지하고, 의사결정 과정을 가속함으로써 더 나은 성과를 끌어내는 일종의 방법 혹은 수단이 될 것이다. 효율적인 조직은 결과적으로 시장에서 경쟁력 있는 제품 개발, 제품의 품질 향상, 비용 절감, 고객 만족도 증대 등 중요한 이익을 창출하며 구성원이 업무에 집중하고 성과를 올릴 수 있는 환경을 조성한다.

그리고 조직 진단을 통해 문제를 발견하고 개선하는 것은 단순한 과정 그 이상을 의미한다. 업무의 원활한 진행과 구성원의 동기부여를 극대화하여 조직의 목표 달성에 필요한 강력한 기반을 마련해 준다. 효율적인 조직은 더 나은 의사결정을 가능하게 만들고 내부의 소통을 강화하여 구성원 간 협업을 촉진한다.

궁극적으로 효율적인 조직은 단순한 성과 향상에 그치지 않고 빠르고 예측 불가능하게 변화하는 환경에서 민첩하게 대응할 수 있는 능력을 갖추고 구성원의 업무 몰입도와 효율화로 이직률을 낮춰 장기적인 성장을 가능하게 할 것이다. 효율적으로 변화하는 조직과 팀은 비즈니스의 경쟁력을 높이고 지속해서 혁신할 수 있는 능력을 갖추게 된다. 이러한 이유로 효율적인 조직과 팀은 모든 기업이 반드시 추구해야 할 목표다.

혁신에는 실질적인 차별화를
만들어 내는 것에 있다.

· 톰 피터스 ·

업무 효율화를 위한
성과관리

—— by 배봉기 ——

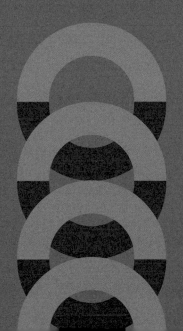

성과관리의
이해와 중요성

▌ 성과는 어디에 있을까

우리는 조직 내에서 일을 잘하고 싶어한다. 프로 일잘러가 되기 위해서는 김대리도, 성매니저도, 최팀장도, 권본부장도 성과관리를 잘해야 한다. 즉 어떤 조직의 누구든 성과관리는 필수로 요구되는 활동이다. 성과관리(Performance Management)를 풀어서 설명해 보면 '조직의 목표를 달성하기 위해 개개인의 성과를 체계적으로 계획, 모니터링, 평가, 개선하는 일련의 활동'이다.

성과관리를 이야기하기 전에 관리해야 하는 대상, 바로 '성과'에 대해서 먼저 알아보자. 우리가 중요하게 생각하는 성과는 어디에서 발생하는 것일까? 과연 정체가 무엇일까? 고민되고 막연하지만, 생각만큼 거창하지는 않을 수 있다. 어떤 회사나 업무 형태를 막론하고 사무직이든 생산직이든 영업직이든 출근해서 일을 한다. 매일매일 하는 일과 성과가 어떻게 관련이 있는지 직장인의 평범한 일상을 살펴보자.

사무직 출근하면 책상에 앉아 노트북을 열고 경영 수첩에 To Do List를 적는다. 일의 우선순위를 생각해 본다. 회의에 참석해서 내용을 요약하고 후속으로 진행해야 할 사항들을 정리한다. 기획안을 작성하고 리더에게 보고한다. 주로 사무직의 성과는 조직의 운영, 관리, 지원 업무에서 발생한다. 이들은 회사가 성장할 수 있도록 제도, 절차, 시스템을 만들어서 조직의 업무 흐름을 원활하게 하고, 시간과 비용을 절약하는 데 효율성을 높인다.

생산직 오전에는 사업소 현장의 안전 점검이 있는 날이다. 수많은 설비 목록 자료를 비교하고 정리하며 점검한다. 오후에는 다시 생산라인에 복귀하여 제품을 검수하고 품질 관리 업무를 수행한다. 교대 근무자의 일정표를 수정하고, 품질 관리 일지를 작성하면 하루가 마무리된다. 주로 생산직의 성과는 제품이나 서비스의 생산 과정에서 효율성과 품질을 통해 나타나며, 산업 현장의 안전을 관리하며 발생한다. 생산된 제품의 품질을 안전하게 유지하고 불량률을 최소화하면서 고객의 만족도를 높이는 것이 이들의 성과다.

영업직 영업 관리 부서로부터 매출 통계 데이터를 받아서 고객 제안용으로 문서를 작성한다. 제안서와 견적서를 만들고 고객과 회의 약속을 잡는다. 고객사에 방문하여 작성한 제안서를 프레젠테이션한다. 주로 영업직의 성과는 매출 증대와 고객 관계 관리 과정에서 발생한다. 제안서의 설득력, 고객과의 관계 구축 능력, 거래 성사 역량 등을 통해 매출을 증가시키고 고객의 재구매 의사를 높임으로써 그 성과에 기여한다. 또한 상품 시장을 분석하고 새로운 고객을 발굴하여 확대하는 것도 중요한 성과 중 하나다.

일반적으로 접할 수 있는 3개 직군의 일상을 들여다봤다. 성과는 어디에 있냐는 질문에 도움이 되었을까? 성과가 발생하는 곳은 바로 지금 하는 일 그 자체다. 각양각색의 업무 현장에서 수행되는 모든 크고 작은 단위의 업무들 속에서 성과는 상시로 발생한다. 주간 회의, 과제 보고, 고객 미팅, 제안 발표, 현장 점검, 문서 작업 등 많은 소통과 협업 속에서 성과는 발생하고, 때론 명확한 문서의 형태로, 때론 보이지 않는 문화의 형태로 나타난다. 성과라고 설명하기 어려운 비정형화된 모습이기도 하고, 숫자와 같은 정량적인 모습이기도 하다.

성과를 관리한다는 말은 결국 일을 잘 관리한다는 의미기도 하다. '성과관리는 일 관리다'라는 말이 된다. 우리가 일하는 조직은 전략적 목표와 개인의 업무 수행을 일치시키고, 지속해서 개선하는 종합적인 과정에서 업무 효율화를 고민한다. 때론 명확하고 도전적인 목표 설정을 하기 위해서, 때론 일의 진행 과정 속 보완과 개선을 위해서, 때론 결과에 대한 동기부여와 피드백을 위해서 말이다. 그 고민을 통해 일의 과정을 효율적으로 관리해서 성과를 높이는 것이 성과관리를 잘한다고 할 수 있다.

따라서 업무 효율성과 성과관리는 상관관계 그 이상의 접점에서 결을 같이 하고 있다. 일반적으로 회사에서 성과관리를 목적으로 진행하는 목표 수립 절차의 운영, 정기적인 피드백, 성과지표 모니터링, 성과 기반의 보상, 성과관리 도구의 도입은 모두 업무 효율성을 높이는 데 중요한 역할을 한다. 조직의 관점에서도 이를 통해 더 높은 성과와 생산성을 달성할 수 있게 되는 것이다. 그렇다면 업무 효율성을 높이기 위한 성과관리의 필요성은 무엇인지 더 알아보자.

▎성과관리를 하는 이유

성과관리의 필요성을 개인과 조직의 관점으로 각각 보더라도 하나로 관통하는 공통분모는 바로 '성장'이다. 우리는 조직과 사회 그리고 인생에서 성장하기를 원한다. 인간의 동기를 다섯 단계의 욕구로 설명한 매슬로우의 욕구 이론에서도 그렇고, 이를 발전시킨 알더퍼의 ERG 이론에서도 성장에 대한 욕구는 가장 상위에 존재한다.

그만큼 일하면서 성장이라는 궁극적인 지향점을 두고, 조직 생활의 바탕이 되는 성과를 관리하는 것이다. 조직 관점에서 보면 급변하는 시장의 경쟁 환경 속에서 많은 기업은 지속할 수 있는 경영 즉 미래 성장을 위해 끊임없이 도전하고 혁신을 시도한다. 결국 개인의 성장과 조직의 성장은 맞닿아 있다. 우리가 해야 하는 성과관리의 미션은 성장이라고 해도 과언이 아니다.

그럼 성과와 성장은 어떤 상관관계가 있을까? 성장은 수많은 성과

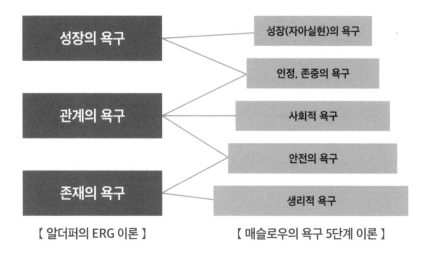

성장의 욕구	성장(자아실현)의 욕구
관계의 욕구	인정, 존중의 욕구
	사회적 욕구
존재의 욕구	안전의 욕구
	생리적 욕구

【 알더퍼의 ERG 이론 】　　【 매슬로우의 욕구 5단계 이론 】

의 누적을 통해 켜켜이 쌓인다. 성과 공식처럼 이야기해 보면 '성과의 누적 = 성공 경험', '성공 경험의 누적 = 성장'이라고 볼 수 있다. 다시 말해 성장의 성공적이고 좋은 재료가 바로 성과다.

그렇다면 성과나 성장은 단순한 결과에 불과한 것일까? 아니다. 둘다 연속적인 속성이 있다. 개인과 조직의 성장이 단순히 키(신장)에 불과한 것이 아니기 때문에 특정 시점에 성장을 멈출 수는 없다. 그래서 많은 기업이 장기적인 전략으로 지속 성장 가능성을 고민하는 것이다.

그렇다면 성과는 결과로 이야기할 수 있을까? 스냅샷을 찍듯이 특정 시점의 결과로 제한할 수는 있지만, 성과도 마찬가지로 연속적인 과정이다. 따라서 성과관리를 잘하기 위해서는 지속적인 과정을 잘 관리해야 한다.

크고 작은 성과를 통해 성공 경험을 갖게 되고 성장의 모습으로 나타날 수 있다. 그 성장은 또 하나의 성과가 되어 더 큰 성장의 모습을 기다리고 있다. 이러한 연속성을 잘 이해하고 일하는 과정에서 숙련된 업무 효율성으로 성과와 성장을 지속시킬 수 있다면 프로 일잘러의 꿈은 어려운 일이 아니다.

조직 내에서 만들어지는 성과의 재료는 여러 요소로 구성되지만, 그 핵심 재료는 개인이 가진 업무 역량이라고 말할 수 있다. 개인의 역량을 높이는 것이 바로 업무 효율성을 높이는 길이다. 단순한 논리다. 개인의 역량이 높아지면 업무를 빠르고 높은 수준으로 수행할 수 있어서 효율성이 높아질 수밖에 없다. 다시 말해 개인의 역량을 높이는 것은 성과를 만들고 성공 경험을 하는 지름길이며, 성장의 열쇠가 된다.

'역량-성과-성공-성장'으로 이어지는 연속성을 포괄적으로 봤을 때, 개인의 성장과 조직의 성장을 이야기하는 수많은 기업의 지향점은 어찌 보면 자연스럽고 당연한 모습이다. 개인과 조직의 성장 시너지 측면에서 성과관리의 이유를 찾아볼 수 있다.

바야흐로 AI의 시대다. 그만큼 기술의 발전이 가속화되고 있다. '열심히'만으로는 한계가 있다. 한정된 자원과 시간 속에서 업무 효율을 높일 수 있는 성과관리를 지속해야 하는 이유다. 그것이 조직의 성장에 기여하고 나 자신도 성장 경험을 가져가며 동기부여할 수 있다.

4차 산업 혁명의 시대와 미래에는 일이 계속 생기고 없어지고 변형될 것으로 전망하고 있다. 일이 유동적이라는 것은 관리해야 할 성과도 유동적이라는 말이다. 그 안에서 숙련된 기술로써 업무 효율성이 중요하게 작용한다.

회사에서 일을 통한 성장을 추구한다고 했을 때 핵심은 '새로운 일'이다. 그러기 위해서는 끊임없이 새로운 일에 대한 관리 즉 유연한 성과관리를 지속해야 한다. 성과관리는 일하는 한 숙명이고 자연스럽게 받아들여야 하는 책임과 의무다.

퍼포먼스 다이어리
성과 기록의 중요성

보통 일하는 과정을 거치면서 수많은 기록을 남기게 된다. 하지만 혼재되고 산재하여 있을 수 있다. 아무리 탁월한 성과를 내는 사람이라 하더라도 조직 내에서 성과 어필은 필수다. 우리는 모두 일잘러가 되고 싶지 않은가? 업무 성과를 잘 관리하고 드러내기 위해서 성과 기록을 잘 정리해야 한다.

매일 발생하는 무수한 성과 그리고 특정 시기마다 의미 있는 매듭이 지어지는 성과, 의식적으로 포장하고 정리해야 하는 성과, 중간 과정으로써 짚어 봐야 하는 성과, 이러한 성과의 기록을 관리하는 것이 중요하다.

일을 통해 쌓여 가는 업무 기록 또는 성과 기록은 서로 연결되어 또 하나의 '생각의 고리'로 시너지 효과를 낸다. 5년 전 성과 기록이 오늘의 성과 기록과 결합해 새로운 성과로 나아가는 모멘텀이 될 수도 있다.

리더로서는 나의 성과 기록과 동료의 성과 기록이 더해져 더 나은 성과로 정리되기도 한다. 이것이 조직 내에서 성과 기록을 해야 하는 또 하나의 이유기도 하다. 즉 성과가 또 다른 성과를 낳을 수 있고, 작은 성과가 더 큰 성과로 향상될 수 있다. 결과적으로 성과 기록이라는 소통의 매개체로써 업무 효율성을 높여 볼 수 있는 것이다.

매일 바쁜 일상 업무를 수행하며 시간에 쫓기곤 한다. 보통 일할 때는 계속 발생하고 떨어지는 일을 처리하기에 급급하지만, 그 업무 성과를 기록하고 정리하는 시간도 꼭 필요하다. 회사에서 사용하는 시스템도 좋고, 개인적으로 쓰는 툴도 좋다. 아날로그 감성의 경영 수첩도 좋다. 나만의 퍼포먼스 다이어리(Performance Diary)를 정기적으로 쓰면서 성과 기록을 정리하는 것을 추천한다.

E 기업은 IT 업종의 대기업 계열사로, 모회사의 제도를 무분별하게 차용하기도 하고, 20년이라는 업력 속에서 2~3개의 작은 회사를 인수하기도 했다. 그러다 보니 성과관리 제도가 다소 복잡하고 그때그때 덧붙여져 있는 상황이었다. E 기업은 성과관리 제도에 있어서 유사한 3개의 프로세스를 운영하고 있었다.

첫째, 업적 평가는 국내 기업에서 흔히 평가 방식으로 활용하는 목표 관리의 프로세스였다. 연초 목표를 수립하고 가중치 점수에 따라서 성과를 평가한다. 둘째, 역량 평가는 공통 역량, 직무 역량, 리더십 역량을 구분하여 회사에서 성과를 내기 위해 강조하는 역량에 적합한지를 점수화해서 평가한다. 셋째, IDP(Individual Development Plan, 자기 계발 계획)는 경력 개발 단계를 수준별로 구분하여 그 경로에 따라 본인의 현재 수준과 다음 수준 사이에서 강점과 보완할 점을 평가한다.

세 가지의 프로세스가 성과관리 측면에서 유사한 부분도 있고 겹치는 부분도 있었다. E 기업의 고민은 많은 공수를 들이는 이 세 가지 제도의 활용이 애매했다는 점이다. 멋진 이름으로 세 가지 제도와 절차가 있었지만, 그 결과물이 오히려 뒤죽박죽 섞여서 제대로 활용되지 못하였고, 리더나 임원들이 어려워하는 것이 문제였다. 성과관리를 위한 실질적인 개선이 필요한 시점이었다.

그래서 E 기업은 업적 평가, 역량 평가, IDP라는 세 가지 제도를 하나로 통합해서 '상시 성과관리'라는 제도로 개편하였고, 시스템도 파격적으로 변화시켰다. 기존에는 HR 부서의 관리 목적으로 구성원의 리소스를 많이 소모하는 제도와 시스템이었다면, 새롭게 변화된 모습은 실제 현업 구성원이 성과를 관리하기 위해 도움이 되는 제도와 시스템을 지향하고 있었다.

목표, 역량, 경력 개발 단계별로 정해진 수많은 항목을 입력하는 형식적인 프로세스가 아니라 자율적이고 유연하면서 단순한 시스템으로 바뀌었다. KPI, 직무 역량, IDP 등의 단어로 성과를 복잡하게 설명하지 않고, 회사-팀-개인의 성과에 기여하는 것이라면 그 어떤 것이라도 상시로 성과를 기록하고 소통하며 피드백을 받는 제도로 변화하였다.

E 기업의 궁극적인 목표는 상시로 성과를 기록하는 것이 조직 문화로 내재화되는 것이다. 조직 구성원 누구나 당연하게 성과를 자유롭게 기록하고 그것에 대해서 소통하는 것이 자연스러운 문화가 되고, 개인 성과와 조직 성장 관점에서 시너지를 내는 모습이다. 이렇게 변화를 추진한 E 기업처럼 상시 성과 기록은 글로벌 트렌드만이 아닌 국내 기업들이 업무 효율성을 높이기 위해 조금씩 시도하고 있는 실험적인 발걸음이라고 볼 수 있다.

E 기업의 사례로 알 수 있었던 것은 성과관리 활동이 실제 현장에서 수행하는 업무와 무관하면 안 된다는 것이다. 개인의 일과 무관한 목표로 평가받고, 내가 기여할 수 없는 조직의 경영지표로 너무 큰 비중의 평가를 받는 것은 공정성에 이슈를 가져올 수 있다.

국내 기업을 보면 어떤가? 모든 인사의 불만은 기승전 '평가' 혹은 기승전 '연봉'이다. 이 모든 것이 바로 일을 관리하는 성과관리에서부터 시작한다고 볼 수 있다. 성과관리 과정을 일과 밀접하게 연관시키고, 상시 성과 기록을 남기며 피드백하고 소통하는 것이 평가라는 절차의 공정성을 높일 수 있다. 이 공정성을 100%로 만들 수는 없겠지만, 바꿔 말해서 구성원이 이해하고 수용성을 최대한 높이는 방향이다.

따라서 성과 기록의 중요성이라는 것은 김대리가 스스로 하는 일의 진행 상황과 업무 실적을 어필하는 데에도 중요하고, 최팀장이 팀 성과를 높이기 위해 팀원에게 피드백하고 동기부여하는 데에도 중요하다. 물론 성과 기록을 자주 못하고 미흡하다고 해서 성과관리가 안 된다고 할 수는 없다. 실질적인 소통과 피드백이 더 중요한 것은 맞다.

하지만 우리는 AI가 아니다. 적절한 시점에 메모하고 기록하며 그것을 또 정리해서 보고하는 과정을 반복해야 한다. 그래서 성과 기록은 성과관리를 업무 효율적으로 잘하는 데 필요한 행동이다.

지금까지 성과관리에 대한 이해를 높이기 위해 관리의 대상인 성과에 대해서 알아보았다. '성과관리는 곧 일 관리다'라는 단순한 명제도 수립해 보았다. 성과관리를 하는 이유를 '성장'이라는 궁극적인 목적에서 찾아보기도 했다. 그리고 성과관리의 중요성을 기록이라는 소통의 매개로 강조하였다. 이제 성과관리를 업무 현장에서 잘하기 위해서는 어떻게 해야 하는지 구체적으로 알아보자.

성과관리로 업무 효율화를
높이는 방법

성과관리 과정에서
중요한 것은 목표다

매일 출근하는 조직에서 일잘러로 성장하기 위해 성과관리라는 지속
적인 반복이 필요하고 중요하다는 것을 살펴보았다. 그 중요한 반복의
시작은 늘 '목표(Goal)'여야 한다. 성과를 측정하기 위해서도, 과정 관리
하기 위해서도 중요한 잣대가 되는 것은 목표다. 목표를 수립하고 상시
로 점검하고 그 결과에 대해서 리뷰하는 것이 성과관리라는 하나의 사
이클(Cycle)이다.

　목표는 그 중요한 사이클의 첫 단추인 셈이다. 따라서 하루의 목표
가 될 수도 있고, 한 달 단위의 목표가 될 수도 있으며 흔히 조직 내에

서 일반적으로 사용하는 연간 단위의 목표가 될 수도 있다. 이러한 목표들이 왜 중요할까? 목표의 수준이나 특성, 사업 전략이나 조직의 장기 목표와 어떻게 연결되어 있느냐에 따라서 성과관리 활동의 효율성에 영향을 주기 때문이다.

S 기업은 다양한 산업을 영위하는 중견 기업이다. 오너 기업으로 경영 방식이 탑다운으로 강하게 움직이며, 도전적인 목표를 중요하게 생각하는 기업 문화를 가진 곳이다. 예를 들어 등산을 할 때, 300m 높이의 동네 뒷산 정상을 오르는 것보다 더 높은 북한산(정상 약 835m)을 절반만 올라도 400m 넘게 오르게 된다는 경영 철학을 중요하게 생각한다고 보면 된다.

S 기업은 목표 수립 단위를 일·주·월 단위로 세분화해서 관리하는 것을 추구한다. 모든 목표를 다 달성하는 것보다 높은 목표를 세워 관리를 꾸준히 하는 것만으로 의미가 있다는 메시지를 구성원에게 강조하고 있다.

주·월 단위 성과관리 방법은 이렇다. ① 주요 과제-② 현재 상태-③ 목표-④ 일정-⑤ 업무 계획을 정리해서 단위 기간별로 평가하고 피드백한다. 해야 하는 업무에 대해서 AS-IS와 TO-BE를 비교하며 그 차이를 줄이기 위해 성과 목표를 잡고, 이를 위한 업무 계획 또는 이슈나 문제를 해결하는 방안을 관리하면서 업무 효율성을 높이는 형태라고 볼 수 있다.

일 단위의 성과관리 방법은 더 단순하지만 같은 맥락이다. ① 업무-② 목표(기대 결과)-③ 소요 시간-④ 문제 해결 방안을 정리해서 매일

【 월·주 단위 성과관리 방법 】

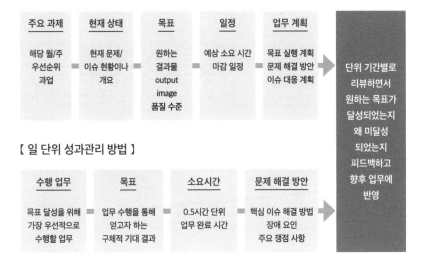

주요 과제	현재 상태	목표	일정	업무 계획	
해당 월/주 우선순위 과업	현재 문제/ 이슈 현황이나 개요	원하는 결과물 output image 품질 수준	예상 소요 시간 마감 일정	목표 실행 계획 문제 해결 방안 이슈 대응 계획	단위 기간별로 리뷰하면서 원하는 목표가 달성되었는지 왜 미달성 되었는지 피드백하고 향후 업무에 반영

【 일 단위 성과관리 방법 】

수행 업무	목표	소요시간	문제 해결 방안	
목표 달성을 위해 가장 우선적으로 수행할 업무	업무 수행을 통해 얻고자 하는 구체적 기대 결과	0.5시간 단위 업무 완료 시간	핵심 이슈 해결 방법 장애 요인 주요 쟁점 사항	

리뷰하고 피드백한다. 마치 To Do List 형식으로 과업에 대해 기대 결과를 적고 이를 위해 당장 해야 하는 일이 무엇인지 얼마나 걸리는 지를 적는 식이다.

직장인이라면 공감할 것이다. 일·주·월 단위로 목표를 관리하고 피드백한다면 그 달성 여부를 떠나서 업무 효율성이 상당 수준일 것이다. S 기업의 목표 관리 사례에서도 알 수 있듯이 목표를 통해 성과관리 활동을 잘하는 것은 업무 효율성을 높이는 데 중요하다.

목표의 중요성을 인지했다면 좀 더 생각의 폭을 넓혀 보자. 좋은 목표는 무엇일까? 도전적인 목표, 구체적인 목표, 합의된 목표, 수치화된 목표 등 모두 맞는 말이다. 한마디 보태자면 하던 일을 목표로 잡는 것도 중요하지만, 해야 하는 일을 목표로 잡는 것도 중요한 고민 포인트다.

그러면 회사의 경영 실적에 기여하는 데 필요한 일은 무엇일까? 우리 팀의 성과에 도움이 되기 위해 나는 어떤 목표를 수립해야 할까? 이러한 질문들이 목표의 의미와 가치를 높이고 조직 내에서 좋은 목표가 되는 조건을 갖추게 된다.

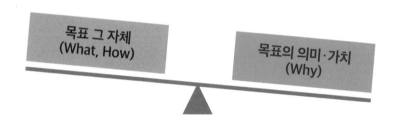

때론 목표를 세웠지만 일하다 보면 목표와 무관한 일을 할 때도 있다. 그럴 때일수록 진정한 목표를 다시 돌아봐야 한다. 단순히 일해서 기계적으로 산출되는 아웃풋에 집착하고 있는 것은 아닌지 진정한 기대 결과인 아웃컴의 관점에서 돌아볼 필요가 있다.

또한 목표의 속성으로 볼 때 행동 중심의 목표(Do)와 결과 중심의 목표(Be)로 구분해서 예를 들어볼 수 있다. 목표를 '다이어트'라고 했을 때 행동 중심의 목표(Do)는 '주 3회 운동'으로 수립할 수 있고, 결과 중심의 목표(Be)는 '몸무게 7kg 감량'으로 수립해 볼 수 있다. 어떤 목표가 더 좋아 보이는가? 다이어트의 목표는 운동이 아니라 체중 감량이다. 바로 아웃풋보다 아웃컴에 집중해야 하는 이유다.

지속적인 성과관리 과정에서 수많은 목표를 수립할 것인데, 일잘러가 되고 싶다면 그 첫 단추를 잘 끼우는 연습을 부단히 노력해야 한다.

이러한 연습이 업무 효율성을 높이는 결과를 가져올 것이다.

사실 목표를 세우는 일은 조직 단위 리더의 몫이라고 생각할 수 있다. 조직 관점에서 리더가 역할을 더 해야 하고 가치를 부여해야 하는 일이다. 하지만 그들도 직장인이고 고민이 되는 부분이다. 그 고민이 고스란히 성과관리에 영향을 미친다는 것이 중요한 대목이다. 리더가 성과관리를 하는 과정에서 가장 어려워하고 고민을 토로하는 부분이 목표를 세울 때다.

"매년 도전적인 목표를 세우라고 위에서 떨어지니 목표 수준에 따라 과제 배분하기 어려워요"

"정성적인 목표는 세부적인 지표나 달성 수준을 잡기가 너무 힘들어요"

"저조차도 목표 수준에 대해서 이해하기 어려운데, 팀원에게 합의를 요구하기 민망해요"

"예상치 못한 일들이 계속 발생하는데 팀원이 목표와는 동떨어진 일을 더 많이 해요"

본인 성과뿐만 아니라 다수 팀원의 성과를 관리하는 리더들의 목소리를 통해 알 수 있는 것은 성과관리의 시작인 목표에서부터 막힌다는 것이다. 이들에게는 목표 관리가 업무 효율성에 영향을 미치는 것이고, 이는 팀원에게도 그대로 전해진다.

그렇다면 목표 관리를 잘하기 위해서 또 다른 방법은 없을까? 다양한 목표 관리 관점에서 업무 효율성을 높일 방법에 대해 알아보자.

OKR,
성과관리의 매직 솔루션인가

성과관리를 이야기할 때 늘 따라오는 것은 목표 관리 도구다. 성과관리의 역사와 발전으로 볼 때, 산업혁명 이전의 원시적인 노동 관리가 있었고, 산업혁명 이후 테일러리즘(Taylorism)이라고 불리는 과학적 관리법이 등장했다. 이는 작업의 생산성 증대라는 목적으로 현재의 성과관리 방법의 초석이 되었다. 그리고 20세기 중반 목표 설정 이론과 함께 MBO(Management By Objectives, 조직 목표 달성을 위해 조직 구성원에게 개별적인 목표를 부여하고, 각 목표의 유기적 관리를 통해 조직 전체의 효율성을 높이는 성과관리 기법), BSC(Balanced Score Card, 재무적 관점 외에 고객, 내부 프로세스, 학습과 성장 측면의 세 가지 비재무적인 관점까지 균형적으로 관리하도록 도와주는 성과관리 기법) 등의 성과관리 기법으로 발전하였다.

그런데 현재 국내 기업에서는 MBO, BSC, KPI는 과거의 산물, OKR(Objectives Key Results)은 최신 트렌드인 것처럼 인식되고 있다. 하지만 실제로는 같은 맥락에 있는 목표 관리 도구다. 성과라는 결과를 만들어 내기 위해 목표를 수립하고 계획을 세워 실행해야 하는 것은 자연스러운 일이다. 그래서 목표 관리 역시 성과관리와 일맥상통한다.

그런 점에서 OKR도 성과관리를 위한 방법론 중의 하나일 뿐이다.

1954년	1968년	1974년	1999년	2017년	2018년 이후
MBO 창안 By 피터 드러커	인텔의 iMBO로 발전 By 앤디 그로브	인텔 OKR 창안 By 존 도어	구글 OKR 도입 By 존 도어	존 도어 《OKR》 출간	국내외 기업의 OKR 열풍

정답도 아니고, 최신 유행도 아니고, 매직 솔루션도 아니다. 즉 OKR을 한다고 일을 잘하는 것도, 잘하게 되는 절대 진리는 아니라는 것이다.

MBO에서 OKR로 발전한 목표 관리에 대해서 거슬러 올라가 보자. MBO(1954년)를 창안한 피터 드러커의 성과관리 프레임을 존 도어가 다른 관점으로 업그레이드한 것이 'OKR'이다. 인텔에서 적용한 것이 1970년대, 구글에서 적용한 것이 1990년대. 중년이 넘은 성과관리 방법론을 마치 챗GPT인처럼 쓰고 있는 것일지도 모른다.

하지만 저성장 시대, 불확실성이 지속되는 경영 환경, 즉각적인 피드백을 원하는 세대의 변화 속에서 기업들이 빠르게 대응할 수 있는 유연성을 갖추기 위해 주목받은 것이 OKR이라는 점에서 의미가 있다. 특히 생존이 중요하고 시장 경쟁 속에서 목표가 수시로 바뀌는 성과관리 사이클에서는 OKR이 부각될 수밖에 없다. OKR이 기존에 없던 새로운 성과관리 방식이나 도구는 아니라고 생각한다. 어떻게 하면 목표를 잘 관리할 수 있고, 성과를 향상해서 효율적으로 일할 수 있겠냐는 본질적인 고민이 중요한 것이다.

OKR의 주요한 특징을 하나씩 살펴보면서 업무 효율성을 높일 수 있는 통찰을 얻어 보자.

첫째, OKR은 평가 목적이 아니라 실질적 성과를 중요시한다. 앞에서 언급한 S 기업처럼 목표 수준을 높게 설정하고 새로운 도전과 혁신을 강조하면서 실질적인 성과 향상에 집중한다. 흔히 이야기하는 '가슴 설레는 목표'를 수립하고 한 걸음 한 걸음 나아가는 것만으로도 의미가 있다는 말이다.

둘째, OKR은 전사적 공유와 얼라인먼트를 강조한다. 개인 - 팀 - 본부 - 회사의 목표가 올바르게 정렬을 이루고 전사에 공개되어 하나의 방향으로 몰입할 수 있는 협업을 중요시한다. 모든 조직과 구성원의 목표가 공개되는 것만으로도 업무 효율성은 올라갈 환경이 갖춰지게 된다. 서로 연결된 목표와 그 효율성을 고민하기 때문이다.

셋째, OKR은 CFR이라는 가치를 통해 성과 창출 과정을 상시로 강조하고 조정한다. 변화하는 업무 환경에 대응하며 1on1 대화를 통해 상시 소통과 피드백을 중요하게 생각한다. 소통하는 과정에서 성과에 대한 관리가 효율적으로 이루어지게 된다.

OKR 철학에서 CFR의 의미

Conversation	성과관리를 하는 이해 관계자 간의 수평적인 대화 (성장 지향 소통)
Feedback	보완해야 하는 행동을 개선하고 성과를 향상시키도록 하는 대화 (약점 개선)
Recognition	인정·칭찬을 통해 우수하고 모범적인 행동을 지속하도록 하는 대화 (강점 지속)

성과관리는 MBO 기반으로 KPI라는 도구를 활용해서 운영됐고, BSC 관점을 통해 실적 외 요소로 다양하게 발전하였다. 현재 OKR의 가치가 주목받는 이유를 이해하고 내가 일하는 조직의 성과관리 틀에 적용하면 된다. 가슴 설레는 도전적인 목표, 적극적인 동기부여, 목표 얼라인먼트, 육성형 코칭과 피드백은 지금 하는 성과관리 제도에서도 얼마든지 부분 개선으로 구현할 수 있다. 꼭 OKR이라는 거창한 제도를 무조건 도입해야 한다거나 시장 경쟁력이 있는 새로운 시스템을 구축해야만 가능한 것이 아니라는 말이다.

내가 하는 일이나 리더십의 관점에서도 도전, 몰입, 소통이라는 OKR의 가치를 벤치마킹할 수 있다. 그 중요성을 이해하고 현업에 적용했을 때, 상시적인 과정 관리를 강조할 수 있고, 1on1 미팅을 통한 인정과 칭찬으로 업무 효율성을 높이는 피드백을 할 수 있게 된다. 결국 어떤 방법론이 우리 조직과 나의 일에 효율적인가를 판단하여 적용하는 것이 필요하다.

우리는 KPI에 시달리고 있다

직장인들이 귀에 못이 박히게 듣는 단어가 바로 KPI다. KPI를 그대로 풀어서 쓰면 핵심 성과지표(Key Performance Indicators)다. 성과관리를 할 때, 그 성과를 측정하고 평가하기 위한 하나의 지표라는 말이다. 하지만 회사에서는 KPI를 여러 가지 의미로 사용한다.

- 김 매니저, 연말 평가 기간인데 KPI 했어?
  → '평가 전체'를 의미한다

- 배 매니저, KPI 수립했어?
  → '목표'를 의미한다

- 최 팀장, 이번에 KPI는 영업 이익률로 해야겠어
  → '세부 지표'를 의미한다

직장인이라면 기승전 연봉에 버금가는 기승전 KPI라는 말을 공감할 것이다.

그럼 '세부 지표'라고 봤을 때, KPI는 어떤 형태로 존재할까? 정량지표를 먼저 알아보자. 대기업이나 체계가 있는 회사는 업종과 직무 특성에 따라 KPI 정량지료(예 : 시장 점유율, 고객 만족도 지수 등)를 DB화해 놓는다. 그래서 구성원이 손쉽게 취사 선택을 할 수 있다.

그다음 정성지표를 알아보자. 정성지표는 목표 수립도 어렵고 조직 내에서도 딜레마라고 할 수 있다. 업무 특성상 목표가 과제 형식이고 그 수준을 측정하기 어렵다. 상위의 목표를 KPI로 잡는 경우인데, 어쩔 수 없는 일도 있고 잘못 잡은 일도 있다.

예를 들면 성과관리 시스템 고도화, 시장 브랜드 강화, 고객 만족도 향상, 사업 경쟁력 제고 등과 같은 KPI가 수립된 경우다. 이때는 몇 가지 팁이 있다.

첫째, 적시성 측면에서 KPI를 구체화한다. 과제의 일정 기한이나 이 정표(Milestone)를 정하는 것이다. (예 : 3분기 내 보고 및 4분기 시행, 상품 브 랜드 기획 3월 준수 및 마케팅 프로그램 6월 실시 등)

둘째, 서브 과제를 최대한 정량화한다. 부득이하게 KPI는 '고객 만 족도 향상'으로 설정하였더라도 서브 과제를 쪼개서 하나하나 정량 적으로 측정할 수 있도록 구분하는 것이다. (예 : 고객 대응 및 피드백 속도 10% 향상, 고객 불만 처리 프로세스 신규 도입, 고객 유지율·고객 충성도(NPS, Net Promoter Score) 지표 3% 증대 등)

셋째, 평가까지 고려하여 KPI별 성과측정 방법을 정한다. 도저히 정 량화하기 어렵다면 S등급일 때의 과제 상태, A등급일 때의 진행 상태 등을 세부적으로 사전에 정의하는 것이다. (예 : 목표가 '성과관리 체계 개선' 이라고 하면 S등급은 '도전적 목표 달성을 위한 차별화된 성과관리 제도의 성공적 도 입 및 우수 사례 확보', A등급은 '원하는 성과관리 제도의 방향으로 개선 및 구성원 설명회 완료', B등급은 '목표한 성과관리 제도 개선 과제 중 일부만 개선 시행', C등 급은 '업무 지연 및 이슈로 제도 개선 없이 현재 제도 유지')

이러한 팁들이 애매모호한 정성지표를 KPI로 관리할 때 도움을 줄 수 있다.

KPI를 수립할 때 고려해야 할 것이 또 하나 있는데, 바로 개인-팀- 본부-회사의 목표가 얼라인되어 있어야 한다는 점이다. 말 그대로 잘 정렬되어 있어야 한다는 것인데, 성과관리 측면에서 쉽게 이야기하면 나의 목표가 상위 조직과 유기적으로 연결되어 있어야 하고, 내가 성 과를 내면 상위 조직의 성과에 자동으로 기여가 되어야 한다. 즉 KPI를

성과관리 제도 개선 과제 ERRC 적용 예시

복잡하고 불필요한
절차 제거

Eliminate
(제거)

Raise
(증가)

교육 시간·횟수
2배 증대

주관적인 평가
요소 최소화

Reduce
(감소)

Create
(창조)

성과관리 시스템
신규 도입

1. Eliminate(제거)

• **목표** : 복잡하고 시간 소모적인 성과평가 절차를 제거하여 성과관리 과정의 효율성을 증대

• **KPI 지표 관리 예시** : 역효과와 부작용이 있는 역량 평가 절차를 폐지

2. Reduce(감소)

• **목표** : 평가의 공정성을 높이기 위해 성과평가에 주관적이고 임의적인 개입 요소를 줄이기

• **KPI 지표 관리 예시** : 주관적 평가 요소인 정성목표 비중을 최대 30%로 제한하는 기준 신설

3. Raise(증가)

• **목표** : 구성원 성과관리 역량 강화를 통해 성과 피드백의 빈도와 성과관리의 질 강화

• **KPI 지표 관리 예시** : 평가자와 피평가자 대상 교육 시간과 횟수 2배 이상 확대

4. Create(창조)

• **목표** : 데이터 기반의 성과관리 시스템 신규 구축을 통해 상시 성과관리 실현

• **KPI 지표 관리 예시** : AI 기반 성과관리 시스템 신규 도입 프로젝트 Kick-off(내년 전사 시행)

잘 수립하고 관리하는 것도 성과관리라는 큰 과정에서 업무 효율성으로 인정받을 수 있는 영역이다. 내게 주어진 업무를 잘 이해하고, 이를 세분화하여 KPI 지표로 관리하여 그 지표로 조직의 목표에 기여하는 것이 업무 효율성을 높이는 방법이다.

업무를 세분화하여 KPI를 관리할 때, 고려하면 좋은 도구가 바로 ERRC다. ERRC는 Eliminate(제거), Reduce(감소), Raise(증가), Create(창조)의 약자로, 전략과 혁신을 위한 프레임워크 도구로 많이 활용된다. 성과관리에서도 예외는 아니다. 인사팀의 KPI 관점에서 ERRC로 쉬운 예시를 들어 보면 180쪽과 같다. 이렇게 세분화해서 KPI 지표를 다각화해 보면 더 효율적으로 성과관리를 할 수 있게 된다.

국내 기업에서 KPI를 관리하는 것이 숙명이라면, 효율적으로 관리하는 노하우를 알 필요가 있다. 다음은 KPI를 잘 관리하는 일잘러의 3가지 특징이다.

첫째, 일잘러는 정해진 일정 안에 성과를 낸다. KPI를 관리할 때 항상 따라다니는 것은 기한이다. 일반적으로 연간 단위가 많고 프로젝트 성과라면 마감 기간이 있다. 시간, 자원, 역량은 한정되어 있는데, 효율적으로 활용하여 정해진 기한 안에 원하는 성과를 만들어 내는 것이 중요하다. 100%라는 결과물은 어렵겠지만, 일잘러는 정해진 일정 안에서 최고의 성과를 만들어 낸다. 모든 일이 100% 완벽히 검토되어야 하는 것은 아니다. 일에 따라 어떤 일은 90%만, 어떤 일은 70%만 검토되어도 된다. 그것을 구분할 수 있는 실력이 중요하다. 이것이 업무 효율성이다. 결국 성과관리는 일정 관리에 있어서도 중요한 몫을 한다.

둘째, 일잘러는 일이 진행되는 과정을 상시로 보고한다. 보통 과업이 주어지면 착수-경과-결과의 관점에서 업무 계획을 보고하는 것이 일반적이다. 일의 기간이나 단위에 따라 결과 보고만 하기도 한다. 하지만 실제 업무 현장은 어떤가? 동시다발적으로 진행되며 한 번에 끝나지 않는 경우가 허다하다. 그래서 일이 진행되는 과정을 잘 관리하면서, 의사 결정자인 상위자가 불안하지 않게 중간중간 일의 상태를 보고하는 것이 중요하다. KPI가 잘 온고잉(On-Going) 하고 있다는 것을 증명해야 한다.

셋째, 일잘러는 이슈나 변수가 발생했을 때 대안을 함께 제시한다. 모든 일이 순탄하게 진행되지는 않기에 문제와 이슈에 대비해야 한다. 일잘러는 이슈가 발생했을 때 리스크만 언급하지 않는다. 그 리스크를 줄이는 문제 해결 방안을 같이 내놓는다. 비록 완벽히 해결되지 않을지라도 차선책과 여러 옵션을 준비하여 보고한다. 업무 담당자의 문제가 아니라 회사나 조직 차원의 구조적인 문제라면 이때 KPI 지표나 목표 수준이 수정되기도 한다. 이 과정이 없으면 넋 놓고 있다가 연말에 일을 못한다는 소리를 듣고 좋지 않은 평가를 받을 가능성이 크다. 즉 KPI를 관리하면서도 목표와 평가까지 고려하여 대응하는 것이 업무 효율성을 높이는 방향이라고 할 수 있다.

지금까지 성과관리의 기술적인 노하우를 알아봤는데, 근본적인 성과관리 철학 측면에서 보면 어떨까 싶다. 근본적인 철학이라는 것은 바로 인풋(시간)과 아웃풋(성과)의 측면에서 어떻게 성과관리를 해야 하는지에 대한 것이다.

근무 형태의
효율성과 성과관리

근무 형태의 유연성을 이야기할 때 시간(Time)과 공간(Space)의 측면으로 많이 이야기한다. 코로나 상황에서는 비대면 즉 다른 공간으로 인한 근무 형태 변화가 주를 이루었다. 하지만 비동기 즉 다른 시간으로 인한 근무 형태 유연화도 중요한 대목이다. 가령 팀장은 오전 7시에 출근해서 오후 4시에 퇴근하고, 팀원은 오전 10시에 출근하고 오후 7시에 퇴근한다고 했을 때, 둘의 협업과 소통 시간은 매일 3시간씩 엇갈리는 셈이다. 그래서 비대면 못지않게 시간의 유연화도 큰 영향력을 미치는 요소다.

무엇이 되었든 근무 형태의 유연화와 다원화에 있어서 핵심은 생산성 곧 업무 효율성이다. 코로나로 인한 방역 때문에 근무 형태가 변화되기 시작한 조직이라 하더라도 지금부터는 업무 효율성을 높이는 방향으로 성과관리가 이루어져야 한다. 유연근무는 업무 효율적이라는 관점 전환이 많은 기업에 '할 수 있다'가 아니라, '하는 게 좋다'가 되는 계기가 된 것이 아닐까?

F 기업은 유연근무 제도가 있었지만, 한두 시간 출퇴근을 조정하는 시차 출퇴근조차 편히 할 수 없는 곳이었다. 경영진의 마인드가 모두 같은 시간 같은 공간에 있어야 일이 효율적이라고 생각했기 때문이다. 코로나 국면에 들어서면서 방역을 위해 어쩔 수 없이 유연근무와 재택근무가 시행되었다. 시간도 유연하게 사용하기 어려웠던 조직인데, 일

하는 공간이 자유로워지면서 그것을 경험한 직원과 경영진은 고민에 빠진다. 물론 동상이몽이었을 수도 있다.

하지만 인식의 전환이 가속화되면서 유연근무나 재택근무를 대하는 관점이 업무 효율을 높이고 생산성을 극대화하는 방향으로 바뀌게 된 것이다. 직원과 경영진이 완벽한 합의를 이룬 것은 아니었지만, 직원은 업무 효율에 간접적으로 기여하는 복지로써의 근무 형태라고 생각했고, 경영진은 생산성을 우선으로 두고 부분적인 복지 요소로 생각했다.

코로나가 끝난 지금 F 기업의 근무 제도는 어떻게 변했을까? '자율과 책임이라는 가치 아래에서 성과라는 목적에만 문제 되지 않는다면 언제 어디서든 일할 수 있다'가 근무 제도의 철학이 되었다. 리더도 자율적으로 재택근무를 한다. 방역 차원에서 의무적으로 재택근무를 할 때만 하더라도 상대방이 재택근무 일정이면 부담이 되어 연락을 못하고, 화상회의를 하면 되는데도 불구하고 회의 참석자가 모두 사무실에 나올 수 있는 날로 일정을 미루며, 리더는 재택근무하는 팀원에게 과제를 더 부여하고 마이크로 매니징을 하는 조직 분위기의 F 기업이었다. 코로나라는 특수한 상황과 경험이 업무 효율성과 성과관리에 대해서 다시 한번 생각하게끔 하는 계기가 되었다고는 하지만, 실로 엄청난 조직 내 변화라고 볼 수 있다.

여기서 근무 형태의 효율성과 그리고 성과관리의 접점을 잘 들여다볼 필요가 있다. 일이 가장 잘 되는 시간과 공간에서 효율적인 방법을 활용하여 일하면 된다. 그게 바로 생산성을 극대화하고 성과관리가 잘 되는 조건이다. 성과관리를 잘하는 인재는 재택근무를 해도 효율적으로 성과를 창출한다. 하지만 성과관리에 서툰 직원은 사무실에 오래 앉아 있어도 몰입하지 못하고 딴짓하며 업무 효율성을 저하한다. 근무 형태에 맞게 업무의 질 즉 성과를 잘 관리하는 것이 중요하다.

민간 기업에 주5일제가 도입된 지가 20년이 지났다. 이제는 주4일제를 도입하고 검토하는 기업들이 늘어나고 있다. 직장인을 대상으로 벌인 설문조사에서 주4일제에 86.7%가 찬성했고, 긍정적인 이유에 대해서 64.8%가 재충전으로 업무 효율 상승이라고 응답했다. (2024년 5월 〈사람인〉에서 3,576명을 대상으로 진행한 설문조사 결과) 바로 일하는 패턴과 환경이 바뀌고 있다는 방증이다. 앞으로도 업무 효율성과 성과관리는 더 중요해지고 화두에 오를 것이다.

지금까지 성과관리를 통해 업무 효율성을 높이는 방법에 대해서 알아보았다. 그럼 이대로 실행하면 누구나 다 업무 효율성을 높일 수 있고, 일잘러가 될 수 있는 것일까? 그러나 생각만큼 쉽지 않다. 그 이유는 누구나 혼자 일할 수 없고, 조직 안에서 영향력을 주고받기 때문이다.

그렇다면 어떻게 변화하며 성과관리를 해야 할까? 무엇부터 어떤 속도로 해야 할까? 그것에 대해 이야기해보려 한다. 첫째, 사람(People)에 대한 문제다. 리더나 관리자라고 불리는 그 사람들의 리더십과 역량에 대해서다. 둘째, 절차(Process)에 대한 문제다. 제도와 시스템으로 대변될 수 있는 조직 내의 절차에 대해서 알아보겠다.

조직에서 발생하는 성과관리의 문제와 해결 방안

People Skill
: 성과관리 역량의 문제와 해결 방안

업무 효율성 관점에서 성과관리를 잘하기 위해서는 담당자 본인도 중요하지만, 그것을 평가하는 리더의 역량도 중요하다. 하지만 결국 성과관리든 성과평가든 사람이 하는 것이기 때문에 완벽할 수 없고 부작용이 생길 수 있는 점을 이해해야 한다. 이러한 문제를 해결하기 위해서 어떻게 해야 할까? 먼저 성과 커뮤니케이션과 그 평가의 오류에 대해서 알고 있어야 시행착오를 줄일 수 있다. 역지사지의 마인드셋을 통해 성과관리가 더 효율적으로 진행될 수 있도록 알아보자.

업무 환경에서 성과와 관련된 소통을 할 때 주의해야 할 세 가지 유형이 있다.

첫째, 착한 리더 증후군이다. 누구나 긍정적인 피드백을 해 주고 싶다. 하지만 리더, 관리자, 평가자는 인기를 관리하는 자리가 아니다. 그들은 팀의 성과를 극대화하고, 팀원이 각자의 개인 성과를 잘 발휘하여 성장할 수 있는 업무 환경을 만들어 주는 책임과 역할이 있는 직책자다. 물론 파워 F라서 감정이 풍부하고 저성과자에 대한 마음이 안 좋을 수 있다. 하지만 성과 앞에서는 사실에 근거한 명확한 성과 커뮤니케이션을 해야 그 팀원을 위해서도 좋은 피드백이 된다. 착한 리더에게 팁을 하나 주고 싶다. 성과개선이라는 불편한 피드백을 조금 덜 불편하게 전하는 방법은 질문 피드백이다. 문제 상황에서 '장점은 이렇고 단점은 이런데 어떻게 생각하나요?'라고 질문을 던져 보는 것이다. 직접적으로 판단이나 생각을 직언하는 것보다 질문을 통해 고민을 상대방에게 넘기는 것이 노하우다.

둘째, 까라면 까라는 꼰대형이다. 시대가 바뀌었다 한들 여전히 수직적 문화나 상명하복의 지휘명령 체계가 효율적인 조직이 있을 수도 있다. 그래도 성과를 피드백하는 과정이 늘 꾸짖고 지적하며 다그치는 분위기라면 곤란하다. 그 조직이 계속 효율적이라고 장담할 수 있을까? 극 T라서 공감 능력이 떨어지고 칭찬과 인정에 인색한 리더일 수 있다. 하지만 성과 피드백은 성과를 향상해야 한다는 데에 그 목적이 있다. 잘한 것은 잘했다고, 못한 것은 이렇게 해야 한다고 방향을 제시하고 지원해야 하는 것이다. 팀원의 책임을 묻고 잘못만 찾는 것, 태도를 비난하는 것, 낮은 성과만을 이야기하는 것은 감히 효율적인 성과관리라고 말할 수 없다.

셋째, 이도 저도 아닌 회피형이다. 착한 리더에 가까울 수 있지만 더 심각할 수도 있다. 때론 눈 감는 방관이 더 큰 잘못이 되기도 하기 때문이다. 고성과자는 잘하고 있으니까, 저성과자는 말하기 불편하니까, 평균 성과자는 무난하게 할 말이 없으니까, 저마다의 이유로 성과에 대한 소통을 미루는 리더가 있다. 그 리더는 과연 팀원에게 좋은 영향을 주고 있는 것일까? 리더라면 성과에 영향을 미치는 요소와 과정을 관리하면서 회피하지 않고 적극적으로 성과 커뮤니케이션을 해야 할 것이다.

업무 효율성을 높일 수 있는 성과 커뮤니케이션 기법으로, Situation(상황), Behavior(행동), Impact(영향)의 앞 글자를 딴 SBI 피드백 기법이라는 대화 모델이 있다. 업무 상황에서 겪을 수 있는 쉬운 예시로 살펴보면 다음과 같다. 꼭 리더만이 아니라 동료 관계에서도 성과를 피드백하는 노하우로 활용할 수 있겠다.

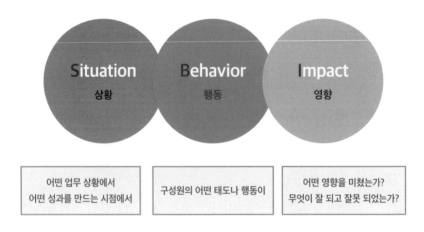

Situation	Behavior	Impact
상황	행동	영향
어떤 업무 상황에서 어떤 성과를 만드는 시점에서	구성원의 어떤 태도나 행동이	어떤 영향을 미쳤는가? 무엇이 잘 되고 잘못 되었는가?

Situation 상황, 때

본연의 업무가 많고 고객 요청이 몰리는 상황에서 지난주 내가 부탁한 과제가 있었는데…

Behavior 구체적인 행동

요청한 기한보다 일찍 준비해 주고 생각지 못한 대안까지 마련해 줘서…

Impact 행동의 영향

덕분에 여유롭게 다양한 사례를 검토할 수 있었고 과제에 대한 고객 승인도 잘 끝났어요.

SBI 피드백 기법은 결과에 대해서만 피드백하는 것이 아니다. 과정과 행동 그로 인한 성과에 미친 영향 측면에서 피드백하고 있다. 결과만 놓고 피드백하면 부정적인 결과를 낳을 가능성이 크다. 결과라는 것은 당장 바꿀 수 없는 것이기 때문에 상대방에게도 부담이 된다. 어떤 과정을 거쳤는지, 어떤 행동을 했는지에 대한 부정적 피드백 또는 긍정적인 칭찬을 해 주는 것이 중요하다. 그래야 건설적이고 의미 있는 피드백이 될 수 있다.

성과 커뮤니케이션에 이어 성과평가를 할 때 필요한 성과관리 역량을 알아보자. 보통 기업에서 성과평가를 할 때 발생하는 일반적인 오류가 있는데, 조직심리학 용어기도 하다. 발생하면 안 되는 상황들을 짚어 보면서 보완해야 할 성과관리 역량을 강조하는 형태로 설명하고자 한다.

첫째, 관대화 또는 엄격화 또는 중심화 경향이다. (Lenience or Strict-ness or Central Tendency) 평가자의 자기 성향이 반영되는 일도 있고, 환경적인 요인이 반영되기도 하는 오류다. 실질적인 성과보다 높거나, 낮거나 아니면 중심으로 일반화할 때 나타난다. 이러한 오류를 줄이는 데 필요한 성과관리 역량 팁은 다음과 같다.

> 성과평가 기준을 정하고 그 기준에 맞는 구체적인 행동이나 사례를 확인하는 것이다. 또한 팀원 간의 동일한 기준으로 상대평가를 통해 성과 수준의 차이를 비교하는 방법도 가능하다.

둘째, 후광 효과(Halo Effect), 혼 효과(Horn Effect), 유사 효과(Similarity Effect)다. 후광 효과는 긍정적인 선입견으로 성과평가도 후광을 받게 되는 것이고, 혼 효과는 부정적인 선입견으로 도깨비 뿔처럼 과소평가를 받게 되는 것이며, 유사 효과는 성과와 별개인 동질감으로 성과평가가 왜곡되는 것이다. 이러한 오류를 줄이는 데 필요한 성과관리 역량 팁은 다음과 같다.

> 성과평가를 하는 과정에서 성과와 무관한 개인적인 감정이나 고정관념이 반영되지 않았는지 점검해야 한다. 특정한 긍정 또는 부정적인 경험이 과도하게 반영된 것인지 유의해야 한다.

셋째, 최근 오류(Recency Error), 초두 오류(First Error), 상동적 오류(Stereotyping Error)다. 최근 실적이나 능력에 대한 경험만으로 평가하거나, 첫인상 또는 첫 경험 사례에 매몰되거나, 사회적 요소(출신, 학력 등)에 편견으로 성과평가를 하게 되는 오류다. 이러한 오류를 줄이는 데 필요한 성과관리 역량 팁은 다음과 같다.

> 시간적 요소에 대한 객관성을 확보하기 위해 성과와 관련된 행동을 처음부터 끝까지 잘 정리해 놓고 균형 있게 반영하는 것이 좋다. 또한 개인과 관련된 환경적 요소에 의해 불합리한 가감점을 한 것은 없는지 점검하는 것도 좋다.

성과관리 역량을 높이는 방법 중에는 조직에서 효율적으로 시너지가 나는 방법이 있다. 바로 성과 피드백을 주변에 요구하는 것이다. 자신이 하는 일에 대해 성과 피드백 받는 것을 마냥 반갑게 기다리는 사람은 없을 거로 생각한다. 피드백을 하는 사람이나 받는 사람이나 모두 압박이 없다면 거짓말이다. 이렇게 불편하고 마주하고 싶지 않지만, 꼭 필요한 것이 바로 성과 피드백 역량을 높이는 것이다.

J 기업은 중견 규모임에도 불구하고 선진적으로 대기업에 버금가는 제도와 문화를 이끌어가는 기업으로 정평이 나 있는 곳이다. 성과관리 제도와 피드백을 하는 문화에서도 많은 고민이 있었다. J 기업은 일찌감치 경쟁보다 협업을 강조하기 위해 절대평가를 도입하였고, 상시로 피드백하는 성과관리 문화를 중요시했다. 그 과정에서 동료 평가를 활

성화하였고, 리더에 대한 다면 평가(본인, 상위자, 동료, 팀원의 360도 평가 방식)로까지 이어졌다. 또한 팀원과 팀장은 1on1 피드백 대화를 수시로 하는 것이 자연스러운 성과관리 방식으로 자리 잡았다.

J 기업의 처음은 미흡했다. 시행착오도 있었다. 피드백을 강조하기 위해 전사적으로 동료 평가를 도입했는데, 처음에는 인기 투표라는 오명도 있었고, 의미 있는 데이터가 수집되지 않아 잘 활용되지도 않았다. 이때 J 기업은 더 과감한 결정을 했다. 동료 평가의 평가자를 본인이 선택하게끔 하고, 평가 의견도 본인에게 공개하도록 했다. 자율성과 투명성을 높인 것이다. 처음부터 동료 평가의 활성화는 결과를 정량화해서 활용해 보겠다는 것이 아니라, 구성원의 피드백 역량을 높여 성과관리의 효율성을 높이자는 취지였다.

제도 정착이 5년 정도 되었을 때 효과는 긍정적이었다. 일상적인 업무 처리 행동을 관찰할 수 있는 동료의 다양한 시선을 반영할 수 있었고, 스스로 동료의 역량을 판단하는 능력이 향상되었다. 피드백 결과로 자기성찰의 효과도 높일 수 있었다. 이는 리더에 대한 360도 평가(리더-임원, 리더-리더, 리더-팀원)로까지 확대하여 적용되었다. 리더십을 진단하고 개발한다는 측면에서 반응이 좋았다. 소수의 팀 조직의 경우 주관식 피드백 결과가 공개되기 때문에 리더가 응답 의견을 유추할 수 있었지만, 오히려 응답자가 공개되어도 이상하지 않을 만큼 자연스러운 피드백 문화로 리더들이 받아들이게 되었다.

그리고 J 기업은 성과관리를 하는 과정에서 매월 1on1 피드백 대화를 하고 성과관리 시스템에 기록을 남긴다. 매월이라는 정기적인 절차가 있지만, 팀원이 언제든 1on1 미팅을 리더에게 요청할 수 있는 시스템의 상시 기능이 있다. 단순히 계획 없이 면담하듯 대화를 하는 것이 아니라 코칭과 피드백할 자료를 준비하고, 체계적인 성과 커뮤니케이션을 진행하며 그 후속 계획에 대해서 시스템에 기록을 남기게 하였다. J 기업은 동료 평가를 통한 구성원의 피드백 역량이 강화된 점과 1on1 미팅 문화를 정착시킴으로써 피드백이 일하는 방식에 내재화된 점을 가장 큰 제도의 성과라고 꼽고 있다.

J 기업의 사례를 통해 알 수 있듯이 성과관리의 역량이 중요한데 그 중 피드백하는 역량에 집중하여 성과관리 문화를 선도적으로 이끌고 있다는 점에서 주목할 만하다. 성과관리를 잘하는 것은 일을 잘 관리하는 것이다. 그리고 그 일을 하는 것은 사람이다. 결국 성과관리 역량은 인재 관리(People Skill)가 중요하다는 것을 증명하는 사례로 볼 수 있다.

Process Trend
: 제도 / 시스템의 문제와 해결 방안

성과관리라는 프로세스는 스타트업이든 대기업이든 중요한 경영 활동 중 하나다. 따라서 성과관리 절차가 무슨 제도로 어떠한 시스템으로 작동하느냐는 효율성을 결정 짓는 요소가 될 수 있다. 먼저 동양의 마스터리 법칙 '수파리'를 인용해 보자.

1단계(수守) 먼저 기본을 지키는 학습과 모방이다. 검증된 선진 성과관리 제도와 절차를 숙지하고 따라 해 보는 것이다.

2단계(파破) 틀을 깨는 시도다. 학습한 성과관리 프레임 안에서 개선해야 할 포인트를 찾고 혁신 과제를 만들어 나가는 것이다.

3단계(리離) 새로운 성공 방식을 재정의한다. 조직과 구성원에게 맞는 성과관리 제도를 만들고 시스템을 구축해서 효율적인 절차로 운영하는 것이다.

성과관리 제도라고 했을 때 구성원이 가장 먼저 떠올리는 성과평가 제도에 대해 그 어려움과 해결 방향에 관해서 이야기해 보자. 성과평가 는 성과관리의 결과물을 정해진 주기에 따라 방점을 찍어서 리뷰하고 정리하는 활동이다.

그동안 성과평가는 상대평가 제도가 주를 이뤄 왔었다. 그런데 2000년대가 넘어서면서부터 변하고 있다. 글로벌 기업뿐만 아니라 국 내 기업들도 성과평가 제도에 있어서 상대평가보다 절대평가의 도입 이 증가하고 있다. 두 제도 중에 어떤 평가제도가 더 나은지에 대한 정 답은 없다. 맞는 옷을 찾아 입듯이 전략적인 판단에 따라 조직이 선택 하면 된다.

'상대평가 vs 절대평가'를 단순하게 이야기할 때 보통 사업 초기에 경쟁을 중시하면 상대평가가 효율적이고, 사업 성숙기의 협업을 중시 하면 절대평가가 효율적이라고 한다. 중요한 것은 얼마나 객관적이고 공정하게 성과관리 프로세스를 운영할 수 있는가의 문제다.

하지만 상대평가의 대명사였던 글로벌 기업 제너럴 일렉트릭(GE)조차도 10년 전에 상대평가를 폐지하고 절대평가로 전환하였다. 그 이유는 무엇일까? 시대가 바뀌고 구성원의 특성이 바뀌며 조직의 경영 환경이 빠르게 바뀌고 있다. 무한 경쟁보다는 성과를 창출하고 성장할 수 있는 역량을 개발하는 목적으로 성과평가의 지향점이 변하고 있는 것으로 해석할 수 있다.

무엇보다 지금까지 강조한 상시 성과관리 즉 일 관리의 효율성은 절대평가 제도 안에서 더 시너지 효과를 낼 수 있다. 그 이유는 사람과 사람으로 비교하는 것이 아니라, 일과 목표, 그 성과에 따라 평가를 하는 것이 절대평가 체계이기 때문이다.

각 제도의 일장일단은 존재한다. 상대평가의 문제는 강제로 평가등급을 할당한다는 것에 있었다. 이에 따라 성과와 무관하게 줄 세워져서 동기부여가 떨어지고 결국 부작용과 함께 우수한 인재가 조직을 이탈하는 현상이 나타났다. 대안으로 절대평가가 주목받았고, 이 제도는 기계적인 상대성을 앞세우지 않고 조직별로 특성의 차이를 인정하여 목표 달성도를 기준으로 평가한다는 점이 장점이었다.

하지만 절대평가도 맹점은 있었으니 가장 큰 이슈는 성과평가의 관대화 경향이다. 다만 이러한 문제는 목표 수준에 대한 합의와 지속적인 소통 그리고 객관적인 평가 기준 수립 등을 통해 어느 정도 해결이 가능한 부분이다. 물론 성과평가에 있어서 완벽한 100%의 객관성과 공정성은 없다고 본다. 단지 구성원의 수용성을 최대치로 높이고 동기부여를 주며 성과 향상을 지원해 주는 프로세스를 갖추는 것이 중요한 부분이다. 기업들은 성과관리 프로세스가 갖춰지면 이를 구현하고 구성원의 업무에 효율적으로 반영하기 위해 시스템을 만들어 활용한다.

마이크로소프트(MS)사는 성과를 의미하는 '퍼포먼스(Performance)' 용어를 '임팩트(Impact)'로 변경하였다. 경쟁적인 성과의 결과치만 강조하는 것이 아니라 구성원의 학습과 경력 개발, 조직 성과의 영향력을 중요시한 것으로 보인다. 그리고 이러한 영향력을 위한 활동과 리뷰는 커넥트(Connect)라는 성과관리 시스템을 통해서 이루어진다. 구성원은 이 시스템으로 실시간 피드백을 받을 수 있다. 즉 MS는 협업을 강조하고 이를 성과관리 시스템에 구현하여 업무 효율성을 높이고자 하였다.

아이비엠(IBM)은 피드백과 코칭을 근간으로 하는 성과관리 체계인 체크포인트(Check-Point)를 도입하였다. 급변하는 경영 환경을 반영하기 위해 목표는 유연하게 수정할 수 있고, 피드백을 주고받을 수 있는 시스템이다. 모바일 애플리케이션(ACE)을 통해 쉽고 빠르게 상시 피드백할 수 있는 성과관리 환경을 갖췄다. 단기 목표를 유연하고 지속해서 피드백하는 시스템으로 전환한 것이 핵심이다. IBM 내부적으로도 경직된 평가 체계를 유연한 상시 피드백 체계로 전환한 것에 대한 효과성을 입증했다고 한다.

어도비(Adobe)는 체크인(Check-In)이라는 새로운 시스템을 통해 전통적인 성과평가 방식의 문제점을 해결하고, 구성원의 성과개선과 동기부여에 성공한 대표적인 기업이다. 연간 평가 이벤트라는 불필요한 스트레스를 줄이고, 정기적인 대화를 통해 지속적인 피드백을 강조하면서 실시간으로 점검하는 방식을 채택한 것이 신의 한 수였다. 체크인이라는 성과관리 체계 내에서는 더 큰 자율성을 강조하면서 직원 스스로 성과관리에 대한 책임감을 느끼고 자발적으로 성과 향상을 위해 노력하게 하는 장점이 주목받았다.

GE는 PD@GE(Performance Development at GE)라는 성과관리 시스템으로 전환하였다. 빠르게 변하는 비즈니스 환경에 민첩하게 대응하기 위해 만든 시스템으로, 직원들이 실시간으로 피드백 받고 성과를 개선할 수 있는 기회를 제공한다. GE 역시 상호 작용을 위해 모바일 애플리케이션을 활용하고, 애자일 방식을 통해 성과를 비롯해 발전과 학습에 중점을 두고 성과관리를 하는 것을 강조하고 있다.

지금까지 성과관리에 대한 프로세스와 시스템에 대해 알아보았다. 마치 모범 사례만 언급한 것도 같지만, 거창한 제도가 없어도 성과에 대한 커뮤니케이션은 할 수 있다. 절차와 기준이 맹목적으로 중요한 것은 아니다. 실질적인 성과관리가 잘 작동하는지가 중요하다. 또한 MBO, KPI, OKR과 같은 거창한 도구가 중요한 것도 아니다. 그것을 구현하는 시스템이 마련되어 있느냐도 우선순위는 아니다.

가령 A 기업은 글로벌 클라우드 성과관리 솔루션을 도입했고, B 기업은 예산을 투자하여 선진적인 성과관리 시스템을 그룹웨어에 구축했으며, C 기업은 엑셀 파일로 성과관리 프레임을 관리한다고 해 보자. 조직의 규모와 특성, 구성원의 일하는 방식에 맞게 실질적으로 관리하는 C 기업이 구성원의 성과관리 만족도가 가장 좋을 수도 있다.

성과관리로 업무 효율성을 높인다는 것은 일상적인 일을 잘 관리하면서 목표 수립과 진행, 피드백 과정을 반복하여 성과를 향상시키는 과정이다. 이 핵심이 조직에 그리고 내가 일하는 방식에 맞는지가 제일 중요하다. 이것이 해결되는 모습으로 회사의 제도와 시스템이 변화되고 개선되는 것이 가장 이상적인 지향점이라고 본다.

▌성과관리의 미래

2000년대에 들어서면서 서열화만 강조하여 왜곡이 있었던 전통적인 성과관리 방식에 한계를 인지한 글로벌 기업들이 뉴웨이브의 형태로 변화를 추진해 왔다. 그러다가 코로나19를 전후로 최근 국내 기업에서도 성과관리 트렌드가 많이 변화되고 있고 그 속도가 가속화되고 있다.

상당수의 조직에서 평가에 대한 리소스를 줄이고, 지속적인 코칭과 피드백에 힘을 쏟고 있는 모습이다. 그러한 과정에서 절대평가라는 제도가 주를 이루기도 하고, 상시 성과관리라는 체계가 만들어지기도 하며, 수많은 성과관리를 지원하는 시스템과 서비스가 늘어나기도 했다. 평가라는 연간 이벤트에 덜 집중하고 성과관리 그 자체의 속성과 목적에 맞는 활동을 늘리는 추세다.

성과관리의 본질적인 목적은 성과 향상이다. 이러한 성과관리 방식에 대한 기업들의 도전과 변화는 결국 업무 현장에서의 효율성을 높이는 방향으로 발전시키고 있는 셈이다.

앞에서 '성과관리는 일 관리'라고 했다. 일의 미래를 보면 급변하는 기술 환경과 사회적 변화로 많은 영향을 받게 될 것이다. 우리가 생각하는 직업, 직장, 직무 등의 개념이 상상도 할 수 없을 만큼 바뀌게 될 것이다. AI 시대가 본격화되고, 또 다른 산업혁신이 이뤄진다면 현재 하는 일은 없어지고 새로 생기는 현상이 지금보다 더 빠르고 유연하게 변할 것으로 보인다.

그렇다면 변화무쌍한 일을 효율적으로 관리하기 위해 성과관리의 미래에 대해서 예측해 보는 것도 의미가 있다. 일의 미래 관점에서 성과관리의 미래가 변화될 모습을 몇 가지 예측해 보고 준비해 보자.

첫째, 성과관리는 더 데이터화 될 것이다. 일을 둘러싼 기술 발전으로 자동화와 AI 활용이 일상화되는 시대가 곧 도래할 것이다. 스마트폰을 쓰고, 사무실에서 엑셀 프로그램을 쓰는 것처럼 AI 툴을 쓰는 것이 자연스럽고 당연해질 것이다. 그래서 경험이나 숙련을 통해 성과관리를 하는 것보다 데이터에 기반한 성과관리가 주를 이룰 것이다. 직관에 의한 성과관리가 완전히 없어진다는 것은 아니지만, 데이터가 일반화됨에 따라 성과관리에 미치는 영향력이 더 커진다는 말이다.

구성원을 성과평가해야 하는 관리자는 성과를 판단하기 위한 더 많은 정보에 노출될 것이다. 자동으로 수집되는 정보, 분석되어 가공된 정보, 판단이 필요한 정보 등 업무 효율을 높이는 성과관리 정보를 더 많이 보유하라는 것이다. 그래서 시스템과 툴이 상당 부분 해결해 주기도 하겠지만, 데이터 리터러시 능력이 성과관리를 위한 중요한 역량으로 자리매김할 것이다.

둘째, 성과관리는 더 개인화될 것이다. 아이러니하게도 기술이 발전하고 데이터가 중요해지면서 동시에 구성원 개개인의 경험이 중요해지는 성과관리 환경이 만들어질 것으로 예측된다. 가트너의 2021년 직원 가치 제안(EVP, Employee Value Proposition) 설문조사에 따르면, '직원의 82%가 회사가 나를 단순한 직원이 아닌 사람으로 보기를 원한다'라고 답했다. 엄격하고 철저한 성과관리 체계는 갖추되, 퍼스널 케어(Personal Care) 측면에서 관리자들은 구성원을 세세하게 공감하며 성과관리 해야 한다.

개인이 하는 일과 목표가 저마다 달라서 그 특성에 맞게 피드백하고 성과 향상을 위해 노력해야 한다. 다양한 구성원의 개성을 살리고 그들을 육성하고 코칭하는 업무 분위기를 통해서 더 적극적으로 성과관리를 해야 할 것이다.

셋째, 성과관리는 더 비대면화될 것이다. 코로나로 비대면 환경을 충분히 경험했다. 편견을 갖고 있던 비대면 환경에서도 업무 효율과 생산성을 확보할 수 있다는 인식의 전환을 가져왔다. 100% 대면으로 업무 환경이 돌아가는 것이 아니라 하이브리드 업무 환경 속에서 비대면으로 일하는 모습이 자연스러워질 것이다.

글로벌 기업이나 다국적 기업이 늘어나면서 하나의 기업이 한 곳의 사무실에 옹기종기 모여서 성과관리 하는 시대는 더 이상 아니다. 인구 구조의 변화로 외국인이 많아지는 것도 한몫을 할 것이다. 재택근무와 원격근무, 스마트 오피스, 모바일 오피스와 같은 사무 환경이 변화되면서 같은 회사고 같은 팀이어도 비대면으로 소통하고 협업하게 되는 경우가 빈번해질 것이다.

한 팀의 구성원이 30명이라고 보면, 일부는 본사에 있지만, 일부는 고객사에 있다. 본사에 있는 구성원도 일부는 모바일 오피스이기에 다른 층에서 근무하고, 일부는 재택근무 중일 것이다. 그렇다면 결국 팀 회의는 온라인 회의가 될 가능성이 크고, 업무 피드백은 메신저나 메일로 진행될 확률이 커진다. 이러한 비대면으로 일하는 방식이 늘어난다는 것은 결국 성과관리 방식도 같이 따라가게 된다는 것이다.

미래에는 새로운 일이 변화무쌍하게 발생하고, 성과관리 방식도 계속 발전할 것이다. 몇 가지 예측해 보았지만 막연하기도 하고 와닿지 않을 수도 있다. 이럴 때일수록 'Back to the basic'의 마음가짐이 중요하다. 오늘도 회사에 출근해서 일한다. 당장 해 볼 수 있는 현실적인 방법은 무엇이 있을까? 바로 익숙하고 예측 가능한 일을 반복하는 것에 대해서는 계속 업무 효율성 고민을 하는 것이 성과관리에 도움이 된다. 빠르게 변하는 성과관리 환경에서 업무 효율성이 높은 일잘러가 되어 보자.

성과관리 관점에서 업무 효율성이란, 일상적인 일을 잘 관리하기 위해 목표 수립과 진행, 피드백 과정을 반복하여 성과를 향상시키는 것으로 봤다. 속도가 빠른 시대라고 방향을 잃을 수는 없다. 목표 관리로 방향을 유지하고, 행동의 변화로 속도를 따라가는 것은 어떨까? 성과관리의 핵심은 목표-행동-성과다. 이 과정에서 업무 효율성을 높여 일잘러의 DNA를 갖추기를 희망한다. 지금까지 예측해 본 성과관리의 세 가지 미래 모습(데이터화, 개인화, 비대면화)은 모두 기술 발전과 맞닿아 있다. IT 도구를 활용한 업무 효율성에 대해서도 알아보는 노력이 필요하다.

PART
05

업무 효율화를 위한
IT 도구 활용

by 최지훈

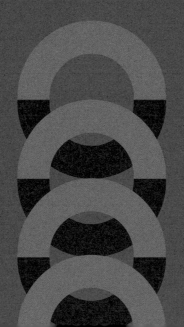

IT 도구 도입을 위한
가이드북

▍효율성을 방해하는
▍진짜 페인포인트는 무엇인가

업무 효율화는 조직의 생산성을 높이고, 경쟁력을 강화하는 데 필수적인 과정이다. 하지만 효율성을 이야기할 때 반드시 선행되어야 할 것은 '업무'와 '효율성'이라는 개념에 대한 명확한 정의다. 이러한 기본 정의가 불분명한 상태에서 효율화를 시도하는 것은 마치 모래 위에 성을 쌓는 것과 다를 바 없다. 결국 언제든 무너질 수 있는 취약한 기반 위에 혁신을 추구하는 것이며, 그 과정에서 발생하는 다양한 문제점이 오히려 조직의 성과를 저해할 수 있다.

따라서 조직의 구체적 상황을 종합적으로 고려한 후에야 비로소 중심을 잡고 효율화나 IT 도구 도입과 같은 개선 작업을 진행해야 한다. 그렇지 않으면 개선이 아니라 막대한 손실을 초래할 가능성이 매우 크다.

'페인포인트(Pain Point)'라는 용어는 흔히 고객이 느끼는 불편함이나 어려움을 지칭할 때 자주 사용한다. 그러나 여기서 이 용어를 조금 더 넓게 사용해 보고자 한다. 그래서 효율성을 방해하는 요인들 즉 업무 수행 과정에서 마주하는 장애물을 분석하고 해결하는 데 중점을 두려는 것이다.

페인포인트는 '어떤 목표나 상태에 도달하는 과정에서 마주치는 장애물'을 의미한다. 이를 구체적으로 정의함으로써 추상적이거나 모호한 개념에서 벗어나 실제로 해결해야 할 문제를 명확하게 인식하고 적절한 해결책을 찾을 수 있다.

A라는 과업을 5명이 협업하여 100시간 안에 완수해야 한다고 가정해 보자. 그런데 갑작스럽게 인원이 4명으로 줄고, 주어진 시간도 50시간으로 줄어드는 상황이 발생했다. 이런 상황에서 많은 이들은 인원 감소와 시간 부족이 페인포인트라고 쉽게 생각할 수 있다. 하지만 실제로는 '원하는 목표를 달성하는 데 장애가 되는 구체적 요소들'이 페인포인트다. 즉 단순히 인원과 시간이 줄어든 것 자체가 문제가 아니라 이 조건 안에서 A 과업을 효율적으로 완수하는 것이 진정한 과제가 되는 것이다.

만약 기존의 시스템을 그대로 유지한 채 인원과 시간을 줄여 작업을 하라고 한다면, 효율성은 물론이고 성과도 달성하기 어려울 것이다. 여기서 중요한 것은 기존 시스템과 업무 방식의 고정관념에서 벗어나 새로운 해결 방안을 찾는 것이다.

이러한 상황 속에서 단편적으로 조직이 야근을 강요하거나 강압적으로 일을 시킨다는 생각은 흔한 반응일 수 있다. 하지만 지혜로운 사람은 이를 새로운 기회로 보고, 오히려 페인포인트를 개선할 방안을 찾아내려고 할 것이다. 문제를 피하기보다는 해결하려는 의지와 도전이 바로 진정한 효율화의 출발점이기 때문이다.

페인포인트를 찾는 과정은 절대 쉽지 않다. 이 과정은 매우 복잡하고, 때로는 고통스럽거나 난해할 수 있다. 그래서 많은 이들이 페인포인트를 단순화하거나 왜곡하여 '가짜 페인포인트'를 만들기도 한다. 하지만 진정한 개선을 위해서는 반드시 '진짜 페인포인트'를 찾아내야 한다. 이 과정으로 올바른 목표와 방향성을 설정할 수 있고, 나아가 실질적인 해결 방안을 마련할 수 있다.

진짜 페인포인트를 찾기 위한 첫 번째 단계는 '사실을 정확하게 파악하는 것'이다. 프랑스의 유명한 소설가 앙드레 모루아는 '우리의 개인적 욕망에 부합하는 것들은 진실처럼 보인다. 그렇지 않은 것은 모두 우리를 화나게 만든다'라는 명언을 남긴 바 있다. 이 한 문장은 진짜 페인포인트를 찾는 것이 어려운 이유를 잘 설명하고 있다. 우리는 보고 싶은 것만 보고, 믿고 싶은 것만 믿으려는 경향이 있다. 이는 심리학에서 '확증 편향(Confirmation Bias)'으로 설명한다.

IT 도구 도입을 위한 가이드북에서 심리학적 용어까지 언급하는 이유는, 첫 단추를 잘못 끼우면 나머지 과정이 전부 틀어지기 때문이다. 정확한 사실과 기초를 바탕으로 문제를 분석하고 해결책을 찾는 것은 필수적인 과정이다. 잘못된 가정이나 추측에 기반한 효율화는 비유하자면 도박을 하는 것과 같다.

많은 이들이 복권을 구매할 때 1등을 기대하지만, 실제로 당첨될 확률은 매우 희박하다. 이때 내는 값에 비해 확률에 의존하며 행하는 것이 바로 도박이다. 즉 근거 없는 기대나 희망에 의존하는 것은 결국 실패할 확률이 높다는 것을 의미한다.

따라서 복권을 긁는 식의 무작정 도전을 피하고 튼튼한 기반을 만들어 가는 것이 중요하다. 이 과정에서 진짜 페인포인트를 찾고 이를 해결할 방향을 설정해야만 비로소 진정한 효율화를 이룰 수 있다.

사례 1

B 기업에서 근무할 당시, 코로나19 팬데믹으로 비대면 화상 면접이 보편화되고 있었다. 당시 M사의 AI 역량 검사가 트렌드로 떠오르고 있었고, 이를 도입해 좋은 인재를 선발할 수 있을 것이라는 기대를 품고 있었다. AI 역량 검사를 도입하지 않으면 회사가 도태될 수 있다는 위기감에 기획안을 작성해 4차례의 설득 끝에 결국 3개월 동안 파일럿 프로그램을 운영하게 되었다.

하지만 결과는 참담했다. 면접관은 새로운 시스템에 혼란을 겪었고, 지원자 수는 오히려 줄어들었다. 비용 측면에서도 파일럿 프로그램을 위한 라이선스 구매와 운영에 약 5천만 원이 소요되었고, 이는 전혀 예상치 못한 손실이 있었다. 또한 채용 프로세스에서 혼란이 가중되어 업무 효율성은 오히려 떨어지는 결과까지 초래했다.

진짜 페인포인트를 찾기 위해서는 보고 싶은 것만 보고, 믿고 싶은 것만 믿으려는 확증 편향에서 벗어나야 한다. 객관적인 사실을 기반으로 문제를 분석하고 해결 방안을 찾을 때 비로소 진정한 효율화의 방향성을 잡을 수 있다.

해당 사례를 다시 보면, 처참한 실패의 근본 원인은 '좋은 인재 선발'을 위한 채용에 대해 사실을 제대로 파악하지 못한 데 있다. 필자는 당시 AI 역량 검사를 도입해야 한다는 트렌드에 빠져 그 필요성을 과대평가했다. 이는 가짜 페인포인트에 근거한 판단이었다.

또한 스스로 시대적 트렌드를 놓치지 않고 있다는 점을 과시하고 싶은 개인적인 욕망도 숨어 있었다. 도전적이고 능력 있는 사람으로 보이고자 하는 욕망이 AI 역량 검사를 정답처럼 받아들이게 만든 것이다. 이러한 이유로 마치 복권을 긁는 것처럼 해당 도구를 도입했지만, 결과는 '꽝'이었다. 복권을 구매하는 데 들인 시간과 노력, 눈에 보이지 않는 비용까지 고려하면, 실패로 인한 손실은 단순한 도입 비용을 훨씬 초과했다.

진짜 페인포인트를 찾기 위해서는 먼저 사실을 정확히 파악해야 한다. 머릿속에 떠오르는 효율성을 방해하는 요소를 종이나 문서에 적어 본 후 그중 사실에 해당하는 것들만 남기면 된다. 이렇게 하면 자연스럽게 진짜 페인포인트가 드러나게 된다. 겉보기에는 간단해 보이지만 이 과정이 바로 핵심이다.

사례 2

미국의 A 비누 공장에서 포장 기계의 오류로 비누가 들어 있지 않은 빈 상자가 출하되면서 고객들의 불만이 쏟아졌다. 이 문제를 해결하기 위해 경영진은 외부 컨설팅을 받기로 했고, 컨설팅 업체는 엑스레이 판독기 도입을 권장했다.

컨설팅 비용으로 10만 달러, 엑스레이 장비 도입과 유지 비용으로 50만 달러 이상이 추가로 들 예정이었다. 그런데 이 문제를 입사한 지 얼마 되지 않은 신입사원이 단돈 50달러로 해결했다. 선택한 방법은 매우 단순했다. 선풍기를 구입해 빈 상자를 날려 버림으로써 출하를 막은 것이다.

이 사례에서 진짜 페인포인트는 빈 상자가 출하되지 않게 하는 것이다. 하지만 컨설팅 업체는 '빈 상자를 선별하는 것'이라는 가짜 페인포인트를 만들어 냈다. 불필요한 부분에 집중한 결과, 과도한 비용이 발생할 뻔한 것이다. 만약 처음부터 사실에 집중해 진짜 페인포인트를 찾았다면 문제는 매우 간단하게 해결될 수 있었을 것이다.

사실을 파악한 후에는 그 사실을 분석한다. 사실 분석에는 두 가지 접근 방식을 살펴보자.

❶ 첫 번째 접근 : 경험형 페인포인트 분석 방식

경험형 페인포인트 분석은 일상적으로 발생하는 문제를 바탕으로 고찰하는 방식이다. 이것은 바텀업 방식으로, 하위 개념부터 출발해 깊이 있는 경험과 데이터를 바탕으로 분석을 진행한다. 이 책의 앞에서 '일이란 무엇인가'라는 정의를 권장한 이유도 여기 있다. 우리가 겪고 있는 문제와 고통은 다른 많은 사람이 이미 경험했을 가능성이 크다. 그래서 경험형 페인포인트 분석은 이러한 기초 데이터를 바탕으로 페인포인트를 찾아내는 데 효과적이다. 계획 수립과 논리적 분석에 강점이 있는 사람에게는 이 방식이 특히 적합할 것이다.

❷ 두 번째 접근 : 가설형 페인포인트 분석 방식

가설형 페인포인트 분석은 새로운 문제에 접근할 때 사용된다. 주로 기존 데이터나 경험이 부족하거나 특수한 상황에서 적용된다. 가설형 페인포인트 분석은 전문적인 지식과 이론적 배경이 필요하다. 만약 가설을 세우고 접근하는 과정에서 이론적 기반 없이 임하면, 복권을 긁는 것과 마찬가지다.

사례

1980년대 뉴욕에서는 연간 60만 건 이상의 중범죄가 발생했다. 당시 뉴욕 지하철은 너무 위험해 외지인에게는 '뉴욕에서는 지하철을 타지 말라'는 말이 통용될 정도였다. 단순히 보이는 페인포인트는 '범죄율 증가'였다. 그래서 경찰을 더 많이 배치하면 범죄율이 낮아질 것이라는 믿음으로 막대한 예산으로 경찰 인력을 투입했다. 그러나 결과는 반대로 범죄율이 증가했다. 여기서 '가설형 페인포인트'가 등장한다. 바로 깨진 유리창 이론(Broken Windows Theory)이었다. 범죄율을 자극하는 것은 범죄자 자체가 아니라 낙서와 파손된 시설 등 도시의 환경적 요소들이었다. 이 가설을 바탕으로 도시 환경을 정비하고, 범죄율은 경찰 증원 비용의 10분의 1도 안 되는 비용으로 크게 줄일 수 있었다. 결과적으로 일 년 만에 중범죄 발생률이 75%나 감소했다.

이 사례는 단순한 수치와 기존의 관성적 사고에 의해 가짜 페인포인트를 만들어 내는 전형적인 예시다. 경찰을 더 많이 투입하면 범죄가 줄어들 것이라는 믿음은 잘못된 가정이었고, 진짜 문제는 환경적 요인에 있었다는 사실이 밝혀졌다.

진짜 페인포인트를 찾았다면, 다음 단계는 이를 해결하기 위한 구체적인 실행 방안을 세우는 것이 필요하다.

▎현재(AS-IS)와 미래(TO-BE)에 명시 중요성

조직에서 해결해야 할 실제 문제를 발견했다면, 현재 효율성을 방해하고 있는 요소들에 대해 어느 정도 인식하게 된다. 그런데 문제를 발견한 것과 이를 제대로 정의하는 것은 별개의 문제다. 대부분 사람이 해결하고자 하는 문제에 대해 명확하게 정리하지 않거나, 문제점과 그로 인한 어려움을 구체적으로 글로 작성하지 않고 넘어가는 경우가 많다. 이런 상황에서는 서로 다른 관점에서 문제를 바라보게 되고, 나중에 '우리가 그런 문제를 논의했었나' 또는 '그런 의미였어'라는 당황스러운 순간을 경험할 가능성이 크다.

그래서 페인포인트를 발견한 후에는 반드시 현재 상황(AS-IS)을 명확하게 설정하고, 미래 목표(TO-BE)를 구체적으로 제시하는 것이 중요하다. 이러한 과정으로 모두가 같은 문제를 인식하고, 해결 방향에 대해 공감대를 형성할 수 있다.

사례 **성과 프로그램 도입 실패**

C 회사에서 AA라는 성과관리 프로그램을 도입하게 되었다. 하지만 도입 공지 내용은 '오늘부터 AA 프로그램을 사용합니다. 사용 방법은 첨부된 매뉴얼을 참조하세요.'라는 간단한 문장이 전부였다. 도입의 이유나 기대 효과, 구성원에게 미칠 영향 등에 대한 설명은 없었다.

결과적으로 구성원은 각자의 직무와 위치에 따라 프로그램 도입 이유를 제각각 해석하게 되었고, 조직 내에서 불만이 생기기 시작했다. 일부 시니어 직원은 이 프로그램 도입이 인원 감축을 위한 사전 작업이라고 오해하기도 했다.

도입 취지나 목표에 대해 명확하게 설명하지 않으면, 서로 다른 해석을 하게 되고 오해가 발생할 수 있다. 특히 회사 내 커뮤니케이션이 원활하지 않을 때 비효율성이 증폭된다.

새로운 IT 도구 도입의 시작점

새로운 IT 도구나 프로그램을 도입하는 과정은 보통 세 가지로 나눌 수 있다. 경우마다 도입 배경과 과정이 달라서 담당자는 상황에 맞게 신중하게 접근할 필요가 있다.

❶ 상사나 경영진의 지시에 따른 도입

상사나 경영진의 지시에 따라 IT 도구나 프로그램을 도입하는 상황이다. 이때 담당자의 역할은 도입의 성패를 좌우할 만큼 매우 중요하다. 담당자는 단순히 지시에 따라 움직이는 사람이 아니라, 도입의 필요성과 방향을 명확하게 이해하고 이를 실무진에게 효과적으로 전달해야 하는 핵심적인 중재자 역할을 해야 한다. 도입할 도구나 프로그램이 조직 내에 미칠 영향을 철저하게 분석하고, 해결하고자 하는 문제를 명확히 인식해야 한다.

① 담당자의 역할과 중요성

담당자는 도구 도입 배경과 기대 효과, 그리고 해결할 문제에 대해 깊이 이해하고 확신해야 한다. 이 확신은 상사나 경영진에게서 직접적인 지시를 받는 것뿐만 아니라, 구성원이 느끼고 있는 실제 문제점을 제대로 이해하는 것에서 비롯된다. 담당자는 도입 과정에서 발생할 수 있는 저항을 미리 파악하고, 구성원이 이해하고 공감할 수 있도록 효과적으로 소통하는 역할을 해야 한다.

만약 담당자가 이러한 소통 과정에서 실패하거나 도입 배경을 제대로 파악하지 못하고 무작정 지시에 따라 추진하게 된다면, 구성원 사이에서는 혼란과 불신이 생기게 된다. '잘 모르지만, 위에서 시켜서 진행한다'라는 식의 태도는 담당자가 문제를 해결할 준비가 되어 있지 않다는 것을 나타내며, 이는 도입 과정에서의 책임 회피로 이어질 수 있다. 단순한 업무 태만의 문제가 아니라 조직 내 신뢰를 크게 훼손할 수 있는 중요한 문제다.

② 신뢰 훼손과 도입 실패의 위험성

담당자의 태도는 특히 상사와 동료 간의 신뢰를 깨뜨릴 수 있다. 구성원은 담당자가 도입 배경이나 이유에 대해 충분히 설명하지 않거나 제대로 준비하지 않은 상태에서 도입을 강행한다고 느끼면, 자연스럽게 반감을 품게 된다. 이는 도입하려는 도구나 프로그램에 대한 저항으로 이어지고, 최악의 상황에는 도입 자체가 실패로 끝날 수 있다. 또한 도입 후 발생하는 문제를 해결하지 못할 가능성이 커진다. 문제를 명확히 파악하지 못한 상태에서 도입이 이루어졌기 때문에 도구 사용 중 발생하는 문제에 대해 적절한 대응이 어려울 수 있기 때문이다.

③ 성공적인 도입을 위한 준비

담당자는 도입 이전에 충분한 준비가 필요하다. 이 준비 과정에서 중요한 것은 상사와 경영진 그리고 실무자 간의 적극적인 소통이다. 상사나 경영진의 의도와 목표를 명확히 파악한 후 이를 실무자에게 정확하게 전달해야 한다. 또 실무자가 겪고 있는 어려움과 문제점에 대해서도 충분히 듣고 반영하는 것이 필요하다. 이러한 소통 과정을 통해 도구 도입의 AS-IS와 TO-BE를 명확히 설정하고, 모든 구성원이 그 방향에 동의하고 공감할 수 있도록 만들어야 한다.

만약 이 과정에서 담당자가 '위에서 시켜서 하는 일이다'라는 말을 할 순간이 온다면, 이는 담당자의 준비 부족과 의사소통 실패를 의미하며, 그 결과는 도구 도입의 실패로 이어질 가능성이 크다. IT 도구나 프로그램의 성공적인 도입은 단순히 기술적인 문제를 넘어 이를 사용하는 사람들과의 상호 작용에 달려 있다. 따라서 담당자는 단순한 지시 이행자가 아닌 도입의 진정한 책임자로서 도구가 조직에 미칠 영향을 깊이 이해하고, 구성원에게 명확히 전달하는 메신저 역할을 해야 한다. 조직 내 신뢰를 바탕으로 도입을 추진하는 것이 성공의 열쇠임을 명심해야 한다.

❷ 구성원의 요청에 따른 도입

구성원의 요청으로 IT 도구나 프로그램을 도입하는 상황이다. 이때 상사나 경영진의 일방적인 지시와는 달리 현장에서 실제로 일하는 실무자가 주도적으로 필요성을 제기하고, 이를 기반으로 도입이 이루어진다. 이러한 상황에서는 이미 실무자 사이에 문제 의식과 도입 필요성에 대한 공감대가 형성되어 있어서 담당자는 도입 과정에서 느낄 부담을 비교적 덜 수 있다.

① 공감대 형성과 도입의 긍정적인 효과

구성원이 요청한 도구나 프로그램 도입은 실무자가 이미 현장에서 경험한 페인포인트를 해결하려는 의도에서 출발하기 때문에 도입 취지나 목적에 대한 설명이 상대적으로 명확하고 이해가 쉽다. 실무자들이 직접 요청한 도구이기 때문에 도구 도입을 환영하고 적극적으로 사용할 가능성도 크다. 이때 담당자는 실무자가 느끼는 문제를 해결하기 위해 적합한 솔루션을 도입하고 원활하게 실행하는 데 초점을 맞추면 된다.

도입 과정에서 구성원의 참여와 의견 반영이 이루어지기 때문에 도구나 프로그램의 장착 과정이 더 수월하게 진행될 가능성이 크다. 구성원이 직접 요청한 솔루션이기 때문에 도입 후에도 사용 빈도가 높고, 실질적인 성과를 내는 데 기여할 확률도 높다. 조직 전체의 효율성을 높이는 긍정적인 결과를 가져올 수 있다.

② 부서 간 갈등 가능성

반면 이때도 도입 과정에서 주의해야 할 점이 있다. 특정 부서에서 요구한 도구가 다른 부서에도 영향을 미치게 되는 경우다. 이때는 도입 취지나 목적을 각 부서가 다르게 해석할 위험이 있다. 예를 들어 한 부서에서는 새로운 도구가 업무 효율성을 높이는 데 중점을 두지만, 다른 부서는 불필요한 업무 증가나 기존 시스템과의 충돌로 인식할 수 있다. 이러한 상황이 발생하지 않도록 연계된 조직 및 부서는 도입 배경과 목표를 같이 이해하도록 해야 한다.

③ 공감대 확산을 위한 소통의 중요성

다양한 문제를 방지하기 위해서는, IT 도구의 도입 시 상호 작용이 있는 조직과 부서와 사전 소통과 공감대 형성이 필수다. 도입 배경과 목적을 명확히 설명하는 것 외에도, 각 부서가 느끼는 우려나 의견을 수용하고, 이들이 도입의 필요성과 효용성을 이해할 수 있도록 지속적인 소통의 장을 마련해야 한다. 특히 다른 부서의 참여를 적극적으로 유도하여 새로운 도구가 자신들의 업무에 어떤 긍정적인 영향을 미칠 지를 구체적으로 설명하는 것이 중요하다. 이 과정에서 부서 간의 갈등 을 조정하고 통합하는 역할을 담당자가 맡아야 한다.

도입 과정에서 발생할 수 있는 기술적 문제나 적응 과정의 어려움을 고려하여 추가적인 교육이나 지원을 제공하는 것도 중요한 요소다. 모 든 구성원이 새로운 도구를 효율적으로 활용할 수 있도록 돕는 것이 도 입 성공의 핵심이다.

구성원의 요청에 따른 IT 도구 도입은 일반적으로 공감대가 형성된 상태에서 시작되기 때문에, 성공적으로 진행될 가능성이 크다. 그러나 특정 부서의 요구가 전체 조직에 미치는 영향을 고려해야 한다. 도입 과정에서의 부서 간 협업을 통하여 완성되는 IT 도구라면 투명한 소통 은 선택이 아닌 필수다. AS-IS와 TO-BE를 명확히 설정하고, 상호작용 이 발생하는 조직 및 부서에 공유함으로써 도입 과정에서의 오해와 갈 등을 최소화하여 새로운 도구가 조직 전반의 효율성을 높이는 데 기여 할 수 있도록 해야 한다. 공감대 확산을 위한 소통과 지원은 중요한 역 할을 하며 도구 도입이 조직 내에서 성공적으로 정착할 수 있다.

❸ 고객 요청에 따른 도입

고객의 요청에 따라 IT 도구나 프로그램을 도입하는 경우는 명확한 목적과 대의명분이 있는 만큼 조직 내부에서의 저항이 적고 신속하게 진행될 수 있다. 고객의 요구는 조직의 비즈니스 목표와 직접적으로 연관되기 때문에 이를 수용하지 않으면 고객과의 관계에 심각한 악영향을 미칠 수 있기 때문이다. 그래서 기업은 고객의 요구를 우선시하여 도구를 도입하는 상황에서 더욱더 효율적이고 신속한 대응이 필요하다.

① 명확한 목표 설정이 필수

담당자는 고객이 무엇을 원하는지 명확하게 이해하고 그 요구를 충족시킬 수 있는 도구를 제공하는 데에 집중하게 된다. 그러나 이때도 내부적 소통과 명확한 목표 설정이 중요하다. 고객의 요구를 충족시키는 것이 1차 목적일지라도, 새로운 도구나 시스템이 조직 내부에 미칠 영향은 매우 클 수 있다. 특히 고객 요청으로 인한 도구 도입이 단순히 특정 부서나 팀만의 문제가 아닌 전체 조직에 영향을 미친다면 AS-IS와 TO-BE의 명확한 정의가 필요하다.

그래서 조직 전체가 새로운 도구를 이해하고 공감대를 형성할 수 있다. 고객의 요청을 수용하는 것뿐만 아니라 조직 내 모든 부서가 어떤 변화를 겪을지에 대한 투명한 설명이 필요하다. 구성원은 해당 도구가 어떻게 기존 업무 방식과 통합될 것이며, 업무 효율성 향상을 위한 구체적인 효과를 인지할 수 있어야 한다.

② AS-IS와 TO-BE 설정의 중요성

고객이 요청한 도구나 시스템을 도입할 때도, AS-IS와 TO-BE 설정은 불가피한 과정이다. AS-IS는 현재 조직이 처한 상황 즉 기존 시스템과 도구가 어떻게 운영되고 있고, 어떤 문제가 발생하고 있는지를 정의

한다. 고객의 요청을 받기 전, 조직이 직면했던 문제가 무엇이었는지를 먼저 파악하고 이를 기준으로 TO-BE를 구체적으로 계획해야 한다.

예를 들어 물류 관리 시스템이 도입되면 기존 프로세스에서 병목 현상이 발생하는 부분과 자동화가 필요한 작업 등을 명확히 인식하여 새로운 시스템이 어떻게 개선하고 더 나은 결과를 가져올지 구체적으로 설정해야 한다. TO-BE 상태를 명확히 설정하면 구성원은 도입의 필요성을 인식하고 변화에 대비할 수 있으며 불필요한 오해나 저항을 방지할 수 있다.

③ 도입 이후 관리와 지원 체계의 필요성

새로운 도구나 프로그램이 도입되었을 때, 많은 기업이 초기 도입 단계에서만 집중하고 그 이후의 유지와 관리에 소홀히 하는 경우가 많다. 특히 고객의 요청으로 도입된 도구는 고객사의 요구 사항을 충족시키는 것에만 집중하고 내부적 효율성을 소홀히 다루기도 한다. 하지만 도입 이후에도 지속해서 관리되고 업데이트되지 않는 도구는 장기적으로 문제 해결에 도움이 되지 않으며, 조직에 추가적인 부담을 가져올 수 있다.

그래서 도입 후 지속적인 교육과 지원 체계를 마련해야 한다. 도구의 사용법뿐만 아니라 도구가 가져올 수 있는 장기적인 이점을 지속해서 설명하고 모니터링 체계로 그 효과를 추적해야 한다. 도입 과정에서 발생할 수 있는 현실적인 문제들을 실시간으로 파악하고, 즉각적으로 대응할 수 있는 피드백 루프를 마련하는 것도 중요하다.

④ 사람 중심의 도구 활용

결국 도구나 프로그램이 아무리 뛰어나더라도 사람의 참여와 관리 체계가 뒷받침되지 않는다면 그 효과는 제한적일 수밖에 없다. 새로운 시스템이 도입되면 초기 단계에서 사용자가 불편함을 느낄 수 있으며, 이를 해결하기 위한 적극적인 사용자 지원과 관리자의 리더십이 필수다.

따라서 도구를 도입할 때는 구성원이 적극적으로 참여할 수 있도록 심리적 안정감을 주고, 이들의 피드백을 받아 지속적인 개선을 이어가는 것이 중요하다. 도구 도입이 새로운 변화를 의미하는 만큼 이를 받아들이는 조직 문화를 만드는 것도 중요하다. 변화에 대한 두려움이나 거부감이 큰 조직일수록 도구 도입의 효과를 극대화하기 위한 추가적인 노력이 필요하다.

도구 자체가 해결책이 아닌 이를 활용하는 사람들의 역량과 조직의 관리 체계가 최종적인 성공을 좌우한다는 점을 잊지 않아야 한다.

IT 도구 도입 전
4단계 체크리스트
: ASMR

지금까지 페인포인트를 분석하여 업무 효율성을 높이기 위한 접근 방식을 설명했다. 이 분석이 완료되면, 추가적인 시장 조사를 통해 적합한 툴을 찾을 수 있을 것이다. 그래서 다음의 도입 전 체크리스트를 기준으로 조사 결과를 객관적으로 평가하여 다양한 이해 관계자에게 쉽게 설명할 수 있도록 만들어 보자.

ASMR 4단계 체크리스트

1. **Advance** : 해당 툴은 발전 및 업데이트를 계속하고 있는가?
2. **Solution** : 페인포인트에 대한 솔루션을 어떻게 제공되고 있는가?
3. **Money** : 예산 범위 안에 들어오는가?
4. **Response** : 응대가 신속한가?

Advance
: 해당 툴은 발전 및 업데이트를 계속하고 있는가

IT 도구를 도입할 때 해당 툴이 지속해서 발전하고 업데이트가 이루어지는지 확인해야 한다. 기술 환경은 빠르게 변화하고 있는데, 이런 변화에 따라가지 못하는 도구는 잠금 효과(Lock-In)에 빠질 가능성이 있다. 나중에 쓸모없어질 수 있다는 의미다. 그래서 도입하려는 IT 도구가 지속해서 발전할 가능성이 있는지, 기업이 얼마나 발전에 대한 의지를 갖췄는지 살펴야 한다.

도구의 영업 담당자와 소통하며 다음의 두 가지 질문을 통해 이 부분을 판가름할 수 있다.

Q1 다음 버전의 업데이트 일정과 항목에 대해 알려 줄 수 있나요?

대부분의 소프트웨어 기업은 고객의 요청을 반영하여 업데이트를 계획한다. 영업 담당자가 업데이트 일정과 항목을 상세히 설명할 수 있다면 신뢰할 만하다. 반면 답변을 회피하거나 보안 문제를 내세운다면 좀 더 심도 있게 파고들 필요가 있다.

Q2 지난 일 년간 어떠한 업데이트와 기능 개선이 있었나요?

최근 업데이트 내역을 통해 해당 툴이 현재 기술 환경을 따라가고 있는지, 새로운 기능을 추가하며 확장하고 있는지를 알 수 있다. 고객의 요구를 반영하여 발전하는 툴은 미래 성장 가능성이 크다.

이 질문을 통해 도구를 세 가지로 분류할 수 있다.

- **현상 유지형 도구** : OS 변화에만 맞춰 업데이트를 진행하는 도구로, 향후 업무 효율성을 기대하기 어려우며 도입 재검토가 필요하다.
- **고객 니즈 반영형 도구** : 고객의 요청에 따라 기능을 개선하고 업데이트를 진행하는 도구다.
- **확장 가능형 도구** : 고객 니즈를 반영하는 것은 물론 추가 기능과 연계를 고려하며 확장하는 도구로, 업무 효율성을 높일 잠재력이 크다.

예시

- **원티드스페이스** : 채용 플랫폼 원티드에 원티드스페이스를 연동해 업무 효율성을 높였다.
- **다우오피스** : 올인원 시스템을 지향하며, 처음엔 데스크 서비스만 제공하다가 점차 회계와 메신저 기능을 추가해 발전했다. 최근엔 간식 서비스까지 진출하면서 업무 효율성을 극대화하고 있다.

Solution
: 페인포인트에 대한 솔루션을 어떻게 제공하고 있는가

페인포인트를 해결하는 방식은 IT 도구 도입의 성공 여부를 결정하는 가장 중요한 기준이다. 다른 모든 요소가 충족되더라도 이 부분이 충분하지 않다면 도입을 중단하는 것이 바람직하다. 솔루션 제공 방식은 IT

도구의 핵심 기능과 그 도입 목적을 담고 있기 때문이다. 주객이 전도되는 상황을 방지하기 위해 솔루션 제공 과정을 구체적으로 검토하고, 명확하게 이해할 필요가 있다. 다음의 두 가지 점검 항목으로 도입 검토를 보다 체계적으로 진행할 수 있다.

❶ 솔루션 제공 방식의 로직 트리(Logic Tree)를 작성하라

페인포인트 해결을 위해 IT 도구가 어떤 방식으로 솔루션을 제공하는지 시각적으로 표현하는 로직 트리를 작성하는 것이 중요하다. 로직 트리를 작성하는 과정에서 다음과 같은 요소를 고려해야 한다.

- **프로세스 분석** : 페인포인트를 해결하는 각 단계에서 IT 도구가 제공하는 기능을 세분화하여 어떤 순서로 문제를 해결해 나가는지 파악한다. 예를 들어 프로세스에서 문제를 감지하고 이를 분석한 뒤 최종적으로 어떤 형태의 해결책을 제시하는지 구체적으로 나열해야 한다.
- **핵심 솔루션 파악** : IT 도구의 기능 중 핵심적인 솔루션이 무엇인지, 해당 솔루션이 실질적으로 페인포인트를 해결하는 데 어떤 기여를 하는지를 명확하게 이해한다. 즉 툴이 제시하는 해결 방식이 문제의 본질에 적합한지 평가해야 한다.
- **실행 가능성 검토** : 단계별로 도구의 실행 가능성을 평가한다. 도구가 제시하는 솔루션이 실제로 실행 가능한지, 조직 내에서 문제가 없을지 등을 구체적으로 검토하는 것이다.

작성한 로직 트리는 추후 IT 도구를 정식으로 도입할 때 매우 유용한 기초 자료로 활용된다. 사내에서 새로운 도구 도입을 설명하거나 관련 부서에 안내할 때 명확한 자료로 큰 도움이 된다. 결국 도입 과정에서의 혼란을 줄이고 다양한 이해 관계자가 쉽게 이해할 수 있도록 돕는다.

❷ 실무자와 공유하고 피드백을 구하라

로직 트리를 작성한 후 실제로 해당 IT 도구를 사용할 실무자와 공유하고 자문하는 과정이 필수다. 이 과정은 세 가지 중요한 역할을 한다.

① 도입에 대한 반감 감소

새로운 시스템 도입에 대해 실무자가 자연스럽게 이해하고 수용할 수 있는 환경을 조성한다. 실무자는 자신의 의견이 반영되고 있다는 느낌을 받을 때 더 큰 협조를 보인다. 그래서 도입 과정에서 발생할 수 있는 반감을 줄이고, 마이그레이션 과정에서의 저항을 최소화할 수 있다.

② 키맨 공략

실무자 중에서 특히 영향력이 큰 키맨을 타깃으로 그들과 긴밀히 협력하는 것이 중요하다. 조직 내에서 영향력 있는 이들의 지지를 받으면, 도구 도입에 대한 긍정적인 분위기를 만들기 쉬워지며 조직 전체가 더 원활하게 도입 과정을 수용할 가능성이 커진다.

③ 예상치 못한 문제와 리스크 발견

실무자와의 논의로 업무 효율성을 저해할 수 있는 잠재적 문제나 예상치 못한 리스크를 미리 발견할 수 있다. 그래서 도입 전 사전에 이런 문제를 해결하거나 예방할 수 있는 대책을 마련할 수 있으며, 도입 후 발생할 수 있는 혼란을 방지할 수 있다.

실무자와의 논의는 솔루션이 실제 업무에서 어떻게 작동할지에 대한 현실적인 피드백을 제공한다. 기획 단계에서 미처 고려하지 못한 요소나 업무에 필요한 세부 사항을 반영함으로써 도입 후 빠른 안정화와 실질적인 업무 효율성 증대를 도모할 수 있다.

페인포인트에 대한 솔루션을 제공하는 방식은 IT 도구 도입의 중심이며, 체계적으로 이해하고 점검하는 것이 성공적인 도입을 위한 첫걸음이다. 로직 트리 작성을 통해 솔루션의 구체적인 프로세스를 파악하고, 실무자와의 협의를 통해 실제 도입 과정에서의 문제를 미리 해결해 나간다면, 도구 도입 후 예상치 못한 문제를 최소화하고 업무 효율성을 극대화할 수 있을 것이다.

Money
: 예산 범위 안에 들어오는가

IT 도구 도입 시 예산의 중요성은 회사의 재정 상황과 해당 도구의 중요도와 시급성에 따라 크게 달라진다. 하지만 많은 실무자가 겪는 공통된 어려움은, 도입 초기 단계에서 명확한 예산이 설정되지 않은 상태에서 프로젝트를 추진해야 하는 경우다. 이는 도입 과정에서 예산 초과나 예기치 못한 비용 문제로 혼란을 초래할 수 있다. 따라서 예산이 확정된 경우와 그렇지 않은 경우를 구분하여 도입 과정을 체계적으로 관리하는 것이 중요하다.

❶ 예산 범위가 확정된 경우

만약 IT 도구 도입에 필요한 예산이 사전에 확정되어 있다면, 도입 과정에서의 초점은 예산 내에서 최대한의 효율성과 가치를 창출하는 데 맞추어져야 한다. 이 경우 다음과 같은 방식으로 도입 절차를 진행할 수 있다.

• **생산성 및 효율성 중심 보고** : 예산이 확정되었다는 것은 기업 내부에서 페인포인트 제거로 기대할 수 있는 효용이 어느 정도 산정되었다는 것을 의미한다. 그래서 도입 과정에서 IT 도구가 가져올 생산성 향상, 업무 효율성 개선 그리고 기업 가치 증대 효과를 중심으로 보고서를 작성하는 것이 좋다. 예산 내에서 도구가 제공하

는 구체적인 성과를 명확히 하는 데 초점을 맞춰야 하며, 도구 도입이 회사의 생산성 증대를 제공할지 구체적으로 설명할 수 있다.

- **성과 중심의 ROI 분석** : 도입하려는 IT 도구가 가져올 생산성 향상과 예산 투자 대비 효과(ROI, Return On Investment)를 정확하게 분석해 경영진에게 보고한다. 예산 내에서 얼마나 큰 효율을 기대할 수 있는지 수치로 제시해 IT 도구 도입에 대한 신뢰를 높일 수 있다.

❷ 예산 범위가 없는 경우

예산이 정해지지 않은 상태에서 IT 도구 도입을 검토한다면, 페인포인트 제거의 가치를 구체적으로 산정하지 않고 먼저 시장 조사를 통해 도구를 선택하는 상황이 자주 발생한다. 이때는 다음과 같은 절차를 권장한다.

① 시장 조사와 가격 비교

예산이 불확정 상태일 때는 업계에서 사용되는 주요 IT 도구의 가격을 먼저 조사하는 것이 필요하다. 통상적으로 업계 1위부터 3위에 해당하는 도구의 가격대와 제공하는 기능을 비교하여 도입할 도구가 시장 내에서 어떤 위치에 있는지 판단한다. 회사에 적합한 도구를 선정할 수 있을 뿐만 아니라 경쟁력 있는 가격을 책정할 수 있다.

② 기능과 가격의 균형 고려

가격이 중요한 요소지만, 단순히 저렴한 도구를 선택하는 것만이 최선은 아니다. 도구가 제공하는 기능, 기업 환경에 맞는 적합성 그리고 추후 확장 가능성 등을 종합적으로 고려하여 페인포인트를 해결하면서도 기업에 맞는 균형 잡힌 도구를 선택해야 한다.

❸ 가격 협상 전략

IT 도구 도입 시 가격 협상은 종종 중요한 변수로 작용한다. 경쟁이 치열한 도구일수록 영업 담당자는 고객 유치를 위해 다양한 할인을 제공할 가능성이 크다. 그래서 회사에 더 유리한 조건으로 도구를 도입할 수 있다.

① 할인 및 프로모션 협상

도입을 검토하는 IT 도구의 경쟁사가 많다면, 영업 담당자와의 협상으로 추가적인 할인이나 프로모션을 받을 수 있다. 예를 들어 선정성이 높은 프로그램의 견적을 먼저 받은 후에 나머지 후보 기업의 영업 담당자에게 해당 견적을 제시하면, 추가적인 혜택을 제안받을 가능성이 있다. 이는 회사에 더 유리한 조건을 만들 수 있는 기회로 작용한다.

② 지혜로운 협상 진행

IT 도구마다 영업 정책이 다르고 무리한 요구나 과도한 협상은 영업 담당자와의 관계에 부정적인 영향을 미칠 수 있다. 협상 과정에서 감정적인 소모가 일어나지 않도록 신중하고 지혜롭게 진행해야 한다. 가격 협상은 상대방을 존중하며 진행하고, 합리적인 선에서 추가 혜택을 얻어내는 전략이 필요하다.

IT 도구 도입 시 예산이 중요한 고려 요소인 만큼, 예산이 확정된 경우와 그렇지 않으면 맞는 전략적인 접근이 필요하다. 예산이 확정되었다면 도구 도입으로 얻을 수 있는 구체적인 성과와 효율성 증대에 초점을 맞추어야 하며, 예산이 없다면 시장 조사로 적절한 가격과 기능을 갖춘 도구를 선택하고 지혜롭게 협상 과정을 진행해야 한다. 이러한 과정으로 기업은 예산 내에서 최고의 성과를 낼 수 있는 IT 도구를 성공적으로 도입할 수 있을 것이다.

Response
: 응대가 신속한가

IT 도구를 도입할 때 고객 응대의 신속성과 전문성은 도입 후 지원 서비스의 질을 예측하는 중요한 지표가 될 수 있다. 도입 단계에서부터 응대가 신속하지 않거나 전문성이 부족하다면 도입 이후에도 문제 해결이나 지원 속도가 느릴 가능성이 크기 때문이다. 따라서 IT 도구 도입 과정에서 응대 속도와 품질을 철저히 검토하는 것이 필요하다.

❶ 회신 및 응대 리드타임 검토

도입 과정에서 가격 견적이나 기타 관련 문의에 대한 회신 속도는 해당 기업의 서비스 품질을 예측하는 중요한 기준이 된다.

① 가격 견적 회신 시간

가격 견적에 대한 회신은 일반적으로 24시간 이내에 이루어지는 것이 이상적이다. 긴급 상황에서는 이를 넘기지 않도록 하는 것이 좋으며, 가격과 관련된 정보는 빠르게 제공되어야 한다. 예산을 확정하는 데 중요한 요소가 되기 때문이다.

② 추가 프로모션 및 커스텀 조율

추가적인 프로모션이나 커스텀 요구 사항에 대한 조율이 필요하다면, 일반적으로 72시간 이내에 회신받는 것이 바람직하다. 고객이 요구 사항에 대한 명확한 답변을 얻고, 추가 조정이 필요한 경우 적시에 결정할 수 있도록 도와준다. 다만 서버 설치나 물리적인 설비가 필요하다면 시간 여유를 두고 조율하는 것이 필요할 수 있다.

❷ 전문성 및 체계적인 응대 확인

도입 검토 과정에서 전문성과 체계적인 시스템을 갖춘 안내와 응대가 이루어졌는지를 확인해야 한다. 도입 이후에도 안정적이고 효과적인 지원을 기대할 수 있는지에 대한 중요한 지표다.

① 전문성 검토

도입 과정에서 받는 안내나 응대가 전문성이 부족하거나 체계적이지 않다면, 도입 이후에도 비슷한 수준의 서비스가 제공될 가능성이 크다. 그래서 도입 과정에서 충분한 전문 지식을 갖춘 상담을 받는 것이 중요하다. 이는 이후 발생할 수 있는 문제를 효과적으로 해결하기 위한 준비가 될 것이다.

② 영업사원과 담당자 변경

만약 도입 과정에서 신속한 응대나 전문성이 없는 영업사원을 만났다면, 공식 채널을 통해 담당 영업사원 변경을 요청하는 것이 바람직하다. 만약 상사로부터 지시받아 진행 중이라면, 상황에 맞게 지혜로운 문제 해결 방법을 찾아야 한다.

❸ 응대의 품질과 신뢰도

IT 도구 도입 시 응대의 품질은 도입 후 지원 서비스의 질을 예측할 수 있는 중요한 요소가 된다. 신속하고 전문적인 응대는 향후 발생할 수 있는 문제 해결에 있어 중요한 신뢰도를 제공하며, 고객 만족도를 높이는 데 기여한다.

IT 도구 도입 단계에서의 응대 속도와 전문성은 도입 후 지원 서비스의 품질을 예측할 수 있는 중요한 기준이다. 그래서 도입 과정에서 회신 및 응대 리드타임을 확인하고, 전문성 있는 상담을 받는 것이 필수다. 이는 도입 후 발생할 수 있는 문제를 효과적으로 해결하고, 안정적인 서비스를 받을 수 있을 것이다.

인터넷 신규 개통 시 많은 업체가 초기 설치와 연결은 신속하게 제공하지만, 그 후 요금제 변경이나 추가 서비스 요청과 같은 후속 작업에는 긴 대기 시간이 발생하는 경우가 흔하다. 예를 들어 인터넷을 새로 설치할 때는 보통 당일 혹은 하루 이틀 내로 기술자가 방문해 빠르게 연결을 완료하지만, 이후 요금제를 변경하거나 속도 업그레이드를 요청하려면 고객 지원 센터에 여러 번 연락해야 하고, 대기 시간이 길어지는 상황이 발생할 수 있다. 이러한 불편은 고객의 만족도를 낮추고 신속한 처리를 기대했던 고객의 기대감을 무너뜨린다.

마찬가지로 IT 도구를 도입하는 과정에서도 초기 설치나 설정은 순조롭게 진행되지만, 실제로 도구 사용 중 발생하는 문제나 추가 요청에 대해 고객 지원이 늦어지면 도입 후에도 원활한 지원을 기대하기 어렵다.

특히 새로운 기능 추가나 시스템 오류 발생 시 신속한 대응이 이루어지지 않으면 도구의 효용성에 대한 신뢰가 떨어지고, 사용자의 불만이 커질 수 있다.

그래서 이를 방지하기 위해서는 도입 단계에서부터 응대의 신속성과 문제 해결 능력을 자세히 검토하는 것이 중요하다.

업무 효율화를 위한
커뮤니케이션 IT 도구

IT 도구 도입에 대한 준비를 마친 지금, 다양한 업무 운영 효율화를 위한 도구들을 소개하겠다. 각각의 도구는 다른 기능과 장점을 제공하며 특정 업무 환경에 맞추어 적절히 선택할 수 있다.

▍프로젝트 관리 도구

프로젝트 관리 도구는 현대 비즈니스 환경에서 팀의 협업과 업무 효율성을 높이는 필수적인 요소로 자리 잡았다. 과거에는 마이크로소프트의 프로젝트 관리 도구가 전문적으로 사용되었지만, 이 도구는 엑셀과 유사하게 숙련된 사용이 필요하여 많은 사용자가 접근하는 데 어려움을 겪었다. 게다가 구독 서비스로의 전환 전에는 가격이 높아 도입하기 어려운 상황도 있었다. 이러한 배경 속에서 다양한 프로젝트 관리 도구가 국내외에서 출시되며 팀과 조직의 니즈를 충족시키고 있다.

대표적인 국내 도구인 플로우(Flow)는 직관적인 사용자 인터페이스와 간편한 기능으로 팀 간의 협업을 원활하게 지원하며, 프로젝트 진행 상황을 실시간으로 추적할 수 있는 기능을 제공한다. 해외에서 널리 사용되는 아사나(Asana)는 강력한 업무 추적 및 팀 협업 기능을 자랑하며, 사용자 친화적인 디자인과 다양한 통합 기능을 통해 프로젝트의 모든 단계를 관리하고 모니터링할 수 있다.

그 외에도 트레로(Trello)는 카드 기반의 시각적 작업 관리 도구로 프로젝트의 각 단계를 카드로 나누어 관리할 수 있게 하며, 팀원 간의 협업과 진행 상황을 쉽게 파악할 수 있다. 지라(Jira)는 소프트웨어 개발 및 IT 프로젝트 관리에 특화된 도구로, 다양한 이슈 추적 및 프로젝트 관리 기능을 제공한다. 마지막으로 먼데이닷컴(Monday.com)은 사용자 맞춤형 대시보드와 워크플로우 기능으로 업무 관리와 팀 협업을 지원하는 플랫폼 등 다양한 프로젝트 관리 도구는 각각의 특성과 장점을 바탕으로 팀의 생산성을 높이고, 복잡한 프로젝트를 효과적으로 관리하는 데 기여하고 있다.

다양한 프로젝트 관리 도구가 존재하며, 각 도구는 특정 업무 환경과 요구 사항에 맞추어 최적의 솔루션을 제공할 수 있다. 실무진은 각 도구의 기능과 장단점을 비교하여 자신의 업무에 가장 적합한 도구를 선택하는 것이 중요하다.

❶ 플로우(Flow)

- **메인 기능** : 프로젝트 관리
- **부가 기능** : 메신저, OKR 성과평가
- **플로우 공식 사이트** : https://flow.team
- **협업 툴 자료실** : https://post.flow.team/reference

　강력한 프로젝트 관리 툴로, 팀의 전반적인 업무 흐름과 프로젝트 진행 상황을 한눈에 파악할 수 있도록 설계된 솔루션이다. 기본적인 프로젝트 관리 기능 외에도 메신저와 성과평가 기능을 포함하고 있어 팀원 간의 원활한 소통과 협업을 지원하며 성과에 대한 빠른 피드백이 가능하다. 이러한 기능들은 업무의 체계적인 관리를 돕고 전체적인 효율성을 크게 향상한다.

　플로우는 국내에서 개발되어 해외 시장에도 성공적으로 진출 중이며 다양한 비즈니스 환경에 맞춘 워크스페이스 분리 기능을 통해 체계적인 업무 관리가 가능하다. 특히 가격 정책이 합리적이며 지속적인 프

플로우 화면

플로우 간트 차트

플로우 OKR   플로우 메신저

로그램 업데이트가 이루어져 사용자의 요구 사항을 신속하게 반영한다는 점이 큰 강점이다.

최근에는 AI 기술을 결합하여 기존 데이터를 기반으로 자동으로 업무 리스트를 생성하는 기능이 추가되어 업무 효율성을 더욱 높였다. 게다가 보안성이 강화되어 데이터 보호 측면에서도 매우 안정적이다.

플로우는 기능이 매우 풍부한 만큼 도입 시에 기본적인 의사소통 프로세스를 미리 확립하는 것이 중요하다. 처음 사용할 때는 다양한 기능

플로우 연계 프로그램과 플로우 연계 프로그램 모바일 버전

에 적응하는 과정이 필요할 수 있지만, 이는 프로그램을 최대한 활용하기 위한 과정이라 볼 수 있다. 또한 AI 기능이 유용하긴 하지만, 데이터 품질에 따라 결과의 정확성이 다를 수 있다는 점을 염두에 두면 좋다. 복잡해 보일 수 있는 기능도 시간이 지나면서 자연스럽게 익숙해질 수 있으니 익숙해지면 효과적으로 사용할 수 있을 것이다.

2 네이버웍스(Naver Works)

- **메인 기능** : 업무 관리 및 협업 툴
- **부가 기능** : 메신저, 이메일, 일정 관리, 문서 작성
- **네이버웍스 공식 사이트** : https://naver.worksmobile.com
- **네이버웍스 도입 검토 자료** : https://naver.worksmobile.com/ebook

  업무 관리와 협업을 위한 통합 플랫폼으로 메신저, 이메일, 일정 관리, 문서 작성 등의 다양한 기능을 하나의 시스템에서 제공하여 조직의 업무 효율성을 극대화하는 툴이다. 이 툴은 네이버의 사용자 친화적인 인터페이스를 그대로 유지하면서도 클라우드 기반으로 데이터 보안성을 강화하여 안정적인 서비스를 제공한다. 특히 조직 내 팀원 간 실시간 소통과 효율적인 협업이 가능하다.

  가격 경쟁력이 뛰어나고, 다양한 비즈니스 환경에 맞춰 커스터마이징할 수 있어 유연하게 활용할 수 있다. 지속적인 업데이트를 통해 사용자 요구를 충족하며 최근에는 AI 기능을 도입해 업무 생산성을 더욱

네이버웍스 통합 기능   네이버웍스 할 일

높이고 있다. 예를 들어 하이퍼클로바X(Hyper CLOVA X) 기술로 메일과 메시지의 자동 요약 기능, 파파고(Papago) 번역, 클로바(CLOVA OCR) 등의 기능이 제공된다.

네이버웍스는 메신저, 이메일, 일정 관리 등 다양한 기능이 통합된 만큼 사용자가 특정 기능을 익히는 데 시간이 필요할 수 있으며, 커스터마이징 과정에서 복잡성을 느낄 수 있다. 일부 고급 기능은 추가 비용이 발생할 수 있으며 중소기업이나 스타트업에서는 이러한 추가 기능이 부담으로 작용할 수 있다.

3 아사나(Asana)

- **메인 기능** : 프로젝트 및 작업 관리
- **부가 기능** : 팀 협업, 일정 관리, 보고서 생성, 문서 공유
- **아사나 공식 사이트** : https://productivity.kr
- **아사나 자료실** : https://productivity.kr/FAQ

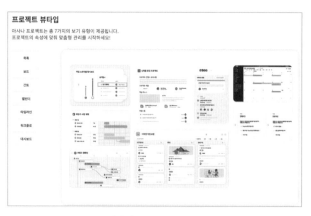

아사나 프로젝트 뷰타입

팀 프로젝트와 작업을 체계적으로 관리할 수 있는 강력한 협업 툴이다. 이 플랫폼은 프로젝트 계획, 작업 할당, 일정 관리 및 보고서 생성을 통합적으로 지원하며, 팀원 간의 효율적인 소통을 돕는다. 아사나는 사용자 친화적인 인터페이스와 직관적인 작업 관리 기능이 강점으로 팀의 생산성을 높이고 업무 흐름을 최적화할 수 있다.

특히 아사나는 다양한 외부 앱과의 통합이 가능하여 기존의 업무 도구들과 원활하게 연동되어 팀이 이미 사용하고 있는 시스템과도 무리없이 호환된다. 글로벌 시장에서 널리 사용되고 있으며 다양한 산업군과 팀 규모에 맞춰 유연하게 적용될 수 있다. 무료 플랜과 유료 플랜으로 나뉘어 있어 팀의 필요에 따라 적합한 옵션을 선택할 수 있으며 클라우드 기반으로 안전한 데이터 처리가 보장된다.

4 다우오피스(Daou Office)

- **메인 기능** : 올인원 업무 관리 및 협업 툴
- **부가 기능** : 문서 작성, 일정 관리, 메신저, 회계 관리, 인사 관리
- **다우오피스 공식 사이트** : https://daouoffice.com
- **다우오피스 도입 필요 자료** : https://daouoffice.com/contents.jsp

다양한 업무 기능을 통합하여 제공하는 올인원 솔루션으로, 문서 작성, 일정 관리, 메신저, 회계 관리, 인사 관리 등 여러 기능을 하나의 플랫폼에서 효과적으로 지원한다. 사용자는 이 플랫폼으로 업무의 효율성을 극대화하고, 다양한 비즈니스 프로세스를 간편하게 관리할 수 있다.

국내의 대표 IT 기업인 다우기술에서 개발한 다우오피스는 국내 시장에서 널리 사용되고 있으며, 최근에는 해외 시장으로의 진출을 모색

다우오피스

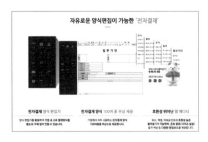

다우오피스 전자결재

다우오피스 웍스

하고 있다. 이 툴은 직관적인 사용자 인터페이스를 제공하여 누구나 쉽게 접근하고 사용할 수 있으며, 다양한 비즈니스 환경에 빠르게 적응할 수 있는 유연성을 지닌다.

다우오피스의 주요 강점으로는 다양한 업무 기능을 하나의 플랫폼에서 제공하여 관리의 효율성을 높일 수 있다는 점과 사용자 친화적인 디자인으로 쉽게 접근할 수 있다는 점이 있다. 또한 기능 개선과 업데이트가 신속하게 이루어져 최신 비즈니스 환경에 적응하는 데 유리하다.

다우오피스는 일부 전문화된 기능이 부족할 수 있어 고급 사용자의 요구를 충분히 충족하지 못할 수도 있다. 기본적인 커스터마이징 옵션은 제공하지만, 고급 사용자 맞춤형 조정에는 제한이 있어 이를 고려해야 한다.

다우오피스는 중소기업이나 팀 단위로 운영되는 조직에서 유용하게 사용할 수 있는 툴로, 다양한 비즈니스 기능을 통합적으로 제공하면서도 사용의 용이성을 갖추고 있어 업무 효율성을 높이는 데 큰 도움을 줄 수 있다.

▌메신저

최근 워라밸의 중요성이 사회 전반에 걸쳐 주목받으면서 업무와 일상의 경계를 명확히 구분하는 것이 필요하게 되었다. 특히 젊은 세대는 일과 개인 생활의 조화를 중시하며 기업 문화와 업무 방식에도 큰 영향을 미치고 있다. 그 결과 과거에는 흔히 사용되던 개인 메신저인 카카오톡과 같은 도구의 업무 소통 사용이 점차 줄어드는 현상을 목격할 수 있다.

예전에는 네이트온과 같은 플랫폼을 통해 업무와 개인 생활을 구분하려는 시도가 있었으나, 현재는 이런 방식이 시대의 흐름과 맞지 않게 되었다. 업무 환경이 다변화하고 정보의 양이 폭발적으로 증가함에 따라 단순한 개인 메신저는 그 역할을 수행하기 어렵게 되었기 때문이다. 현대의 직장인은 다양한 채널로 연결되어 있으며, 이러한 복잡한 환경 속에서 효율적인 소통이 필요하다.

현대의 업무 환경에서는 신속한 정보 전달과 협업의 효율성이 무엇보다 중요하다. 이에 부합하는 다양한 메신저 및 협업 도구가 시장에 등장하고 있으며, 이들 도구는 단순한 정보 전달 기능을 넘어 사용자에게 여러 혜택을 제공한다. 예를 들어 알림 기능으로 중요한 일정이나 업무를 놓치지 않도록 지원할 뿐만 아니라 기업의 중요한 데이터를 보호하기 위한 보안 기능도 강화되어 있다. 이러한 보안 기능은 오늘날과 같은 데이터 유출 우려가 큰 시대에 필요하다.

결과적으로 많은 기업은 기존의 개인 메신저 대신 보다 전문화된 업무용 메신저 도구를 도입하고 있다. 단순히 업무 효율성을 높이는 데 그치지 않고, 보안과 생산성 모두를 확보할 수 있는 현명한 선택이 되고 있다. 이러한 변화는 특히 원격 근무와 하이브리드 근무 환경이 확산하면서 더욱 두드러지고 있다. 각기 다른 지역에서 근무하는 팀원 간의 원활한 소통과 협업을 위해서는 적합한 도구가 필요하기 때문이다.

그래서 변화하는 업무 소통 환경에 적합한 다양한 메신저 도구와 성과관리 툴을 소개하고, 각 도구의 특징과 장점을 심도 있게 살펴보겠다. 더불어 이러한 도구가 어떻게 현대의 비즈니스 환경에 기여하고 있는지를 다루고자 한다. 더욱 나은 선택을 할 수 있도록 돕고 업무 환경을 한층 더 발전시킬 수 있는 기회이길 바란다.

❶ 슬랙(Slack)

- **메인 기능** : 팀 협업 및 커뮤니케이션 툴
- **부가 기능** : 리스트, 파일 공유, 검색, 통합 앱, 자동화
- **슬랙 공식 사이트** : https://slack.com/intl/ko-kr
- **슬랙 엔터프라이즈** : https://slack.com/intl/ko-kr/enterprise

현대의 팀 협업과 커뮤니케이션을 혁신적으로 지원하는 플랫폼으로, 다양한 기능으로 팀워크를 강화하고 업무 효율성을 높이는 데 중점을 두고 있다. 슬랙은 채팅 기반의 메시징 기능을 중심으로 하며, 팀원 간의 실시간 소통을 원활하게 해주는 여러 가지 도구를 제공한다.

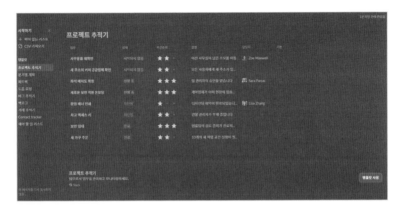

슬랙 리스트 활용 기능

슬랙의 주요 기능은 채널을 통한 팀별 또는 프로젝트별 커뮤니케이션을 지원하는데, 채널은 공개와 비공개로 나뉘어 팀원과의 대화를 체계적으로 관리하고 필요한 정보를 쉽게 찾을 수 있도록 돕는다. 다이렉트 메시지 기능을 통해 개인 간의 1:1 대화도 가능하다.

파일 공유와 통합 앱 기능은 슬랙의 큰 장점으로, 사용자는 문서, 이미지, 비디오 등 다양한 파일을 채팅 내에서 직접 공유하고 드롭박스, 구글 드라이브, 아사나, 트렐로 등 다양한 외부 앱과 연동하여 업무를 효율적으로 관리할 수 있다. 슬랙의 검색 기능은 대화 내용, 파일, 링크 등을 신속하게 찾아낼 수 있도록 도와주며, 자동화 도구를 통해 반복적인 작업을 줄이는 데 도움을 준다. 슬랙은 강력한 보안 기능과 사용자 친화적인 인터페이스를 제공하여 다양한 규모의 기업에서 유용하게 활용될 수 있다.

슬랙은 다양한 커스터마이징 옵션을 제공하여 팀의 필요에 맞게 맞춤형으로 설정할 수 있지만, 그로 인해 초반의 설정 과정에서 약간의 복잡함이 있을 수 있다. 다양한 채널과 대화가 활성화될수록 정보의 과부하를 관리하기 위한 적절한 설정이 필요할 수 있다. 비용 측면에서도 무료 버전의 기능은 제한적이며, 유료 플랜으로 업그레이드하면 더 많은 기능을 활용할 수 있게 된다.

슬랙은 팀워크를 강화하고 협업을 효율적으로 관리하기 위한 강력한 도구로, 다양한 기능과 유연한 커스터마이징으로 많은 기업이 선택하고 있는 플랫폼이다.

❷ 채널톡(Channel Talk)

- **메인 기능** : 고객 소통 및 CRM
- **부가 기능** : 채팅봇, 업무 관리, 고객 분석
- **채널톡 공식 사이트** : https://channel.io/ko
- **채널톡 고객 사례** : https://channel.io/ko/blog/tag/success-stories

고객 소통과 CRM(Customer Relationship Management)을 중심으로 하는 통합 커뮤니케이션 플랫폼으로, 고객 지원 및 관리에 초점을 맞추어 다양한 기능을 제공한다. 이 툴은 기업의 고객 응대와 업무 효율성을 높이는 데 큰 도움을 준다.

채널톡의 핵심 기능은 실시간 채팅과 고객 지원이다. 웹사이트에 통

채널톡

합된 채팅 위젯으로 방문자와 실시간으로 소통할 수 있으며, 고객의 문의 사항이나 요청을 신속하게 처리할 수 있다. 채팅봇 기능은 자주 묻는 질문에 자동으로 응답하거나 고객의 요청을 적절한 부서로 전달하는 등의 작업을 자동화할 수 있다.

채널톡은 업무 관리와 고객 분석 기능도 제공한다. 고객과의 대화기록을 기반으로 업무 흐름을 관리하고, 고객의 행동 패턴을 분석하여 맞춤형 서비스를 제공할 수 있다. 고객 세그먼트를 정의하고 각 세그먼트에게 맞는 전략을 수립하여 효과적인 마케팅과 지원을 진행할 수 있다. 통합된 대시보드로 고객 문의, 채팅 이력, 업무 진행 상황 등을 한눈에 파악할 수 있으며, 팀원 간의 협업을 통해 더욱 원활한 고객 대응이 가능하다.

채널톡은 다양한 API와 연동 기능을 통해 기존의 CRM 시스템이나 고객 관리 도구와의 통합이 쉬우며, 고객의 요구를 실시간으로 파악하고 대응할 수 있는 여러 분석 도구를 제공한다.

다양한 기능이 제공되지만 초기 설정과 사용 과정에서 다소 복잡할 수 있으며, 무료 버전의 기능이 제한적이고 유료 플랜으로 전환하면 비용이 발생할 수 있다. 특정 시스템과의 통합이 제한적일 수 있어 기존 시스템과의 연동에 제약이 있을 수 있다.

채널톡은 고객 소통을 중심으로 하는 강력한 CRM 플랫폼으로, 고객 응대의 효율성을 높이고 기업의 고객 관리 및 지원을 효과적으로 지원하는 도구다.

▌알아 두면 유용한 툴

다음은 알아 두면 유용한 툴을 소개하며 각 툴에 대한 정보를 짧게 정리하였다. 필요에 따라 조직에 맞는 툴을 이용하면 된다.

1 카택스(Cartax)

- **메인 기능** : 차량 운영 관리 및 업무 지원
- **부가 기능** : 차량 관리, 운행 일지 기록, 유지 보수 관리, 통계 분석
- **카택스 공식 사이트** : https://cartax.biz
- **카택스 데모 체험** : https://cds.carbeast.co.kr/biz/main.html#

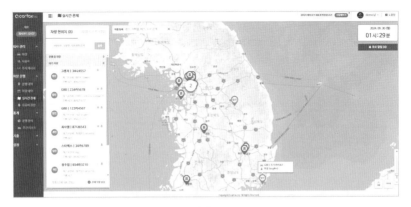

카택스

차량 운영과 관련된 다양한 업무를 지원하는 통합 플랫폼으로, 효율적인 차량 관리를 위해 설계되었다. 이 도구는 차량의 운행 일지를 자동으로 기록하고 유지 보수 일정을 관리하는 데 도움을 주며, 각종 통계를 제공하여 관리의 효율성을 극대화한다. 특히, 카택스는 기업의 차량 관리에 중점을 두고 있어, 운행 데이터 분석을 통해 차량 운영의 최적화를 지원한다.

사용자 친화적인 인터페이스를 제공하여 팀원이 직관적으로 차량 운영 상태를 파악할 수 있도록 돕는다. 차량 관리와 관련된 다양한 기능을 통합적으로 지원하며, 데이터 기반의 통계 분석 기능을 통해 차량의 유지보수 상태와 운영 효율성을 실시간으로 모니터링할 수 있다. 이러한 기능은 기업이 차량 운영을 보다 체계적으로 관리하고, 필요한 결정을 신속하게 내릴 수 있도록 돕는다.

카택스는 차량 관리 외의 기능이 상대적으로 제한적일 수 있으며,

특정 기능에 대한 커스터마이징이 필요할 수도 있다. 무료 버전에서는 기능이 제한적이다.

카텍스는 차량 운영을 효율적이고 체계적으로 관리할 수 있는 훌륭한 도구로, 기업의 운송 관리에 큰 도움을 줄 수 있으며, 효과적인 차량 운영과 관리 시스템을 구축하는 데 기여한다. 이를 통해 기업은 더욱 높은 업무 효율성을 달성할 수 있다.

❷ 모두싸인(ModooSign)

- **메인 기능** : 전자 서명 및 문서 관리
- **부가 기능** : 문서 템플릿 관리, 서명 요청 자동화, 인증 및 보안 기능
- **모두싸인 공식 사이트** : https://modusign.co.kr
- **모두싸인 고객 사례** : https://modusign.co.kr/references

전자 서명 및 문서 관리 솔루션으로, 사용자가 문서에 전자 서명을 빠르고 간편하게 추가할 수 있도록 돕는다. 이 플랫폼은 서명 요청, 문서 템플릿 관리, 서명 완료 후의 문서 보관까지 효율적으로 처리하는 다양한 기능을 제공한다. 특히, 법적 효력을 가진 전자 서명을 지원하여, 사용자가 신뢰할 수 있는 서명 과정을 경험할 수 있다. 보안성을 높이기 위해 다양한 인증 및 암호화 기능을 갖추고 있어 문서의 안전한 처리가 보장된다.

모두싸인은 비즈니스 문서의 디지털화와 서명 프로세스의 자동화를

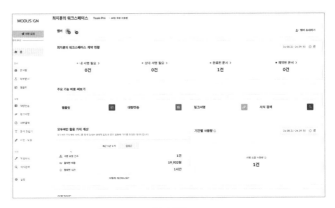

모두싸인

통해 업무 효율성을 극대화하며, 종이 문서 처리와 관련된 시간과 비용을 절감할 수 있다. 사용자 친화적인 인터페이스와 직관적인 기능 덕분에 스타트업부터 대기업까지 폭넓은 비즈니스 환경에서 활용되고 있다.

법적 효력을 갖춘 전자 서명을 지원하는 모두싸인은 서명 과정의 법적 안정성을 보장하는 강점이 있다. 문서 템플릿 관리와 서명 요청 자동화 기능으로 업무의 효율성을 높이는 데 큰 도움이 된다. 대규모 팀이나 기업에서는 추가적인 설정이나 커스터마이징이 필요할 수 있어 초기 도입 시 약간의 준비가 필요할 수 있다.

모두싸인은 전자 서명과 문서 관리의 편리함을 제공함으로써 비즈니스 운영에 있어 중요한 도구로 자리 잡고 있다. 이를 통해 기업은 더욱 효율적인 업무 환경을 조성할 수 있다.

3 원티드스페이스(WantedSpace)

- **메인 기능** : HR 관련 통합 툴
- **부가 기능** : 피플카드, 전자결재, 출퇴근, 휴가 관리
- **원티드스페이스 공식 사이트** : https://wantedspace.ai
- **원티드스페이스 바우처 소개** : https://wantedspace.ai/voucher/cloud

협업 공간 관리와 커뮤니케이션을 효과적으로 지원하는 통합 플랫폼이다. 이 툴은 기업의 사무실과 협업 공간을 관리하고, 예약 시스템을 통해 자원의 효율적인 배분을 돕는다. 인사 관리 및 팀원 간의 소통을 원활하게 할 수 있도록 다양한 기능을 제공하여 기업의 운영을 지원한다.

원티드스페이스

특히 원티드스페이스는 원티드의 채용 플랫폼과 연동되어 있어 인사 및 채용 관련 업무를 한 곳에서 통합적으로 관리할 수 있는 장점이 있다. 사용자 친화적인 인터페이스와 클라우드 기반의 안정적이며 신속한 서비스를 통해 다양한 업무 요구를 충족시킨다.

④ 보안 프로그램 지란지교 - 오피스키퍼(OfficeKeeper)

- **메인 기능** : 파일 암호화
- **부가 기능** : 자원 관리, 보안 기능
- **오피스키퍼 공식 사이트** : https://www.officekeeper.co.kr
- **오피스키퍼 콘텐츠** : https://www.officekeeper.co.kr/blog

오피스키퍼

기업의 문서와 데이터를 안전하게 보호하는 데 중점을 둔 통합 보안 관리 플랫폼이다. 이 툴은 문서 보안 관리뿐만 아니라 일정 관리, 자원 관리 기능을 제공하여 조직의 업무 환경을 체계적으로 관리할 수 있도록 돕는다. 특히 강력한 보안 기능을 통해 기업의 중요한 데이터와 정보를 안전하게 보호하며 보안 위협에 대한 실시간 모니터링이 가능하다.

5 에어테이블(Airtable)

- **메인 기능** : 관계형 데이터 구축(RDBMS)
- **부가 기능** : 서베이폼, 자동화, 연동
- **에어테이블 공식 사이트** : https://www.airtable.com
- **에어테이블 엔터프라이즈:** https://www.airtable.com/solutions/enterprise

데이터베이스와 스프레드시트의 장점을 결합한 혁신적인 협업 플랫폼으로, 사용자가 데이터를 시각적으로 관리하고 조직할 수 있는 다양한 기능을 제공한다.

주요 기능으로는 친숙한 스프레드시트 형식으로 데이터 입력이 쉬우며, 데이터 필드를 다양한 유형으로 설정하고 필터링하고 정렬할 수 있는 데이터베이스 기능이 있다. 사용자는 데이터를 카드, 갤러리, 캘린더 등 다양한 뷰로 시각화하여 필요한 정보를 직관적으로 파악할 수 있으며, 실시간으로 팀원과 데이터를 공유하고 협업할 수 있는 기능이 지원된다. 자동화 기능으로 반복 작업을 줄이고, 다양한 외부 앱과의

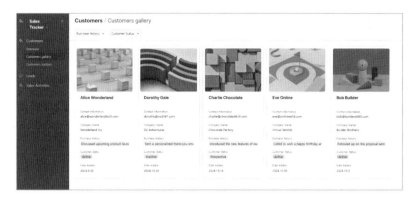

에어테이블

통합도 가능하다.

　사용자 친화적인 인터페이스, 다양한 시각화 옵션, 강력한 협업 기능, 업무 프로세스 자동화가 장점이며, 무료 버전은 기능 제한이 있고, 상대적으로 복잡한 기능을 이해해야 하며 대규모 데이터 운영 시 제약 등이 있다.

　에어테이블은 팀원 간의 협업과 데이터 관리를 효율적으로 지원하는 도구로, 비용과 기능의 복잡성을 고려하여 적절히 활용할 것을 추천한다.

PART
06

업무 효율화를 위한
심리적 안전감

by 김지혜

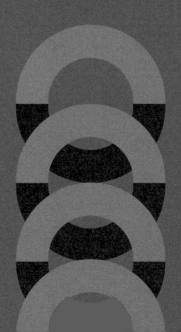

세대 특성을 고려한
업무 효율화의 필요

업무 효율성을 높이기 위해서는 다양한 측면에서 접근이 중요하다. 앞서 개인의 업무 효율화를 높이고 개선할 방법을 이야기하였다면, 이번에는 조직을 구성하고 있는 '세대'를 이해하고 그들에게 필요한 업무 환경과 분위기에 대해 살펴보고자 한다.

세대란 같은 시대에 살면서 공통의 의식을 가지는 비슷한 연령층의 사람 전체 또는 특정 시간 동안 태어난 사람들의 그룹으로 정의된다. 세대마다 성장 시기 환경과 역사적 배경에 큰 영향을 받아 고유한 특징, 가치관, 경험 등을 형성하게 되는데, 기업의 조직 구성원이 어떤 세대들이 주를 이루고 있는지에 따라 조직 문화나 일의 방식이 형성되고 채택된다.

조직은 공동의 목표를 달성하는 데 필요한 인재를 선발하여 조직 성과를 내기 위해 일하는 곳이다. 그들이 함께 일하면서 그들만의 일 방식이 생겨나고 문화가 형성되며 그것을 조직 문화라고 일컫는다. 우리 조직의 업무 효율화를 높이기 위해서는 개인 차원과 조직 차원의 변화와 실천이 필요하다.

현재 기업에는 대체로 3대의 세대(X세대, M세대, Z세대)가 공존하고 있다. 몇 년 뒤에는 M, Z, Y세대가 조직에서 중추적 역할을 하며, 그들만의 일하는 방식과 문화가 생겨날 것이다. 각 세대가 경험한 시대적, 문화적 특성이 다르기 때문에 서로가 원하고 바라며 일하는 방식과 문화가 같을 수 없다. 서로 만족할 수 있는 일하는 방식과 문화를 만들기 위해서는 수많은 논쟁과 갈등이 필연적으로 공존하게 되는 것이다. 그러므로 조직의 업무 효율화에 있어 장애물로 여겨지는 '세대 갈등'은 특정 세대의 문제가 아니다. 피할 수 없는 '서로의 다름'이며 서로 만족스러운 결과를 만들기 위한 과정인 것이다.

이제 '세대 갈등'을 각 세대 간 시대적, 문화적 차이를 맞춰가는 과정으로 받아들이고 '서로의 다름'이 무엇인지 살피고 이해하자. 그리고 인정하고 존중하자. 개인과 조직의 업무 효율화에 있어서 무엇보다 선행되어야 한다.

그럼 MZ세대가 추구하는 일하는 방식에서 있어서 영향을 끼친 시대적 문화적 요인이 무엇이며, 업무 효율에 있어 무엇보다도 심리적 안전감이 기반이 되어야 하는지 이유에 대해 살펴보자.

디지털 네이티브 세대
MZ세대의 불안감

현재 국내 주요 기업 기준으로 구성원의 50% 이상을 차지하는 세대는 바로 MZ세대다. MZ세대을 일컫는 말들이 많은데 '디지털 네이티브 세대', '불안의 세대', 'N포 세대' 등 MZ세대의 특성과 그들이 처한 사회 환경적 요인이 반영되어 표현되고 있다.

특히 디지털 네이티브 세대는 MZ세대를 대표하는 말로, 인터넷 및 디지털 기기가 당연한 존재로 여겨지는 시대에 태어나 자란 세대를 의미한다. 그들은 인터넷과 디지털 기술이 급격히 발전하는 시기에 성장해 자연스럽게 소셜미디어를 일상의 일부로서 받아들이고 소셜미디어로 타인과 소통하고 정보를 교환한다. 비대면, 익명이라는 공간을 통해서 자신의 의견을 자유롭게 표현하는 것 또한 익숙하다.

한 조사에 따르면 MZ세대가 가장 많은 시간을 할애해 사용하는 앱이 유튜브, 틱톡, 인스타그램, 메타(구 페이스북) 등의 소셜미디어 앱이라고 한다. 그들에게 소셜미디어가 단순히 매체가 아닌 중요한 정보원이자 일상에서의 필수적인 부분으로 자리 잡은 트렌드의 근원지임을 나타내고 있다.

소셜미디어는 빠르게 정보를 습득하고 거리와 상관없이 소통할 수 있는 강점이 있지만 반면 끊임없이 타인의 삶과 행동을 관찰하고 타인에게 보여 주고 싶은 자기 모습만 드러낼 수 있다 보니 자연스럽게 일상에서 남과 자신을 비교하는 경향이 생기는 부정적인 면도 존재한다.

평소 SNS 활동 비중

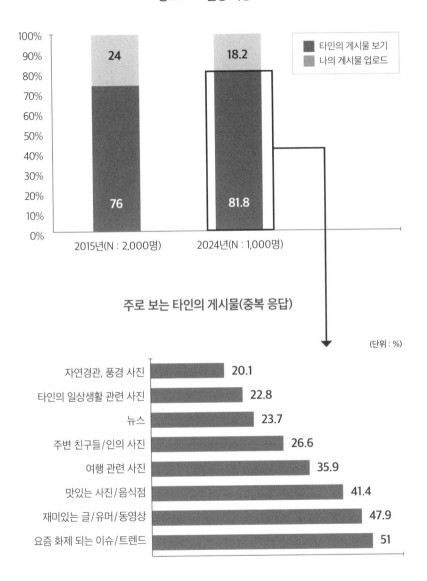

- 타인의 게시물 보기
- 나의 게시물 업로드

2015년(N : 2,000명)
- 24
- 76

2024년(N : 1,000명)
- 18.2
- 81.8

주로 보는 타인의 게시물(중복 응답)

(단위 : %)

자연경관, 풍경 사진	20.1
타인의 일상생활 관련 사진	22.8
뉴스	23.7
주변 친구들/인의 사진	26.6
여행 관련 사진	35.9
맛있는 사진/음식점	41.4
재미있는 글/유머/동영상	47.9
요즘 화제 되는 이슈/트렌드	51

⇨ **SNS에서 타인의 게시물을 보는 비중 이전 대비 더욱 증가한 모습**

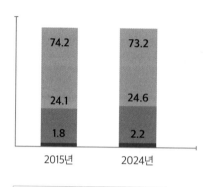

평소 '타인의 시선' 의식 수준

- 신경 쓰지 않는 편
- 잘 모름/무응답
- 신경 쓰는 편

	2015년	2024년
신경 쓰는 편	74.2	73.2
잘 모름/무응답	24.1	24.6
신경 쓰지 않는 편	1.8	2.2

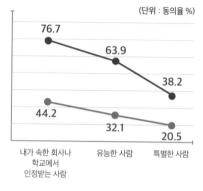

'내'가 보는 이미지와
'타인'이 보는 이미지 차이

(단위 : 동의율 %)

- 내가 원하는 이미지 : 76.7 / 63.9 / 38.2
- 현재 나의 이미지 : 44.2 / 32.1 / 20.5

내가 속한 회사나 학교에서 인정받는 사람 / 유능한 사람 / 특별한 사람

⇨ 타인에게 '유능하고 능력 있는 사람'이었음 하는 선망 니즈 높은 편

'타인'과의 비교가 불러온 '타고난 능력'에 대한 갈망

(N=1,000, 단위 : 동의율 %)

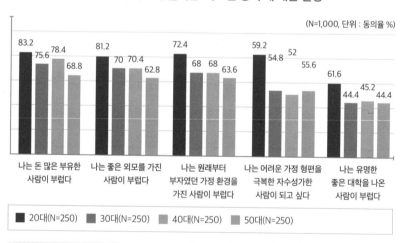

- 20대(N=250)
- 30대(N=250)
- 40대(N=250)
- 50대(N=250)

	20대	30대	40대	50대
나는 돈 많은 부유한 사람이 부럽다	83.2	75.6	78.4	68.8
나는 좋은 외모를 가진 사람이 부럽다	81.2	70	70.4	62.8
나는 원래부터 부자였던 가정 환경을 가진 사람이 부럽다	72.4	68	68	63.6
나는 어려운 가정 형편을 극복한 자수성가한 사람이 되고 싶다	59.2	54.8	52	55.6
나는 유명한 좋은 대학을 나온 사람이 부럽다	61.6	44.4	45.2	44.4

⇨ 특히나 20대를 중심으로 '노력(자수성가)'보다 '타고난 것'에 대한 선망 니즈가 높은 수준

출처 : 엠브레인 트렌드 모니터

시장 조사 전문 기업 엠브레인 트렌드 모니터가 SNS 계정을 보유하고 있는 전국 만 19~59세 성인 남녀 1,000명을 대상으로 한 자기(Self) 이미지 선망 니즈 관련 조사에 따르면, 최근 SNS에서 타인의 게시물을 보는 비중이 이전 대비 더욱 증가했다고 한다. 이는 자기 과시 성향이 뚜렷해 타인에게 유능한 사람으로 인정받고자 하는 니즈가 높아짐과 동시에 타고난 능력을 선망한다는 것을 의미하는데, 특히 타 연령층 대비 Z세대인 20대를 중심으로 '노력'보다는 '타고난 것'에 대한 선망이 높게 나타났다.

다시 곱씹어 생각해 보면 타고난 것에 대한 선망이 높다는 것은 노력에 비해 주변으로부터 긍정적인 평가를 받지 못하거나 스스로 만족하지 못하면 자존감 하락이나 우울감으로 이어질 가능성이 커진다는 것을 의미한다. 디지털 네이티브 세대는 소셜미디어를 통해 빠르게 타인으로부터 영감과 정보를 얻을 수 있지만, 그만큼 타인을 의식하는 과정에서 정체성 혼란과 불안감에 노출되기 쉽다는 것을 의미한다.

업무 효율성은 주어진 자원을 사용하여 원하는 결과를 달성하는 능력이다. 그래서 무엇보다 자신에 대한 믿음과 신뢰가 바탕이 되어야 한다. '나는 잘살고 있는 건가?', '나는 인정받고 있나?', '나는 성장하고 있나?', '내가 하는 일이 의미 있는 일인가?'와 같은 스스로 개인의 업무 가치와 삶의 가치 사이의 접점을 찾고자 노력해야 한다. 이 과정에서 어렵고 힘든 부분이 생긴다면 두려워하지 말고 자신감을 가지고 주변의 사람들에게 도움을 요청하고 스스로 성장할 수 있는 기회를 만들자. 그리고 자신을 믿고 신뢰하자. '나는 가능한 사람'이라고 말이다.

개인마다의 도전과 시행착오를 통해 일하는 방식 즉 살아가는 방식이 생겨나고, 개인의 성장과 변화, 혁신이 조직의 구성원 모두에게 이루어지면 그들의 일하는 방식이 곧 그 조직의 조직 문화로 형성된다. 그래서 그들이 조직 안에서 믿음과 신뢰를 바탕으로 자존감을 가지고 성장할 수 있는 일하는 방식을 찾고 만들 수 있는 분위기를 형성해야 한다. 바로 그것이 심리적으로 안전하다는 마음속 평온함의 확보다.

여기에 더불어 주변(조직, 상사 등)으로부터 성장 독려와 지원을 받게 된다면 업무의 생산성 향상은 물론이고 일에 대한 즐거움까지 발휘될 수 있다. Z세대는 다른 세대와 다르게 가정뿐만 아니라 학교 정규 수업 외에 동아리, 학생 상담센터 등 다양한 경로로 전문 상담과 멘토링을 경험하여 익숙한 세대다. 자신의 진로 결정에 있어서 많은 전문가의 도움을 누린 세대다. 그 누구보다 자신을 우선시하고 자신이 잘하는 것, 좋아하는 것을 찾을 수 있도록 지원과 코칭을 받으며 성장했기에 일에 대한 의미성과 역할에 대한 목적성이 명확하게 인식되면 한 차원 높은 목표로 일의 동기부여가 되는 특성을 보인다.

그들은 이해와 지원이 제공되면 더 적극적으로 자기 일에 몰입하고 잘하는 영역을 찾아 인정받고자 하지만, 직장 내 어려움이나 고충에 있어서는 감추고 참는 것이 익숙한 기존 세대와 달리 표현하는 것이 더 익숙하다. 상담, 멘토링을 통해 자신의 고충을 이야기하고 공유하는 것을 자연스럽게 익히기도 했지만, 무엇보다 가정환경, 부모의 양육 태도가 영향을 크게 미쳤을 것이다.

한 리서치 결과에 따르면 부모 세대와의 관계가 좋다고 답한 그룹이 가장 많은 세대가 Z세대, 즉 엑스틴 세대의 자녀 세대였다. 엑스틴 세대는 X세대의 'X'와 10대를 뜻하는 'Teen'을 합친 용어로, '10대를 경제적·물질적으로 풍요롭게 보냈던 X세대'라는 뜻과 '현재의 10대인 Z세대 자녀와 친구같이 소통하는 부모 세대'라는 뜻이 합쳐져 만들어진 신 용어다.

Z세대의 부모들은 대체로 원조 신(新)세대로 불리는 X세대, 엑스틴 세대로 경제 성장 시기와 IMF라는 경제금융 위기를 겪으면서 경제적·물질적 풍요와 빈곤을 함께 경험한 세대다. 그러니 개인의 개성을 중시하는 신인류 세대로서, 자연스럽게 자신들은 자녀와의 교감과 소통으로 자녀의 개성을 중요시하는 양육 태도를 보이게 되었다. 자녀가 원하고 잘하는 것을 적극적으로 지원하면서 소통하는 부모다.

새롭게 조직에 유입되는 Z세대 신입사원은 엑스틴 세대 부모의 관심과 사랑을 받고 자라난 세대다. 그래서 일상적 대화로 자신의 좋고 나쁨의 감정, 자신이 잘하고 못하고, 관심이 있고 없음을 표현하는 것이 분명하고 자연스럽다. 한 예로 다양한 기업에서 리더를 대상으로 부하 육성 코칭을 주제로 1:1 코칭 또는 그룹 코칭을 하다 보면 수많은 고충을 듣게 되는데 그 안에서 공통점을 찾을 수 있었다.

"요즘 신입들은 책임감이 부족해요"
"안 힘든 일이 어디 있겠어요? 그런데 조금 해 보고 힘들어서 못하겠대요"
"조금만 잘하면 정말 잘난 줄 알고 그냥 칭찬해 달라고 하는 데 어디까지 칭찬해 줘야 하나요?"

요즘 Z세대 구성원의 무책임과 칭찬 피드백 기준에 대한 고충이었다. 인상학을 전공하고 채용 전문 면접관으로 활동하고 있는 필자는 이런 질문도 자주 듣는다.

"오래 다니고, 책임감 강하게 생긴 사람은 어떻게 생겼나요?"

얼굴만으로 책임감 있는 사람을 어떻게 확신할 수 있겠는가? 다만 고심해서 채용했는데 태만한 업무 태도를 보이거나 무책임하고 쉽게 그만두는 직원들이 자주 생기다 보니 답답하고 속이 타서 묻는 말일 것이다. 하지만 이해가 되면서도 한편으로는 이런 생각도 들었다. 왜 원인을 그들에게서만 찾는 것인지 말이다. 그들이 회사에 대한 애착이 부족한 이유, 업무에 대한 책임감이 없는 이유가 오롯이 그들에게만 문제가 있는 것인지를 생각해 볼 필요가 있다.

필자는 당시 그 질문을 받았을 때 이렇게 답했다.

"오래 다닐 사람을 뽑을 생각하시는 것보단 지금 함께 일하는
구성원을 어떻게 하면 오래 다니게 할 수 있을까를 먼저 생각
하시는 게 순서가 아닐까요?"

지금 동료와 부하 직원을 어떻게 바라보고 있는가? 과잉과 과부족

의 사람으로 생각하고 유리 멘탈의 소유자로 바라보고 있지는 않은가? 혹 그렇게 바라보고 있다면 정확한 기준과 잣대가 있는 것인가? 아니면 자신 세대가 경험한 특성으로 만들어진 잣대로 그들을 바라보고 평가하고 있는 것은 아닌지 생각해 봐야 한다.

여기서 잘잘못을 가리고자 하는 것이 아니다. 다만 서로 바라보고 향해 있는 눈빛이 어떠한지 먼저 살펴보자. 지지와 응원의 눈빛인지 아니면 도대체 무엇을 하고 있는지 모르겠다는 의심 가득한 불안감을 주는 눈빛인지 말이다.

MZ세대에게 수직적 조직 문화의 특징인 상하식 소통방식에 더불어 한심스러운 눈초리와 의심 가득한 눈빛을 담아 업무 배분과 성과관리가 이루어진다면 그들의 업무 효율성이 어떻겠는가? 그들을 경직시키고 점점 말을 잃게 만들어 자아실현 욕구를 채우기는커녕 자아정체성마저 잃어가는 존재로 만들어 버릴 것이 뻔하다.

엎치듯 덮친 격으로 성장 독려와 지원이 아닌 비판과 질책이 난무하는 불안전한 업무 환경에 놓이면 업무 효율이 아닌 '이탈' 즉 '퇴사'라는 것을 선택하게 된다. '나는 왜 이것밖에 못하지?', '이 일이 내가 잘하는 일일까?', '내가 할 수는 있는 일일까?', '나는 왜 저런 삶을 살지 못하지?'와 같은 우울한 생각으로 자신을 패배자로 만들고 불안감 속으로 한없이 자신을 내몰게 되는 것이다. 이런 상황에서 자신을 믿고 주도적으로 업무 효율성을 올리는 것을 상상할 수 있을까?

한 정신과 전문의의 인터뷰에 따르면 정신과를 찾는 MZ세대 환자가 늘고 있다고 한다. 한국 사회는 저성장 시대에 경쟁 심화와 더불어 많은 양의 일과 강한 책임감, 권위적인 서열 문화 등의 문화적인 요인까지 더해져 조직 내 젊은 구성원의 우울증과 스트레스 질환에 대한 노출이 심각한 수준이라고 경고하고 있다. 특히 번아웃 증후군, 불안 장애 등과 같이 직무와 관련된 상황으로 스트레스, 굉장한 소진과 냉소, 효능감 저하 등을 느끼는 MZ세대 환자들이 많으며 그 원인 중의 하나가 기업의 조직 문화라고 지적했다.

기업의 '독'
: 침묵 벗어나기

많은 기업이 시대적 흐름에 맞춰 권위적 서열 문화를 없애고 수평적 조직 문화 조성을 위해 직급체계 간소화, 호칭 파괴 등과 같은 변화를 시도하고 있지만, 아직도 권위적인 서열 중심 문화, 수직적 조직 문화가 만연하다.

특히 기업의 규모, 업태와 업종에 따라 차이가 있을 수 있으나 제조×건설업과 같은 남성 중심의 조직은 변화가 더디고 정착이 쉽지 않다. 남성 중심의 조직은 군대문화를 경험한 구성원이 대부분으로, 군 생활에서 경험한 수직적 소통 방식을 조직 내에서 사용하면서 수직적 조직 문화 형성과 답습에 영향을 끼치기 때문이다.

수직적 조직 문화는 상하 전달식의 의사소통이 주를 이루어 자신의 생각이나 의견을 자유롭게 드러내고 발언하기보다 감추고 드러내지 않는 침묵을 선택하게 만든다. 침묵은 아무 말도 없이 잠잠이 있는 것 혹은 그런 상태를 뜻하며, '침묵의 힘'이라는 말과 같이 침묵이 상대방을 이해하고 공감하는 데 효과를 주는 커뮤니케이션 도구로 설명되기도 한다.

하지만 침묵이 어디에서나 힘이 되지는 않는다고 생각한다. 수직적이고 경직된 조직에서는 침묵은 '힘'이 아닌 '독'이 된다. 개인의 침묵이 기업의 침몰을 몰고 올 수 있기 때문이다.

A 기업은 오랜 전통과 역사를 가진 제조업 기업으로 수평적 회의 문화 만들기 위한 팀 단위 워크샵을 전사적으로 진행하였다. 팀 회의 문화 구축을 위한 워크샵이기 때문에 팀의 리더와 구성원만이 참여했고 진행은 외부 FT가 이끌었다.

FT : 자! 회의 때 원하는 방식이 있다면 각자 한 가지씩 포스트잇에 적어서 이야기해 볼까요?

팀장 : 뭐해요! 각자 하나씩 적어요!(강압적인 말투로)

구성원 : 네…

FT : 그럼, 한 분씩 발표해 볼까요?

구성원 : (서로 눈치만 볼 뿐… 아무도 먼저 나서지 않는다.)

팀장 : (팀장 표정이 굳어지면서…) 저기, 김과장부터 시작하지!

당연히 대기업과 중견기업, 중소기업의 문화는 천차만별로 다를 수 있고 각양각색의 리더가 발휘하는 리더십에 따라 팀 분위기도 다를 수

있다. 그래서 이런 조직이 실제 그 어딘가에 존재할 수도 있다.

유연한 사고를 통한 창조적 방법으로 서로가 원하는 방법이 도출되기 위해서는 각자의 생각과 의견이 공유되고 자유롭게 토의가 이루어져야 하지만, 수직적 소통 방식이 익숙하고 침묵이 만연한 경직된 조직에서는 자기 생각을 발언하는 것이 힘들다. 나아가 자기 생각을 글로 표현하는 것조차도 어려워지는 안타까운 현실에 맞닥뜨리게 된다.

오늘날 기업의 경영 환경을 변동성과 불확실성, 복잡성과 모호성이 공존하는 'VUCA' 시대라고 일컫는 것처럼 이제 기업은 기존과는 다른 방식과 유연성으로 변화에 대응하는 기업만이 살아남는다. 기존 프레임을 벗어나 도전적이고 혁신적인 변화를 추구해야 살아남는다고 해도 과언이 아니다.

그런데 과연 A 기업과 같은 분위기가 우리 조직에도 있다면 아마도 우리 역시 침묵의 침몰선이 되어 가고 있을 것이다. 이처럼 발언이 아닌 침묵이 만연한 조직이라면 아이디어 제시는커녕 구성원 간의 원활한 관계 형성도 어렵게 만들어 버린다. 서로 경계하고 눈치 보느라 편하게 자신을 드러내고 생각을 공유하는 것조차 할 수 없게 말이다.

현재 많은 기업은 소프트 스킬(Soft Skill) 역량을 가진 인재를 확보하고자 치열하게 경쟁하고 있다. 변화가 빠르고 미래 예측이 불가능한 기업 경영 환경에서 의사결정 및 방향 설정이 무엇보다 중요하기에, 창의적이고 문제 해결 중심의 커뮤니케이션 능력이 뛰어난 인재를 확보하는 것이 기업의 경쟁력 선점과도 같기 때문이다.

경영자(CEO)의 경영 방식만으로 기업의 혁신을 일으키는 시대는 지났다. 이제는 기업의 구성원 개개인이 스스로 자신의 업무를 효율화하고 자유롭게 아이디어와 의견을 제시하며 함께 공유하면서 구성원 간의 창의적 활동이 선행되어야 이룰 수 있다.

하지만 기업들의 인재 찾기 노력에도 불구하고 현실은 참 암담하고 씁쓸하다. 인재는 빠르게 알아차린다. 자신이 선택한 기업이, 조직이 침묵의 침몰선인지 아닌지 말이다. 기업 승선과 동시에 경험하는 조직 문화(일하는 방식, 처리하는 방식, 소통 방식 등)를 통해 지속 승선할지 아니면 바로 하선할지를 결정하는 것이다.

하지만 많은 기업은 자신들의 기업 문화가 침몰선인지조차 느끼기 어렵다. 왜냐하면 그들은 배에 오래 승선하고 있었기 때문에 자신들의 배가 얼마나 위태롭고 흔들림이 심한 상태인지 느끼지 못한다. 그러니 자연스럽게 새롭게 들어오는 신입 승무원을 탓할 수밖에 없다.

필자는 리더 대상으로 부하 육성 스킬을 코칭할 때, 니즈 파악을 위하여 학습자를 대상으로 '리더로서 부하 육성시 가장 어렵고 힘든 부분이 무엇인가?'라는 질문으로 사전 설문을 받는다. 다양한 기업의 리더들에게 받았던 사전 설문에서 다섯 손가락 안에 꼽히는 공통의 어려움이 존재했다. 하나가 바로 무엇을 물어도 '없다', '괜찮다'라고 하거나 묵묵부답의 침묵으로 자신들의 생각을 드러내지 않는 부하 직원을 성장 지원하고 육성을 시켜야 할 때 정말 답답하고 힘이 든다는 것이다.

옛말에 '열 길 물속은 알아도 한 길 사람 속은 모른다'라는 말이 있는 것처럼 아무리 대화를 해도 내가 아닌 이상 남의 속마음을 알기란 어렵다. 그런데 상대가 작정하고 말까지 안 한다면, 우리가 상대의 마음을 읽어 내는 능력이 있지 않은 한 절대 그들이 원하는 것을 해 줄 수 없을 것이다. 그러니 아무런 의사 표현이 없다가 갑작스레 사직서를 내고 그만두는 부하 직원이 생기면, 누군가에게 뒤통수를 한 대 세게 맞은 것처럼 멍해지고 그만둔 부하 직원뿐만 아니라 남아 있는 부하 직원에게도 배신감이 든다는 하소연을 하는 것이다.

만약 필자에게 이런 하소연을 한다면 묻고 싶다.

"당신 기업의 조직 문화는 어떻습니까? 심리적으로 안전감이
    확보되어 있나요?"

앞서 제시한 A 기업처럼 경직되고 침묵이 대답으로 대체되는 조직이라면 갑작스러운 퇴사 통보는 당연한 현상일 것이다.

최근 들어 요즘 리더들 사이에서 리더의 부하 육성(코칭, 피드백 등) 역할이 굉장히 부담스럽고 마음에 내키지 않는다고 한다. 하지만 안타깝게도 구성원의 목표 관리, 성과관리, 성장 지원의 역할은 요즘 리더에게 요구되는 필수 덕목이 되어 버렸다. 그러니 조직 내 침묵을 간과해서는 안된다. 그래서 이 책을 읽고 있다면 다시 한번 더 묻고 싶다.

"당신은 조직에서 심리적 안전감을 느끼고 있나요?"

우리는 리더가 아니여도 조직 구성으로서 개인 자신을 관리(Management)해야 한다. 그것이 업무 효율화다. 침묵이 조직에도 리더에게도

구성원 개인에게도 금이 아닌 독인 것은 분명하기 때문이다.

　침묵이 구성원 간의 믿음과 신뢰에 균열을 일으키고 불안감을 형성하지 않도록 침묵이라는 익숙하고도 조용한 프레임에서 벗어나야 한다. 그것이 업무 효율화를 높이는 방법 중 한 가지다.

코로나19와 대퇴사 시대

업무 효율화에 있어서 코로나19 이야기는 빠질 수 없다. 코로나19 이후 재택근무가 활성화되면서 근무 시간과 업무 공간의 개념이 유연화되었고, IT 기술의 접목으로 업무 환경 등의 변화가 크게 일어났기 때문이다. 그중 코로나19의 발병이 환경적 요인의 변화를 크게 가져다준 것도 있지만, 특히 MZ세대에게 심리적으로 처절하게 안겨 준 것이 있다. 바로 불안감이다. 수면 위로 급격하게 떠 오른 생존에 대한 위협, 생존 본능의 자극 등이 생존의 불안감으로 증폭되었다.

　코로나19의 장기화로 경제 위기에 놓인 일상생활에서의 생계를 책임져 주던 회사의 경영난을 고스란히 지켜보면서 고용의 불안감까지 가중되었다. 퇴사와 이직을 자신의 생존 방법으로 모색할 수밖에 없었던 시간을 보내게 된 MZ세대를 '대퇴사 시대'의 중심에 서게 했다.

　대퇴사 시대는 미국의 텍사스대학교의 경영학과 교수인 앤서니 클로츠가 코로나19 팬데믹 이후 미국을 중심으로 자발적으로 퇴사하는 직장인들이 급격히 증가하는 현상을 두고 한 말이다. 이후 1920년대

'미국 대공황'처럼 시대를 대표하는 용어로 자리 잡았다. 코로나 종식 후 앤서니 클로츠 교수가 대퇴사 시대는 끝났다고 발표했지만, 우리는 끝이 아닌 시작일지도 모른다.

개인에게 일은 단순하게 생계로만 정의되지 않는다. 경력 관리를 넘어 자신의 '소명' 즉 자기가 정말 좋아하고 의미 있는 것을 '일'이라고 생각하는 시대다. 그만큼 요즘 직장인에게 평생직장이라는 말은 호랑이 담배 피던 시절의 옛말처럼 여겨지고, 회사 내 불용어에 가깝던 '퇴사'와 '이직'이라는 단어가 직장인의 스몰 토크 소재로 자주 등장하고 있다.

'퇴준생(퇴사를 준비하는 사람)', '조용한 퇴사(직장을 그만두지 않지만 정해진 시간과 범위 내에서만 일하고 초과 근무를 거부하는 노동 방식을 뜻하는 신조어)' 등 퇴사 관련된 신조어만 봐도 느껴진다. 최근 취업 포털 인크루트가 직장인 대상(963명)으로 한 설문조사에서 따르면 지금 다니는 회사를 관둘 계획이 있다는 직장인이 81.4%로, 10명 중 8명이 이른바 퇴준생이라고 한다.

이제 퇴사는 직장인들 사이에서 진짜 힘들 때, 죽겠구나 싶을 때 한 번쯤 꺼내는 '가슴 속 깊이 품고 있는 사표 한 장'이 아니다. 연회비는 비싼데 혜택은 없는 빛 좋은 개살구 같은 신용 카드로 해지하고자 쉽게 꺼내든 존재처럼 일상의 선택이 되어 버렸는지도 모른다.

시대적 흐름처럼 퇴사와 이직에 대한 인식도 변화되었다. 과거에는 조직에 대한 불만과 부적응, 단순 변심 등으로 이직한다고 생각해 이직하는 사람에 대해 이기적이고 조직에 대한 충성심이 부족하다는 부정적인 평가나 인식이 많았지만, 지금은 개인의 역량 개발로 경력을 업그레이드하고 계획적으로 이직을 준비해 경력 관리를 하는 능력자로 평가받기도 한다. 이런 사람들을 잡호핑(Job-Hopping)족이라고 하는데, 자기 경력을 쌓고 전문성을 발전하기 위해서 2~3년씩 직장을 옮기는 사람들을 의미하는 신조어이다.

코로나19와 같은 장기 경기침체와 불황 속에 주기적인 이직을 통해 새로운 활로를 개척하려는 젊은 직장인들이 나타나기 시작하면서, 퇴사에 대한 인식이 점점 단순 생계가 아닌 개인의 경력 관리로 변화되고 능력 있는 인재로서 평가받는 분위기가 만들어지고 있다.

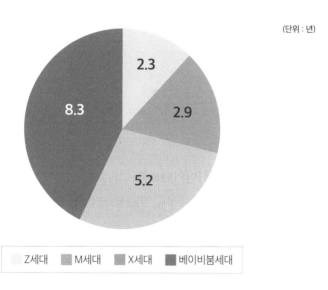

세대별 근속 기간

(단위 : 년)

2.3

2.9

8.3

5.2

Z세대   M세대   X세대   베이비붐세대

출처 : 커리어빌더(CareerBuilder)

미국의 고용 정보업체 커리어빌더가 세대별 근속 기간을 비교 분석한 연구 결과를 살펴보자. 구직자들의 이력서를 토대로 세대별 근속 기간을 분석한 결과 Z세대가 한 직장에서 평균적으로 재직한 기간은 2년 3개월, 밀레니얼 세대의 경우에는 2년 9개월이다. 반면 X세대(41~56세)와 베이비붐세대(57~75세)의 평균 근속 기간은 각각 5년 2개월, 8년 3개월로 나타났다. Z세대와 밀레니얼세대를 합친 MZ세대의 근속 기간(5.2년)이 X세대와 베이비붐세대들보다 월등히 짧은 것을 확인할 수 있다.

특히 베이비붐세대의 근속 기간이 가장 긴 것은 이들 세대가 일을 바라보는 개념이 '경력'보다는 '생계'가 중심으로, 안정적인 직장 생활을 중시하는 경향이 크고 소속 회사에 대한 충성도가 다른 세대에 비해 강했다는 것을 알려 준다.

행복을 추구하는 욜로족, MZ세대

MZ세대를 나타내는 키워드 중에 '욜로(YOLO)족'이 있다. 욜로(YOLO, You Only Live Once), 즉 인생은 한 번뿐이란 생각으로 미래를 위해 현재의 불행을 참고 인내하기보다 눈앞의 행복을 추구하는 사고방식을 뜻한다. 더 좋은 직장, 더 좋은 처우를 찾아 회사를 옮기려는 생각은 모든 직장인이 가지는 공통적인 생각이겠지만, MZ세대는 욜로 현상이 강하게 나타날 수밖에 없었다.

코로나19 사태가 장기화하면서 불가피하게 언택트 시대를 겪어야 했다. 언택트 근무 환경을 위한 IT 신기술의 도입은 업무 효율화에 있어서 많은 긍정적인 효과를 주었다. 반면 사전 준비 없이 겪어야 했던 언택트 시대는 우리에게 자존감과 소속감을 앗아가고 소외감과 불안감을 안겨 주었다.

특히 디지털 네이티브 세대이자 소셜미디어를 통한 실시간 정보 공유와 소통이 빠른 MZ세대는 그 어떤 세대보다 빠르게 언택트 시대에 적응하고 대처했지만, 그만큼 예민하고 민감할 수밖에 없었다. 재택근무가 주었던 유연함이 자율성이란 이름으로 자유로움을 그들에게 주어졌지만, 그들이 갖고 있던 자존감과 소속감을 서서히 앗아가 버렸다. 자존감과 소속감이 사라지면서 상대적으로 소속되어 있던 집단에 대한 소외감과 불안감으로 커지면서 회사에 대한 소속감보다는 자신의 커리어에 대한 경력 관리가 중요하다는 생각이 더욱 강화되고 이는 MZ세대의 퇴사율을 끌어올리게 했다.

근속 기간이 짧고 퇴사율이 높은 MZ세대의 성향은 통계청에서 2024년 5월 발표한 경제 활동 인구 청년층 부가 조사를 살펴봐도 알 수 있다. 임금 근로자인 청년층(15~29세)의 '첫 일자리 평균 근속 기간'이 1년 7.2개월이라고 한다. 즉 기업에 첫 직장으로 입사하는 신입사원의 평균 근속 기간이 고작 1년 7.2개월이니 많은 인력이 중간에 이탈한다는 말이다.

그래서 기업들이 과거에는 실행하지 않았던 신입사원 정착 교육(온보딩, 리텐션)을 과정 개발하고 운영하게 된 것은 당연한 순리이자 예상된 절차일 수밖에 없다. 그렇지 않으면 함께할 구성원 자체가 사라지게 될 테니 말이다.

따라서 업무 효율화를 올리기 위해서는 무엇보다 서로가 함께해야 할 대상자 즉 기업과 구성원이 필요하다. 구성원 개인이라면 자신이 속한 기업의 소속감과 직무에 대한 만족감을 높여야 할 것이며, 기업과 기업의 리더는 구성원이 떠나고 싶지 않은 조직이 되도록 만들어야 한다.

▍심리적 안전감은 무엇인가

업무 효율화를 높이기 위해서 개인은 소속감과 직무에 대한 만족감을 높이고 기업과 리더는 함께하는 구성원이 떠나지 않는 조직이 되도록 만들어야 한다. 무엇보다 침묵이 없는 조직을 만들어야 한다고 제시했다. 그러기 위해서는 최우선으로 구성원이 조직 내에서 자기 생각과 의견을 자유롭게 제시하고 표현할 수 있는 심리적으로 안전감이 있는 분위기가 필요하다.

이런 환경을 '두려움이 없는 조직' 즉 '심리적 안전감이 확보된 조직'이라고 말하는데 여기에서 '심리적 안전감(Psychological Safety)'은 하버드 경영대학원의 에이미 에드먼드슨 교수에 의해 처음 소개된 개념으로 국내에서는 《두려움 없는 조직(에이미 에드먼드슨 지음, 최윤영 옮김, 다산북스, 2019)》이라는 책을 통해 소개되었다.

더불어 앞에서도 이야기한 글로벌 기업 구글이 진행한 아리스토텔레스 프로젝트의 연구 결과로 널리 알려졌다. 구글은 글로벌 기업 답게 최고의 인재가 모였지만 매번 프로젝트가 성공하지 않았기에 최고의 팀, 성과를 내는 팀들이 다른 팀과 다른 필요 요인 또는 성공에 영향을 끼치는지 요인이 있을 것으로 생각하였다.

그래서 구글 내부에서 가장 효과적인 팀의 특징을 찾기 위해 '팀의 성과를 결정짓는 요인은 무엇인가?'라는 질문을 시작으로 2012년부터 5년간 구글의 180개 이상의 팀을 조사하여 데이터를 수집하고 분석하였다.

성공적인 팀워크의 원동력의 요인으로 학력, 성비 균형, 친목 도모의 기회 등 다양한 변수 가설을 설정하고 성공적인 팀워크의 원동력이 무엇인지 증명하고자 했다. 그 결과 심리적 안전감이란 것이 확보되었을 때 최고의 팀, 성과를 내는 팀이었다는 것을 밝혔다. 이는 많은 국내외 기업들에 큰 관심을 끌었다.

▶ 구글이 제시한 성공적인 팀워크의 원동력 5가지 ◀

- **심리적 안전감(Psychological Safety)** : 팀원이 실수를 두려워하지 않고 자유롭게 의견을 표현할 수 있을 때 팀의 성과가 향상된다.
- **신뢰성(Dependability)** : 팀원이 서로에게 의존할 수 있는 신뢰성이 중요하고 팀원이 맡은 일을 책임감 있게 수행할 때 팀의 성과가 높아진다.
- **구조와 명확성(Structure & Clarity)** : 팀의 목표와 역할이 명확하게 정의되어 있

고 팀원이 각자 역할을 이해하고 있을 때 팀의 성과가 향상된다.

- **의미와 목적(Meaning)** : 팀원이 자신이 하는 일에 의미를 느끼고 그 일이 중요한 목적이 있다고 생각할 때 더 열심히 일하고 성과가 높아진다.
- **영향력(Impact)** : 팀원이 자기 일이 조직 전체에 긍정적인 영향을 미친다고 느낄 때 더 큰 동기부여를 가지고 일하게 된다.

심리적 안전감을 처음 소개한 하버드 경영대학원의 에이미 에드먼드슨 교수는 심리적 안전감을 조직 구성원이 두려움 없이 자유롭게 의사소통할 수 있는 분위기로, 구체적으로 당황스러운 상황에 직면하거나 응징당할지도 모른다는 두려움에서 벗어나 자신의 실수와 우려를 기꺼이 이야기할 수 있는 두려움 없는 환경이라고 설명한다. 즉 구성원이 불안함 없이 업무에 집중하고 성과를 내며 의견을 자유롭게 공유할 수 있는 분위기라는 것이다.

심리적 안전감에 관한 연구는 구글뿐만 아니라 수많은 학자와 연구자들을 통해 기업과 조직에 끼치는 긍정적인 영향력이 증명되고 있다. 학계에서는 크게 개인, 집단(팀), 조직(기업) 세 가지 수준의 현상으로 구분하여 연구되고 있다. 대체로 심리적 안전감에 영향을 미치는 단위를 살펴보면 팀 단위의 연구가 월등히 높다. 왜냐하면 최근 대부분의 기업이 팀제를 도입하고 있어 구성원이 거시적인 조직보다는 자신과 가까운 거리에서 함께하는 상사나 동료의 영향을 많이 받기 때문이다.

또한 아무리 개인 차원의 심리적 안전감이 높고, 조직(기업) 차원에서 구성원이 두려움 없이 편안하게 자신의 의견을 표현할 수 있는 심리적인 조직 분위기를 만든다고 하더라도 각 팀 리더들의 스타일에 따라서 회의 문화와 커뮤니케이션의 방식 등이 달라진다. 팀 리더의 스타일에 따라 팀 분위기가 만들어지고, 그로 인해 형성되는 관계와 위험에 대한 인식이 팀별로 다를 수밖에 없기 때문이다.

▍업무 효율화의 밑바탕
심리적 안전감

"왜 업무 효율화를 하고 싶은 것인가?"

업무 효율화를 하고자 하는 이유는 여러 가지가 있겠지만 분명한 것은 현재보다 더 나은 미래를 원하기 때문이다. 현재의 업무 환경과 속도, 성과에 관심이 없거나 만족스럽다면 군이 변화의 필요성을 느끼지도 못할뿐더러 이 책을 읽을 이유도 없을 것이다. 하지만 이 책을 선택하였다면 현재보다 성장하기를 바라고 앞으로 나아가기를 원한다. 특히 조직 안에서 말이다.

기업도 마찬가지다. 기업도 불확실한 경영 환경에서 경쟁력을 갖춰 장기적으로 인정 받는 기업으로 살아남길 바란다. 그래서 조직 구성원 각자가 변화를 주도하면서 적극적으로 직무를 수행하고 업무 효율화를 증대시켜 주기를 바라고 있다. 개인뿐만 아니라 기업도 변화를 원하고 있다.

구성원으로서 개인은 도전과 변화에 대한 두려움을 버리고 변화에 대한 적응 능력을 키우고, 자신이 속한 조직이 미래에도 지속되는 기업이 될 수 있도록 긍정적인 변화를 이끌어야 한다. 기업은 구성원이 신속하고 유연하게 대응하고, 끊임없이 새로운 아이디어를 발견할 수 있도록 도전과 변화에 대한 두려움이 없는 조직 환경을 만들어야 한다. 이는 곧 부정적 결과에 대한 두려움 없이 도전할 수 있도록 심리적 안전감이 있는 분위기를 조성해야 하는 것이다.

그럼 구체적으로 업무 효율화에 있어서 심리적 안전감이 조직에 어떤 영향력을 미치는지 살펴보자.

팀워크 촉진하는 심리적 안전감

심리적 안전감은 팀워크(협력)를 촉진한다. 같이 근무하는 팀 구성원은 비슷한 경험을 하고 문제나 상황을 파악하기 때문에 동일한 심리적 안전감을 가지게 될 수밖에 없다. 심리적 안전감을 개인의 성향이 아닌 팀 전체의 집단적 성향이라고 바라본 에이미 에드먼드슨 교수는 1999년 '팀워크가 좋은 팀들은 실수하지 않을 것이다'라는 전제하에 의료업계 조직의 51개의 팀을 대상으로 연구하였다.

그러나 오히려 팀워크가 좋은 팀이 실수를 더 많이 드러내고, 팀워크가 좋지 않은 팀이 실수가 덜하다는 것을 밝히며, 두려움이 조직의 성과에 미치는 악영향에 대해 증명하였다. 특히 의료 업계와 같은 고위험 환경에서 두려움이 없는 환경 즉 심리적 안전감이 팀 성과에 긍정적인 영향을 주기 때문에 심리적 안전감 확보가 무엇보다 우선되어야 한다고 강조하였다.

아직도 많은 기업이 연말이나 연초가 되면 경영 성과 보고 또는 경영 목표 계획이라는 주제로 회의를 진행하며, 미션과 목표 의식을 고취한다. 목적 의식 고취로 모두 하나되어 협력하여 성과를 낼 것으로 생각하기 때문이다.

하지만 2020년 에이미 에드먼드슨, 롭 크로스, 웬디 머피 교수가 〈MIT Sloan Management Review〉를 통해 발표한 연구 결과를 보면, 이들은 자신들이 지난 20년 동안 수행한 기업 과제 300여 개 ONA (Organizational Network Analysis, 조직 네트워크 분석)를 활용한 연구와 기업 임원들의 인터뷰를 살펴보니 목적 의식은 단순히 직원의 참여를 이끄는 여러 요인 중의 하나일 뿐이지 가장 큰 영향을 미치는 것은 개인 간의 협업 수준과 질이라고 하였다. 미션을 인식시키고 목적 의식을 고취하는 것이 팀워크의 시작이라고 생각하지만, 막상 그것은 참여 촉진의 요인일 뿐 팀워크의 핵심이 아니라는 것이다.

개인 간의 협업 수준과 질을 높이고 촉진하기 위해서는 함께하는 리더가 구성원 간에 심리적 안전감을 느낄 수 있도록 팀 분위기를 만들어 줘야 한다. 심리적 안전감이 확보된 분위기 속에서 서로를 믿고 신뢰하는 관계가 형성될 수 있으며, 나아가 도움을 주고받는 관계로 발전될 수 있기 때문이다.

그러면 자연스럽게 함께 추구하는 공동의 목적이 인식되고 목적의식이 고취될 수 있다. 목적 의식이 고취되면 팀 분위기는 달라질 것이다. 아침에 일어나서 출근할 생각에 걱정과 두려움이 앞서지는 않을 것이고, 이런 생각은 당연히 팀워크 향상으로 연결될 수 있는 것이다.

창의성을 촉진하는 심리적 안전감

심리적 안전감은 창의성을 촉진한다. 앞서 심리적 안전감이 확보되지 못한 조직에서는 자기 생각이나 의견을 드러내기보다 침묵으로 감추는 것에 더 익숙하다고 하였다. 즉 창의적 활동이 일어나기 매우 어려운 환경이다.

창의적 활동이라는 것은 활동할 수 있는 환경의 분위기도 중요하지만, 함께하는 사람들의 영향력도 막대하다. 가치관, 학습 환경, 성장 배경 등에 따른 고정관념과 편견 프레임이 있는 사람과 함께하는 것과 상대적으로 자유로운 사람들과 함께하는 것은 창의적 활동에 대한 창의성 판단 기준이 다를 수 있기 때문이다.

예를 들어 위대한 발명가인 에디슨은 어렸을 때 호기심이 왕성해 늘 엉뚱한 생각과 특이한 행동을 많이 했다. 주변 사람들은 그런 에디슨을 보고 학습 부진아, 문제아라고 했지만, 유일하게 에디슨을 문제아가 아닌 특별한 아이로 바라봐 준 어머니가 있었고 긍정적인 지지와 피드백 속에서 에디슨은 자신의 창의성을 발현할 수 있었다. 만약 에디슨 주변에 긍정적으로 바라봐 준 어머니와 같은 주변인이 없었다면 창의적인 발명가로 성장할 수 있었을까?

조직 안에서도 분명 에디슨과 같은 존재가 있을 수 있다. 말이 안 되는 이상한 제안을 하는 사람으로 보일 수 있지만, 이상하다는 평가도 어떤 기준을 가지고 보는가에 따라 달라질 수 있다. 에디슨으로 볼지 아니면 문제아로 바라볼 것인지 말이다.

창의성은 기본적으로 부담과 위험이 수반되는 행위다.

개인이 조직 안에서 새로운 아이디어나 제안을 한다는 것은, 기존의 관행과 절차에 익숙한 사람들에게 그것을 벗어나 새로운 관점으로 바라보게 만들고 설득하는 것으로 행위 자체가 부담스럽고 두려운 일이다. 하지만 개인의 창의적 활동이 없다면 조직의 혁신은 없다. 개인의 창의성과 창의적 활동이 활발히 이루어져야 조직이 개선되고 변화하여 혁신할 수 있다.

모든 변화에는 저항이 따른다는 말이 있는 것처럼 변화에는 저항하는 세력이 존재한다. 그래서 설득하는 과정에서 기존 세력에게 무시당하거나 위협을 받을 수도 있기에 두려움이 존재하게 되고 불안감을 가지게 된다. 누구나 창의성을 발현한다는 것은 부담과 위험이 저변에 깔린 행위로 의견을 경청하는 사람들의 태도와 분위기에 따라 크게 영향을 받을 수밖에 없다는 것이다. 반면 새로운 사고나 제안을 했을 때 개인적인 위험이 초래되지 않는 심리적으로 안전한 환경에 놓이게 되면,

창의성이 더 활발하게 발현된다.

자신의 생각과 의견이 틀리거나 잘못되었다 하더라도 상사나 동료가 부정적 반응이 아닌 이해와 수용의 분위기로 서로 편안하게 의견을 주고받으면, 위험을 감수하는 행동을 하더라도 처벌이나 오해를 받지 않을 것이라는 개인적 믿음이 생기기 때문이다. 이런 믿음은 자신의 업무나 조직이 수행하는 방법에 있어 새로운 아이디어, 의견을 제시하는 등의 창의적 활동을 촉진시켜 적극적인 참여를 이끌게 한다.

또한 직무를 수행하는 과정에서 불이익을 당할 우려가 없다는 개인적 믿음은 구성원 간의 상호 존중과 신뢰감을 형성시키고, 의견을 자유롭게 표현해도 안전하다는 공유된 신념을 만들게 한다. 공유된 신념 즉 심리적 안전감이 상호 협력하여 위험을 감수하고 신속하게 대응할 수 있는 혁신의 원동력이 되어 혁신 조직으로 한 발짝 나아갈 수 있게 만든다. 무엇보다도 이런 과정을 통해 함께하는 조직 구성원 간의 소셜 네트워크를 강화시킨다.

심리적 안전감을 높이기 위한
개인과 조직의 작은 변화

▍개인의 변화
▍: 나만의 쉼표라는 시간 영양제 챙기기

심리적 안전감은 다른 사람들이 자기 아이디어나 의견에 대해 부정적으로 반응하지 않을 것이라는 믿음을 가지고 편안하게 표현할 수 있는 상태다. 눈에 보이지 않는 오직 개인이 최우선으로 느끼고 알 수 있는 심리적 메커니즘이다.

그래서 심리적 안전감을 높이기 위해서 개인의 심리적 안정감 확보가 필요하다. 인간은 감정의 동물이다. 심리적으로 안정감을 갖지도 찾지도 못한다면, 불안정한 상태로 조직 내에서 심리적 안전감을 확보하는 것은 더 불가능해진다. 먼저 개인의 심리적 안정감의 확보를 위한 나만의 쉼표, 스트레스 관리의 시간이 필요하다.

그러면 여기서 심리적 안정과 심리적 안전의 차이가 무엇인지 의문이 생길 것이다. '안정'은 사전적 의미로 '바뀌어 달라지지 아니하고 일정한 상태를 유지함'을 뜻하는 말로 감정적으로 평소와 다른 감정의 상태가 되었을 때 불편함과 불안감을 느끼게 되어 평소의 감정 상태로 돌아가고자 하는 것을 의미한다.

반면 '안전'은 '위험이 생기거나 사고가 날 염려가 없는 또는 그런 상태'로 그런 상황이 오거나 오지 않도록 자신을 보호하고자 하는 감정의 상태라고 설명할 수 있다.

• 안정(安定) : 바뀌어 달라지지 아니하고 일정한 상태를 유지함

어제 우연히 엘리베이터에서 본부장님을 마주쳤다. 놀랍게도 본부장님께서 내 이름을 부르시며 며칠 전 팀장님께 보고드렸던 기획안 이야기를 꺼내셨다. 내 이름을 기억해 주신 것도 신기했는데, 갑자기 내 기획안 아이디어가 좋았다고 하시며 더 자세히 설명을 듣고 싶다고 하셨다. 그 순간 이후로는 긴장 때문인지 기억이 흐릿하다. 본부장님께 보고드릴 생각에 어젯밤 잠도 제대로 못 자고, 아침부터 정신이 몽롱한 상태다. 급하게 카페인의 힘이 필요하다. 나, 김대리… 오늘 보고를 잘 할 수 있을까? 너무 불안하다.

• 안전(安全) : 위험이 생기거나 사고가 날 염려가 없음. 또는 그런 상태

현재 팀으로 부서 이동한 지 어느덧 2개월이 되었다. 우리 팀은 매주 월요일 오전 9시에 전주의 실적과 이번 주 계획을 보고하는 주간 회의를 진행하고 있으며, 나는 그

회의 자료를 취합해 전달하는 업무를 맡고 있다. 한 달 정도 자료를 살펴보니 대부분의 팀원이 전주와 거의 동일한 내용을 보고하고 있었다. 단지 몇 가지 단어와 수치만 조금씩 수정하는 정도였다. 마치 대학교 과제를 제출하듯 분량을 정확히 맞춰 보내길래 편하게 얘기할 수 있는 과장님께 조심스럽게 물어봤다.

과장님께서는 팀장님이 주간 회의 자료의 분량에 매우 예민하셔서 이를 맞추는 것이 중요하다고 알려 주셨다. 또한 회의 중 질문에 대답할 때 신중하지 않으면 팀장님이 날카로운 반응을 보일 수 있다는 경고 같은 충고도 주셨다. 나는 이 팀에서 잘 적응할 수 있을까? 심리적으로 불안감이 점점 커져만 간다.

사례에서 '안정'과 '안전'에 놓인 김대리는 다른 불안감을 느끼고 있다. 안정에 놓인 김대리는 약간의 흥분과 기대감 그리고 걱정과 불안감이 공존하는 평소와 다른 감정으로 인한 불안감에 놓인 상황이고, '안전'에 놓인 김대리는 팀장에 대한 두려움과 경계심, 팀에 대한 위화감과 불안감에 놓인 상황이다. 즉 심리적 안정은 평소 나의 감정을 유지하고자 하는 내면의 힘이라면, 심리적 안전은 함께하는 구성원 내면 안정의 힘을 기반으로 만들어지는 팀 내부 구성원의 힘이다.

상사나 선배로부터 '회사에서 솔직하게 감정을 드러내거나 표현한다는 자체가 회사생활에 도움이 되지 않으니 감정이 태도가 되지 않게 하라'는 조언이나 충고의 말을 한 번쯤 듣게 된다. 회사생활에서 감정이 도움이 되었던 경험이 있는지 생각해 보면, 한참 기억을 떠올려봐야 찾을 정도다. 그런데 AI의 발달로 로봇이 일자리 영역을 침범하고 사람을 대체하게 되면서, 이제는 사람이 대체되지 않는 존재로 살아남기 위한 영역이 로봇이 느끼지 못하는 감정이라고 말한다. 대체할 수 없는 영역 즉 인간만이 할 수 있고 느낄 수 있는 영역인 감정(공감 능력)이 뛰어난 사람을 채용 전문 면접관으로 활동하는 입장에서 다양한 기업이 공통적으로 자신의 감정을 명확하게 표현하고 상대의 감정을 잘 공감할 수 있는 사람을 원하고 있었다. 그렇지만 그것에 앞서 무엇보다도 상대의 감정 공감도 중요하지만, 자신의 감정을 알아차리고 조율할 수 있는 사람을 원하고 있다는 점이다.

감정은 매분 매초 매 순간 개인의 심리적 안정감에 영향을 준다. 심리적 안정감은 개인의 자율성, 자존감, 동기부여 등과 같은 개인 내면의 힘이 자라나게 하는 성장 영양제로 쓰인다. 개인 내면의 힘이 단단한 사람들은 타인에 의해 또는 환경 분위기로 감정에 영향을 받더라도 쉽게 무너지지 않고 버틸 힘을 가지고 있다.

매분 매초 매 순간 영향을 주는 감정이 만들어 내는 심리적 안정감이라는 영양제를 평소 자신에게 제공했던 사람과 아닌 사람의 말과 행동은 차이가 생긴다. 면접장에서 면접관은 지원자의 과거 행동 경험을 기반으로 핵심 역량의 성과와 평소 감정 상태, 기복 및 조절 정도를 파악한다. 평소 자신에게 심리적 안정감을 제공한 사람과 아닌 사람과는 분명 말과 행동에 차이가 있기 때문에 지원자가 스스로 감정 변화를 알아차리고 조절할 수 있는 사람인지 검증해 감정 관리 능력이 탁월한 사람을 뽑기 위해서다.

그러나 안타깝게도 내면의 힘이 강했던, 자신에게 심리적 안정감의 영양제를 제공했던 사람들도 자신을 챙기는 쉼표의 시간이 주어지지 않으면 서서히 내면에서 균열의 조짐을 보이게 된다. 힘들다고 울부짖는 감정의 균열을 알아차리지 못하면 균열이 확산되어 감정을 무너뜨리게 된다. 무너진 감정은 순식간에 두려움과 불안으로 눈을 가려 온 세상을 어둡게 만든다. 자신이 만든 어둠인지 모르고 아무것도 보이지 않는 세상에 갇혀 앞으로 한 걸음 내디딜 용기마저 잃은 나약한 존재로 만들어 버린다. 우리는 그것을 번아웃(어떤 직무를 맡는 도중 극심한 육체적, 정신적 피로를 느끼고 직무에서 오는 열정과 성취감을 잃어 버리는 증상의 통칭), 정신적 탈진 상태라고 말한다.

〈정신병동에도 아침이 와요(2023)〉와 〈닥터 슬럼프(2024)〉는 주인공들의 번아웃, 우울증과 같은 정신질환을 겪는 상황에 관한 이야기를 섬세하게 다룬 드라마다. 두 드라마의 주인공들은 의사와 간호사로 환자들이 의지하고 아픈 사람을 고치는 사람들이지만, 자신들의 일에 과도하게 몰두해 신체적, 정신적 스트레스에서 자신을 돌보지 못했다는 공통점이 있었다. 그래서 그들도 아플 수 있고, 정신적 아픔이 찾아올 수 있다고 말한다. 정신적 탈진은 누구에게나 찾아올 수 있다. 아픈 사람을 치료하는 전문가인 의사와 간호사도 예외는 있을 수 없다. 그러니 잠시 나만의 쉼표 시간을 가지고 자신에게 괜찮은지 묻고 관심을 가져야 한다.

'좀 지나면 괜찮겠지. 이 또한 지나가리라', '원래 다 힘든 거 아닌가?', '나 괜찮아'를 외치며, 매일 아침의 시작을 커피나 멀티비타민 부스터 샷, 에너지 드링크에 의존하고 있지는 않은가? 멀티비타민도 좋지만 이제 나의 내면을 단단하게 만들어 줄 심리적 안정감이라는 영양제를 챙겨 보자.

나만의 쉼표 시간을 하루에 몇 분, 몇 시간이라도 만들어 보는 것부터 시작하자. 그리고 좋아하는 것, 즐길 수 있는 것(먹는 것, 듣는 것, 행할 수 있는 것) 중에서 무엇이든 좋으니 생각나는 대로 적어 보자. 그런 다음 가장 하고 싶은 것을 체크하고 바로 할 수 있는 것을 나눠 보자. 이 중으로 표시된 것이 바로 내가 처방한 나의 맞춤형 영양제다. 나의 쉼표 시간이 내가 나에게 주는 영양제라고 생각하고, 알람을 설정해 약을 챙겨 먹듯 나의 쉼표 시간도 챙겨 먹자.

▎거짓 기억을 기억하자

다양한 기업에서 리더와 구성원을 대상으로 심리적 안전감을 주제로 워크샵을 진행하면서 느낀 점은, 바로 심리적 안전감이 없는 두려움이 있는 조직에는 거짓 기억을 하거나 하고 있을 수 있다는 생각을 못하는 리더가 많다는 것이다. 심리학에서 거짓 기억은 경험했던 상황이나 사건 또는 절대 일어나지 않았던 일들을 잘못 기억하거나 못하는 현상으로, 기억에 있어서 착각, 왜곡 등과 같은 오류를 범할 수 있다는 것을 의미한다.

거짓 기억은 거짓말의 형태가 아니다. 거짓말은 누군가를 속이거나 조종하기 위해서 고의로 사실과 다른 정보를 전달하는 것을 뜻하지만, 거짓 기억은 잘못된 정보를 전달하고자 속이는 것은 아니다. 그리고 거짓 기억을 하는 사람은 자신이 거짓 또는 거짓 기억을 회상하고 있다는 사실을 인식하지 못한다. 네덜란드 암스테르대학교가 중심으로 이뤄진 국제 연구진이 성인 543명을 대상으로 한 연구 결과에 따르면 불과 1~2초 전에 일어난 일에 대해서도 거짓 기억이 형성될 수 있다고 한다. 특히 사전 지식으로 인한 기억 오류로 거짓 기억이 일어난다고 한다.

특히 거짓 기억은 '그럴 것이라고 예상하는 것'에 좌우되는데 기억은 입력되는 즉시 이전의 경험 및 기대(예상)와 합쳐질 수 있어 방금 본 것이라고 항상 정확하게 반영하고 기억하는 것은 아니라고 설명하고 있었다. 즉 거짓 기억은 누구에게나 일어날 수 있는 현상으로 특별한 현상은 아니라는 것이다.

예를 들어 몇 초 전 지나가면서 본 광고판 브랜드 이름이 생각이 나지 않거나 다른 이름으로 착각해 떠오르는 경우를 한 번쯤 경험했을 것이다.

김팀장과 최대리는 하반기 실적 계획을 위해 회의실에서 단둘이 회의를 하게 되었다. 이번 회의는 지난주에 이어 두 번째로, 여러 기획안을 바탕으로 실적을 수립해야 했으며, 작년 매출 데이터를 분석해 주력으로 내세울 아이템을 선정하는 것이 목표였다.

한참 김팀장에게 보고를 하던 중 최대리는 김팀장의 말과 행동이 자신의 기억과 달라 당황하기 시작했다. 김팀장은 "작년 매출만 보라고 했다고? 3년 치를 봐야지"라며 지적했고, 이어서 "이 아이템, 내가 작년에 아니라고 했었는데 왜 또 1차 통과된

거야?"라고 말하며 최대리를 혼란스럽게 했다. 그러나 최대리는 이 파트를 담당한 지 4년 차로, 지난 회의 때 김팀장이 "4년 차면 충분히 알고 있을 테니 작년 일 년 치 데이터만 분석하라"고 분명히 지시했음을 기억하고 있었다. 이에 최대리는 정중하게 그 지시를 따랐다고 설명했다. 그러자 김팀장은 갑자기 짜증을 내며 "내가 그렇게 하라고 했다고?"라며 강한 어조로 반문했다. "진짜 내가 그랬다고?"라며 다시 되묻는 김팀장의 태도에 최대리는 더욱 난처해졌다.

서로 자신의 기억을 기준으로 이야기가 진행되고 있는 이 상황을 어떻게 정리해야 할까? 아마도 사실을 말하던 사람이 상대방의 거짓 기억을 받아들이고 잘못을 인정하면 상황은 종료될 것이다. 하지만 사실을 말했지만, 강압적인 분위기에서 두려움과 위험을 느껴 자신의 기억을 오류로 바꿔야 하는 이런 상황이 반복된다면 자신의 기억을 떠올리기도 말하기도 싫을 것이다. 어차피 상대방의 기억과 의견 중심으로 흘러갈테니 말이다.

거짓 기억은 누구나 할 수 있고 지식과 경험이 많을수록 가능성이 커질 수 있다. 국내 기업의 조직 구조를 들여다보면 리더가 거짓 기억을 할 확률이 높아진다. 자기 생각과 판단은 틀림이 없어 실수한 적이 없고, 앞으로 하지 않을 자신이 있기에 자신이 거짓 기억을 하고 있다고 생각하지 못한다. 자신의 기억을 기준으로 의사결정을 하는 리더가 많다면 그 조직의 분위기는 두려움이 가득 차 서로의 의견에 대한 이해, 인정, 존중이 아닌 무시, 묵살, 침묵이 만연한 심리적 안전감이 없는 조직일 가능성이 크다.

　기업은 조직 구성원이 공동의 목적을 인식해 함께 협업하여 시대적 변화의 흐름에 민첩하게 대응하기를 원한다. 변화에 민첩하게 대응하는 구성원을 원한다면 구성원이 자유롭게 생각을 이야기하고 드러낼 수 있는 분위기가 되어야 한다.

　그런데 함께하는 동료, 상사가 일방적으로 자기중심적 기억으로 대화를 몰고 의사결정을 해 버린다면 자기 생각을 드러내기가 결코 쉽지 않다. 반면 상대방이 자기 생각을 수용하고 인정하는 태도로 대화를 들어 주고 함께한 기억이지만 자신이 기억하고 있는 내용과 다르더라도 상대방이 아닌 자신의 기억이 틀렸을 수도 있다며 실수를 인정하는 태도를 보인다면, 자신의 기억이 맞다는 판단이 서더라도 자신의 기억이 잘못된 것이 아닌지 혹은 실수를 하는 것은 아닌지 자신의 기억 판단에 대해 신중하고 겸손한 태도를 가지게 될 것이다.

　공동의 목적을 달성하기 위해서 한 배에 탄 동료와 구성원이 자신도 실수를 할 수 있다는 인정의 태도를 가지고 이해와 배려로 대화를 나눈다면, 그 조직은 침묵이 아닌 공동의 목적 달성을 위하여 더 자연스럽고 유연하게, 진취적으로 자신들의 생각을 드러내고 공유할 것이다. 이것은 창의적 활동으로 이어지는 연결 고리가 된다.

　협업을 통한 민첩한 대응으로 혁신과 창의적 활동을 원하는 리더라면, 스스로 자신의 기억이 정확하지 않을 수 있고 자기 생각만이 정답이 아닐 수 있다는 허용적인 태도를 보여야 한다. 그래야만 구성원이 두려움 없이 자연스럽게 자기 생각과 의견을 공유하고 드러낼 수 있는 심리적 안전감이 있는 분위기로, 침묵이 아니라 발언을 택하는 조직이 될 수 있다.

누구나 거짓 기억을 하고 나라고 예외일 순 없다. 내가 아는 것, 기억하는 것이 모두 정답이 아닐 수 있다는 것을 잊지 말자.

조직의 변화
: 조직 내 금쪽이에 대한 시선 온도 올리기

인기리에 방영되고 있는 육아 솔루션 프로그램 〈요즘육아 금쪽같은 내 새끼〉를 언제부터인지 조직과 연결 지어 보게 되었다. 자기 사고방식대로 행동하고 말하는 '금쪽같은 내 부하', '금쪽같은 내 상사'가 있다며 필자를 붙잡고 어려움을 토로하는 사람들을 자주 접하면서 '조직에도 금쪽이가 있구나' 하며 연결 짓게 된 것 같다.

조직 내 빌런들의 등장은 익숙하게 접했지만, '금쪽이'라는 캐릭터의 등장은 최근 들어 자주 등장하고 있다. 조직 내 금쪽이의 등장으로 인내와 고통의 시간을 보내고 있다며 간절한 눈빛으로 도움의 손길을 바라는 사람들을 보면, 필자도 육아 해결사 오은영 박사처럼 명쾌한 원인 분석과 해결책을 주고 싶다는 생각이 든다.

그러나 해당 금쪽이가 평소에 어떤 사람인지, 당시 상황이 어땠는지 모른다. 또한 금쪽이의 정보는 구성원을 금쪽이라고 정의 내린 사람이 전달하는 일방적인 생각과 기억으로 역시 거짓 기억일 수 있다. 그래서 섣불리 판단하지 않고 무언가 해결책을 주기보다는 그 사람이 처한 상황에 대해 먼저 공감하고 최대한 제3자의 관점에서 객관적으로 판단하고자 다양한 질문을 던지게 되었다.

〈요즘육아 금쪽같은 내새끼〉에서도 금쪽이의 이상 행동이나 문제의 원인을 분석하기 위해 몇 주 동안 금쪽이의 일상을 촬영하고 주변 사람들과의 관계까지 분석한다. 금쪽이의 행동 원인을 금쪽이 내부에서만 찾지 않고 외부 원인이 있는지 파악한다. 수많은 '금쪽이'들의 이상행동의 원인은 잘못된 양육 방식과 환경이었다. 선천적 문제를 제외하고 부모의 훈육 태도, 애정 표현, 양육 환경들을 충분히 주지 못하거나 부적절한 방식으로 주어져 '금쪽이'가 아니었던 아이가 '금쪽이'로 변해 버렸다는 것이다. 금쪽이의 행동의 문제점과 원인이 어디에서 시작되었는지 지적하고 그 결과로 아이의 행동이 도출된 것임을 논리정연하게 설명하고 부모가 잘못한 부분이 무엇인지 지적하며 부모가 깨닫게 한다.

우리 조직에도 '금쪽같은 내 부하', '금쪽같은 내 상사', '금쪽같은 팀'이 있다면 '저 사람은 왜 저러지?', '저 사람은 성격적으로 문제가 있는 거야!'라고 판단하며 개인 문제(성격, 업무 스타일)로 여기고 있는 것은 아닌지 살펴봐야 한다.

회사는 가정과 다르다. 회사는 공동의 목적 달성을 위해 만들어진 조직으로 성과 창출이 없다면 조직이 개인과 한 약속을 이행할 수 없다. 이는 회사를 선택했던 이유인 개인의 목적 성취에도 문제가 생기게 된다. 그래서 먼저 제시했던 나만의 쉼표 시간 만들기와 같은 개인의 셀프 정서 관리(스트레스 관리, 회복 탄력성 강화)와 함께 자신에 주어진 역할을 충실히 수행해야 한다.

회사는 구성원이 가정 다음으로 오랜 시간을 보내는 곳이다. 개인의 목적과 기업의 성과 창출이라는 공동의 목적 달성을 향해 함께 가는 동료와 파트너가 함께하는 곳이다. 서로에게 밀접한 영향을 주고받는 사이이자 관계다. 그러나 이해하고 도움을 주고받기는커녕 차가운 시선으로 바라보고, 평가하며 판단하는 것이 더 익숙하다면 이는 개인이 아닌 조직의 변화가 필요하다.

기업은 조직의 성과 창출이라는 공동의 목적 달성을 위해 필요한 인재를 채용하고, 그들이 함께 일함으로써 일 방식, 문화가 만들어지고 형성되는 것을 조직 문화라고 했다. 결국 조직 문화의 관리 주체는 공동의 목적 달성을 위해 필요한 인재를 채용하여 함께 일할 수 있도록 만든 기업이다. 양육과 동시에 환경을 제공하는 부모와 같은 존재다. 그런데 부서 구성원과 트러블이 있는 '금쪽이'를 두고 '쟤 누가 뽑았어?', '쟤 성격 아주 이상하다며?'라고 수군거리며 개인의 문제로 넘겨버리고 조직 차원에서 관리하지 않는다면, 그 조직에는 타인의 강점보단 단점을 먼저 찾고 발견하는 '금쪽이'가 우글거리게 될 것이다.

업무 환경이, 조직 문화가 금쪽이를 만들어 내고 있는 것은 아닌지를 조직 차원에서 자문자답해야 한다. 그러기 위해서 먼저 우리 조직의 인재 육성 과정과 환경, 보상 체계, 조직 환경 문화를 두루 살펴야 한다. 버릴 게 있다면 과감히 버리고 개선할 게 있다면 구성원의 소리를 최대한 들어 원하는 것이 무엇인지 파악해야 한다. 모든 구성원이 한 마음,

한 뜻이면 좋겠지만, 이는 이뤄질 수 없는 희망과도 같기에 문제를 인식하고 문제의 원인을 파악하기 위해서라도 구성원의 의견과 제안을 열린 마음으로 기업은 들어야 한다.

부모가 폐쇄적이면 부모의 폐쇄적 양육 태도 때문에 그 아이도 폐쇄적 성향의 아이로 성장하게 된다. 즉 폐쇄적 분위기의 기업이라면 최대한 드러내지 않고 감추고 은폐하려 할 것이다. 그러니 자연스레 조직 안에는 자신이 실수했음에도 인정하지 않거나 실수했을 때 감추고 은폐하고자 하는 구성원이 생겨난다.

모든 조직에는 금쪽이처럼 보이고 겉도는 구성원이 존재할 수 있다. 이제 그들을 바라봤던 시선의 온도를 조금 올려보자. 분명 금쪽이를 변화시키고 조직 분위기를 바꿀 수 있을 것이다. 아주 미온하지만, 예전과 다르게 자신을 바라보고 평가하던 눈빛이 전과 달라졌다는 것을 조직 전체 구성원에게서 느끼게 된다면, 조직 내 안하무인으로 꼽히던 금쪽이라도 차갑기만 했던 주변의 시선이 변했음을 알게 될 것이다.

미온의 시선이라도 지속성을 가지면 금쪽이는 미온의 시선에 상응하는 행동을 보이고자 노력하게 될 것이다.

구성원이 생각하는
심리적 안전감 파악하기

'아는 만큼 보이고 보인 만큼 얻는다'라는 말이 있다. 구성원 스스로가 역량을 발휘해 업무 효율화의 방법을 찾고 만들어 조직의 성과 창출에 기여하길 기업도 원한다. 구성원의 업무 효율화를 통해 성과를 얻고자 한다면 구성원에 대해서 알아야 한다. 구성원이 무엇을 원하고 필요로 하는지, 무엇을 힘들어하고 어려움을 느끼고 있는지 말이다. 이는 곧 구성원을 알게 되는 것이고, 알게 된 만큼 구성원의 마음을 얻을 수 있다.

구성원이 업무 효율화에 있어서 진정으로 원하고 바라는 것이 IT 신기술 플랫폼 도입, 칸막이 없는 책상, 유연근무제와 같이 시스템적, 하드웨어적 도입과 지원일 수도 있지만, 구성원의 힘듦을 알아주고 더 이상 동일한 어려움과 힘듦이 생기지 않도록 재발 방지에 노력을 기울여 출근하고 싶은 회사, 함께 일하고 싶은 동료가 있는 심리적 안전감을 서로에게 주고받는 일터이길 원하고 바랄 수 있다.

조직 구성원의 심리적 안전감 지수를 파악해 현재의 수준을 파악하기를 권한다. 외부 전문가를 통해 조직 문화 진단과 자유로운 토론, 회의 문화가 정착될 수 있도록 교육을 진행할 수 있으나 그전에 우리 조직의 현상을 두려움 없이 마주하고 파악하는 것이 우선이다. 그 과정을 통해서 조직은 구성원을 더 알게 될 것이다.

그걸 토대로 구성원이 느끼는 심리적 안전감의 분위기는 무엇인지 찾아내고 그 분위기를 만들기 위해서 조직 차원에서 할 수 있는 것들을 고민해 실행해 나간다면, 분명 업무 효율화를 높여 주는 심리적 안전감을 제공할 것이다.

다시 생각하는 일의 의미

일을 의미하는 한자 두 가지가 있다.

'일 사(事)', '일 업(業)'

일반적으로 사(事)는 비교적 짧은 기간에 벌어지는 어떤 행위, 사건, 활동 등을 뜻하고, 업(業)은 좀 더 넓은 범위의 직업, 업무, 업적, 성취와 같이 행위에 따른 결과와 성과를 같이 의미한다. 우리가 일을 대하는 태도와 방식에 따라서 일에 대한 정의가 '사'와 '업'으로 차이가 날 수 있다.

한 건, 한 건, 하루, 하루, 일시적으로 생기는 이벤트처럼 자기 일을 대하는 사람이 있다. 그런 일이라도 최선을 다해 수행하면 그 나름대로 의미와 가치가 있기에 문제가 되지는 않겠지만, 많은 이가 그 속에서 느끼는 만족과 성장의 범위는 한정적일 가능성이 크다.

반면 우리가 사회생활을 하면서 접하는 대부분의 일은 그보다는 더 큰 노력과 책임을 요구한다. 그런 일은 지속해서 반복되기도 하며, 혁신이라는 이름으로 그 일의 가치와 형태를 무궁무진하게 바꾸어 나가기도 한다. 그 힘든 과정에서 일은 경제적 보상 외에도 개인의 성장, 자아실현을 위한 핵심 도구가 된다.

어떤 일이라도 보다 지속적이고, 장기적인 안목으로 보게 되면 나만의 업(業)이 되는 것이다. 지금 우리가 하는 일을 거창하게 포장하거나 너무 부담스럽게 하고자 함이 아니다. 자신이 해 나가는 모든 것의 결과물이 자연스럽게 '나'라는 존재를 지구상에 있게 하므로 우리가 하는 일이 더욱더 중요한 것이다. 그래서 많은 사람이 자신이 하는 일의 가치를 더 높이기 위해, 더 좋은 성과를 내고 그 효능감을 느끼기 위해 노력한다.

앞서 이 책에서는 다양한 관점에서 '업무 효율화'에 대한 이야기를 나눴다.

팀과 조직 단위에서 성과를 내기 위한 프로세스와 방법들, 개인 차원에서의 필요한 노력들, 최근 나날이 발전하고 있는 IT 도구를 활용한 사례 그리고 심리적 안전감에 이르기까지 모든 것이 개인의 성장과 더 나은 성과, 업무 효율, 창의와 혁신이라는 이름 아래 이 책의 집필진이 가지고 있는 나름의 관점과 경험치 안에서 진솔하게 표현하였다.

이 책은 한편으로는 '일'이라는 큰 주제로 쓰인 글이지만, 단순히 몇 가지 팁과 기술적인 부분만을 얘기하고 있는 것은 아니다. 최근 수많은 불확실성에 사는 우리에게 변화라는 도전적인 메시지와 함께 업무의 방식뿐만 아니라 우리 삶의 방식도 개선하며 같이 고민해 보면 좋겠다.

변화는 항상 어렵지만, 성장이라는 보상을 항상 준비하고 있다. 이 책을 통해 우리의 일터와 삶 속에서 오늘보다 더 나은 가치를 만들어 나가길 응원해 본다.

《더 워크》 저자 최대영

참고 자료

120쪽   John, O. P., & Srivastava, S. (1999). .Handbookofpersonality:Theoryandresear ch,2,102-138.

120쪽   McCrae, R. R., & Costa, P. T. (1997). .AmericanPsychologist,52(5),509-516.

121쪽   Barrick, M. R., & Mount, M. K. (1991). . Personnel psychology, 44(1), 1-26.

121쪽   Watson, D., Clark, L. A., & Tellegen, A. (1988). .Journalofpersonalityandsocialpsycholo gy,54(6),1063.

121쪽   McCrae, R. R. (1996). .PsychologicalBulletin,120(3),323.

122쪽   Judge, T. A., & Ilies, R. (2002). .JournalofAppliedPsychology,87(4),797-807.

122쪽   Locke, E. A., & Latham, G. P. (2002). .Americanpsychologist,57(9),705-717.

122쪽   O'Connor, D. B., O'Connor, R. C., White, B. L., & Bundred, P. E. (2000). .JournalofMent alHealth,9(6),637-654.

123쪽   Salas, E., Sims, D. E., & Burke, C. S. (2005). .Smallgroupresearch,36(5),555-599.

123쪽   Hammond, K. R., Keeney, R. L., & Raiffa, H. (1998). .HarvardBusinessRevi ew,76(5),47-58.

123쪽   Pulakos, E. D., Arad, S., Donovan, M. A., & Plamondon, K. E. (2000). .JournalofApplie dPsychology,85(4),612-624.